Himmelstürmer Verlag

Gerhard Riedl, Jahrgang 1970, lebt in der Nähe von Salzburg. Schon während der Schulzeit schrieb er Theaterstücke – nur für sich, um seine Gedanken und Ideen auf Papier zu bringen. 1989 führte er sein erstes Theaterstück in seiner Heimatgemeinde Bürmoos auf. Die von ihm gegründete Theatergruppe spielte von da an fast ausschließlich Stücke von ihm. Im Jahr 2007 eröffnete er mit seiner Gruppe das Keller Theater Bürmoos. Bis zur Schließung des Theaters im Jahr 2015 wurden unzählige seiner Stücke dort aufgeführt – sämtliche Genres bediente er - Boulevardkomödie, Drama, Kinderstücke, musikalische Komödien. Vom aktiven Theatergeschehen hat sich Gerhard Riedl etwas zurückgezogen, um sich noch mehr dem Schreiben widmen zu können. „Benschi forever" ist Gerhard Riedls erster Roman und er freut sich sehr, das dieser nun vom Himmelstürmer Verlag veröffentlicht wird.

Himmelstürmer Verlag, 31619 Binnen
www.himmelstuermer.de
E-Mail: info@himmelstuermer.de
Originalausgabe, März2022

Rechtschreibung nach Duden, 24. Auflage
Umschlaggestaltung: Olaf Welling, Grafik-Designer AGD,
Covermotiv: shutterstock.com
ISBN print 978-3-86361-966-4
ISBN e-pub 978-3-86361-967-1
ISBN pdf 978-3-86361-968-8

Gerhard Riedl

Benschi forever

Himmelstürmer
Verlag

Inhalt

Fahrt (oder: Reise) in die Vergangenheit

Nachdem ich den Tag auf dem Laufband und einigen Hanteleinheiten in meinem Fitnessraum begonnen hatte, gönnte ich mir eine erfrischende Dusche. Als ich mir vor dem Spiegel meine Haare trocken rubbelte, klingelte das Handy. Obwohl ich im Stress war, nahm ich den Anruf entgegen. Es war Nicole Lüttke, die Inhaberin ihres kleinen gleichnamigen Verlages, der vor etwa siebzehn Jahren fast alle meine bis dahin geschriebene Theaterstücke, und das waren nicht wenige, für Amateurbühnen ins Verlagsprogramm aufnahm und seither auch jedes neue.

„Herr Mertens!", zwitscherte sie mit ihrer Vogelstimme, „gute Nachrichten! Ich habe Ihr neues Stück gelesen und es ist ein Knaller. Sie haben sich wieder einmal selbst übertroffen. Selbstverständlich nehmen wir es in unser Programm auf. Die Verträge sind unterwegs, bitte unterschreiben und eine Ausfertigung retour an mich."

„Keine Änderungen, Frau Lüttke?"

„Herr Mertens, wann habe ich Sie zuletzt gebeten, irgendetwas zu ändern?"

Da hatte sie recht. Nachdem ich mich artig bedankt hatte, legte sie auf. Stück Nummer fünfundzwanzig. Ein kleines Jubiläum. Ich sollte jetzt ein Gläschen trinken, aber ich war in Eile, in wenigen Minuten würde Bianca an der Tür klingeln, um mich abzuholen. Nachdem ich die Antifaltencreme in meinem Gesicht verteilt und meine kurzen blonden Haare stylisch zur Seite gegelt hatte, gönnte ich mir einen abschließenden Blick auf mein Spiegelbild. Ich konnte damit zufrieden sein. Mit meinen vierundvierzig Jahren war mein Gesicht nahezu faltenfrei, das jahrelange Schmieren diverser Pflegeprodukte hatte sich ausgezahlt. Ich würde mich auf höchstens achtunddreißig schätzen. Auf meinen muskulösen Körper war ich stolz. Ich hatte auch viel dafür getan. Nackt, wie ich war, ging ich in das Ankleidezimmer. Blaue Skinny-Jeans, ein weißes Hemd, ein dunkelblaues Sakko und zum Abschluss weiße Sneakers. Perfekt. In eine Sporttasche packte ich ein Paar Socken, eine Unterhose, ein frisches weißes Hemd und den Kulturbeutel, den ich mir vom Badezimmer mitgenommen hatte. Bianca konnte kommen. Heute würde ich sie zum ersten Mal in die Wohnung lassen. Obwohl wir uns seit der Schulzeit kannten und wir eine innige

Freundschaft pflegten, war diese Wohnung in der Wiener Innenstadt, die ich seit etwa drei Monaten mein Eigen nannte, bisher für sie tabu. Ich war noch nicht dazu bereit, hier Gäste zu empfangen, es hätte zu viele Fragen aufgeworfen. Nur Marco, mein regelmäßiger, freitagabendlicher Sexpartner, war der Einzige, aber Marco stellte auch keine Fragen. Bianca wird Augen machen, dachte ich, als es klingelte. Ich ging zum Lift und drückte den Knopf. Auf dem Monitor strahlte sie mich an.

„Ich schicke dir den Lift hinunter. Drück dann auf die fünf."

Wenige Sekunden später stand sie vor mir. Und grinste übers ganze Gesicht. „Jonas Mertens", begann sie, ohne vorher zu grüßen, „du lässt mich in dein Allerheiligstes? Was ist passiert?"

„Hallo! Schön dich zu sehen, liebste Bianca."

„Ja, hallo. Also? Was ist los? Wir kennen uns seit ... wie lange? Du wohnst jetzt hier seit über zwei Monaten. Und wurde ich jemals hier heraufgebeten?"

Bianca, wie sie leibt und lebt. Mittlerweile rot im Gesicht, völlig außer Atem und ihr orangefarbener Lockenkopf bebte vor Aufregung. Wenn die mal loslegte, gab es kein Entkommen.

„Ich dachte nur", antwortete ich mit einem breiten Grinsen, „dass es endlich an der Zeit ist. Ich bin fertig eingerichtet, Zeit, meine Tore zu öffnen. Eine Führung durch mein Allerheiligstes gefällig?"

Immer wieder unterbrochen von unzähligen „Ahhhs" und „Ohhhs" zeigte ich ihr meine luxuriöse Wohnung; große Küche, extra Esszimmer, großzügiges Wohnzimmer, ein Gästezimmer, Arbeitszimmer, Bad und WC in der fünften Etage.

„Schade, dass du nur im fünften Stock wohnst und nicht oben. Da hättest du eine atemberaubende Aussicht."

„Na, dann komm mal mit."

Ich nahm sie an der Hand und führte sie über eine Treppe hinauf ins Dachgeschoss mit großem Schlafzimmer samt Ankleidezimmer, einem weiteren Gästezimmer, Bad und WC, Sauna, Fitnessraum und der großen Dachterrasse, von der aus man einen atemberaubenden Rundblick auf Wien genießen konnte.

„Das ist ja der Hammer! Das ist ein Traum!" Bianca war völlig außer sich.

Und ich war stolz auf diese Wohnung. Nach Jahren des Hausens in diversen Wohngemeinschaften gönnte ich mir diesen Luxus in der Inneren Stadt. Sie bewies, dass ich in den letzten Jahren hart gearbeitet hatte. Als ich mit zwanzig Jahren von Salzburg nach Wien zog, um hier Theaterwissenschaften zu studieren, landete ich erst einmal in einer WG. Ich hätte in Salzburg studieren können, aber nachdem ich mir selbst eingestanden hatte, schwul zu sein, wollte ich weg von meiner Familie, raus aus der Provinz. Außerdem war ich unglücklich verliebt und ich wollte meinem Traummann nicht ständig über den Weg laufen, was in einem Nest wie Salzburg keine Kunst war. Meine Eltern wussten damals nichts von meinen Neigungen, es war mein Geheimnis. Ich packte das Nötigste in einen Koffer und fuhr mit dem Zug nach Wien, schrieb mich an der Hochschule ein und ging auf Wohnungssuche. In der Zwischenzeit mietete ich mich in einer Jugendherberge ein, ich hatte etwas Geld gespart, denn sparsam war ich schon immer. Auf einem Aushang auf dem schwarzen Brett der ÖH suchten zwei Mädels eine Mitbewohnerin. Ich notierte mir die Telefonnummer, suchte eine Telefonzelle, Handy hatte ich damals noch keines, wie der Großteil der Bevölkerung und rief dort an. Es meldete sich eine Svetlana in gebrochenem Deutsch und ich bot mich als Mitbewohner an. Augenblicklich wollte sie mich abwimmeln, schließlich sei ich ein Mann, aber als ich ihr sagte, ich sei schwul, Svetlana war die erste, bei der ich mich outete, fand sie das plötzlich spannend und wir vereinbarten ein Treffen für den nächsten Tag. In einem abgefuckten Studentenbeisel, das ich mithilfe eines Stadtplanes nach kurzer Suche fand, lernten wir uns bei einer Tasse Tee kennen. Svetlana und ihre Mitbewohnerin Eva waren mir auf Anhieb sympathisch, und umgekehrt schien es auch so zu sein. Am nächsten Tag zog ich bei ihnen ein. In der Wohnung herrschte Chaos, war aber gemütlich und ich fühlte mich augenblicklich wohl. Mein Zimmer war möbliert, nicht unbedingt nach meinem Geschmack, aber es war okay. Und nicht teuer. Aber doch etwas weit weg vom Schuss in Speising. Dort verbrachte ich meinen ersten Sommer in Wien. Bevor im Oktober das Studienjahr begann, erkundete ich tagsüber die Stadt mit ihren unzähligen Sehenswürdigkeiten und nachts das schwule Leben, um meine erste große Liebe zu vergessen. Ich fühlte mich fast wie im Paradies. Doch das sollte sich im Herbst ändern, als die Vorlesungen begannen und ich merkte, dass ich überhaupt keine Lust dazu hatte. Außerdem wurde das Geld langsam knapp. Meine

Eltern unterstützten mich zwar finanziell, doch das Leben in Wien war teuer und ich wollte ihre Hilfe nicht zu sehr in Anspruch nehmen. Also suchte ich mir einen Job und fand ihn als Nachtportier in einem kleinen Innenstadthotel. Aus den vereinbarten zwei Nächten pro Woche wurden schließlich vier und zwei Monate später unterschrieb ich einen Vollzeitvertrag. Das Studium ließ ich schleifen und hörte irgendwann damit auf, was ich meinen Eltern in meinen Briefen und Telefonaten verschwieg. Als ich ihnen mitteilte, dass ich Weihnachten nicht nach Hause kommen würde, war die Enttäuschung groß. Das erste Weihnachtsfest ohne ihren geliebten Sohn. Doch meine überaus einfallsreichen Eltern fanden eine Lösung. Am vierundzwanzigsten gegen Mittag wurde ich nach einem ruhigen Nachtdienst unsanft aus dem Schlaf gerissen, meine Eltern standen vor dem Bett. Anfangs dachte ich noch, ich würde träumen, aber sie waren es leibhaftig. Nach dem ersten Schock, einer Dusche und ankleiden setzte ich mich zu meinen Eltern an den Küchentisch. Svetlana hatte den beiden in der Zwischenzeit in ihrer osteuropäischen Gastfreundlichkeit Kaffee gemacht, ein paar selbstgebackene Kekse auf den Tisch gestellt und sich danach diskret in ihr Zimmer verzogen.

Unzählige Fragen prasselten auf mich ein und wegen der großen Wiedersehensfreude konnte ich meine Eltern nicht länger belügen. Ich erzählte ihnen von meinem Job im Hotel, dass ich das Studium geschmissen hatte und, und das kostete mich die größte Überwindung, dass ich schwul sei und dies der Hauptgrund für meine Übersiedlung nach Wien gewesen war. Und wieder erstaunten mich meine Eltern. Es gab keine Vorwürfe. Sie waren nicht böse, nicht enttäuscht und überhaupt nicht überrascht. Sie gestanden, schon längst von meinem Schwulsein zu wissen, Eltern würden das spüren. Der ganze Zirkus war also umsonst. Ich war mehr als nur erleichtert. Meine Eltern blieben über die Feiertage in Wien. Wir trafen uns in ihrem Hotel, spazierten durch die herrlich weihnachtlich dekorierte Stadt und führten stundenlange Gespräche. Die Frage, ob ich nicht doch wieder nach Hause kommen würde, stellten sie nicht. Sie sahen, wie wohl ich mich in der Bundeshauptstadt fühlte. Viele solcher Besuche folgten, allerdings nie überraschend, sondern nach vorheriger Anmeldung und Terminvereinbarung. Eine Frage meiner Mutter beschäftigte mich jedoch weiterhin, ob ich mir so mein Leben vorgestellt hätte. Lange dachte ich darüber nach, denn so hatte ich das alles nicht geplant. Was sollte ich mit meinem neuen Leben in Freiheit anfangen? Ich hatte einen Schulabschluss, aber keinen Beruf. Studieren wollte ich nicht, das wurde mir klar. Doch eine Leidenschaft hatte ich, das Schreiben. Schon als Kind hatte ich leidenschaftlich gern Kurzgeschichten verfasst und im Deutschunterricht bekam ich für meine Aufsätze immer sehr gute Noten. In meiner Freizeit schrieb ich Fernsehserien, Theaterstücke. Nur für mich. Für die Schublade. Doch die Leiterin der örtlichen Theatergruppe erfuhr durch meine Mutter von meiner großen Leidenschaft und beschloss, eines dieser Theaterstücke aufzuführen. Ein Jahr vor dem Schulabschluss war es soweit und die Aufführungen waren ein großer Erfolg. Alle waren stolz auf mich, mir war der ganze Trubel ein wenig peinlich, doch es fühlte sich schon sehr gut an.

Das also sollte meine Zukunft sein. Ich arbeitete weiter im Hotel und schrieb jede freie Minute. Nach drei Jahren und vier Stücken, die alle in meinem Heimatdorf aufgeführt wurden, neigte sich meine Wohngemeinschaft mit den beiden Mädels dem Ende zu. Svetlana hatte ihr Studium beendet und ging zurück nach Kiew, Eva verliebte sich Hals über Kopf in einen französischen Touristen und folgte ihm nach Paris. Ich übernahm dann die Wohnung, die ich mir aber allein unmöglich leisten konnte. Also suchte ich einen Mitbewohner. Lukas war der erste, blieb aber nur ein halbes Jahr, bevor er ein Auslandssemester antrat. Lukas war süß, wir hatten oft Sex und ich war traurig, als er nach einem halben Jahr Wien verließ. Der nächste, der gutaussehende Paul, war ein Chaot, und das Zusammenleben mit ihm eine Herausforderung. Paul war hetero und er wechselte seine Frauen wie andere die Unterwäsche. Ein Jahr hielt ich es mit ihm aus. In der Zwischenzeit hatte Ursula, die Leiterin der Theatergruppe, sämtliche meiner Stücke an den Lüttke-Verlag geschickt. Ich erfuhr erst davon, als mir der Verlag einen Vertrag zuschickte und alle meine Stücke in sein Programm aufnahm. Zu meiner großen Freude wurden meine Stücke auch gespielt und nach und nach kam Geld auf mein Konto. Und das nicht zu knapp. Nachdem ich Paul vor die Tür setzte, entschied ich, allein zu bleiben und schrieb und schrieb und schrieb.

„Jonas, es ist atemberaubend. Ich bin beeindruckt." Und das meinte Bianca ernst und ohne Neid. „Wie viele Quadratmeter sind das? 150? 180?"

„240. Inklusive Terrasse."

„Hast du im Lotto gewonnen? Oder geerbt? Oder machst du Geschäfte mit der Mafia?"

„Nichts dergleichen", erwiderte ich.

„Dann hast du dir einen reichen Sugardaddy geangelt", ließ sie nicht locker.

„Ich hatte etwas gespart. Ich verdiene gut."

„Mit deinen Theaterstücken", entgegnete sie ungläubig. „Jonas, verarsche mich nicht. Davon kann man sich doch niemals eine Wohnung wie diese leisten."

Ich klärte sie darüber auf, dass heute mein fünfundzwanzigstes Stück unter Vertrag genommen wurde. Über den Umfang meines schriftstellerischen Schaffens schien sie nicht völlig in Kenntnis gewesen zu sein. Und das große Geheimnis kannte sie auch noch nicht.

„Schau, Bianca. Heute Abend spielen über zwanzig Theatergruppen im deutschsprachigen Raum ein Stück von mir. Das macht in Summe nur heute, an diesem Abend, etwa tausendzweihundert Euro an Tantiemen. Netto."

Mit offenem Mund starrte sie mich ungläubig an.

„Du siehst, es geht mir nicht schlecht." Dass das nur die halbe Wahrheit war, musste sie nicht wissen. Irgendwann würde ich sie darüber aufklären. Aber nicht heute. Schließlich mussten wir los. Während Bianca noch einen schnellen Espresso trank, zog ich mir meine Schuhe an und wir verließen die Wohnung.

„Wo parkst du denn?", fragte ich sie, als wir aus dem Haus traten.

„Beim Ronacher. Gleich um die Ecke."

„Perfekt. Gut gemacht", lobte ich sie.

Fünf Minuten später saßen wir in ihrem Auto auf dem Weg nach Salzburg. Mühsam quälten wir uns durch die Stadt, der Verkehr war immens. Warum wir nicht mit dem Zug nach Salzburg fuhren, war mir ein Rätsel. Wäre doch bequemer gewesen, aber der uralte VW-Käfer war Biancas ganzer Stolz und sie nutzte jede Gelegenheit, dieses besondere Fahrgefühl, wie sie es immer nannte, zu genießen.

„Ich bin so froh, dass du dich doch dazu entschieden hast, mitzukommen."

„Als ob du mir eine Wahl gelassen hättest", konterte ich.

„Ich freue mich jedenfalls darüber. Und die anderen werden Augen machen, wenn sie dich sehen."

„Warum?", fragte ich.

„Na, hör mal! Wann hast du sie zum letzten Mal gesehen? So viel ich weiß auf der Klassenreise. Stimmt's?"

Ich dachte kurz nach. Ja, Bianca hatte recht. Sie war die Einzige, mit der ich noch Kontakt hatte. Und Benschi sah ich häufig im Fernsehen. Aber Benschi war ein eigenes Kapitel. Alle anderen hatte ich vor fünfundzwanzig Jahren zum letzten Mal gesehen. „Und, werden alle kommen?"

„Wärst du in unserer WhatsApp-Gruppe, wüsstest du das."

„Also?"

„Franz-Josef kommt natürlich nicht."

„Warum nicht?"

„Mensch, Jonas. Er starb vor drei Jahren."

„Das wusste ich nicht. Das tut mir leid."

„Ich habe es dir damals bestimmt erzählt."

Ich konnte mich vage an ihn erinnern. Ein netter Kerl. Ein guter Schüler. Spielte Handball. Überhaupt recht sportlich. „Woran starb er?"

„Herzinfarkt. Mit einundvierzig! Kannst du dir das vorstellen?"

„Hatte er Familie?"

„Geschieden. Zwei Kinder. Im Übrigen wüsstest du das, wenn du bei Facebook wärst. Oder Twitter. Oder Instagram. Soziale Medien, falls du weißt, was ich meine."

„Für mich sind das mittlerweile asoziale Medien und ich komme ohne diesen Scheiß gut zurecht."

„Wie du meinst. Sonst kommen alle. Keiner hat abgesagt", meinte sie begeistert. „Obwohl, auf ein paar könnte ich schon verzichten. Auf Susanne, zum Beispiel. Weißt du, was aus ihr geworden ist? Natürlich nicht, woher auch. Die ist auch nicht auf Facebook. Egal, die ging mir damals schon am Arsch vorbei und das hat sich bis heute nicht geändert. Sogar Benschi wird da sein", sagte sie, bevor sie zur Abwechslung einmal tief einatmete. Gelegenheit, auch einmal zu Wort zu kommen. Also, wenn die loslegte …

„Warum auch nicht. Diese Gelegenheit lässt er sich nicht nehmen. Sind doch alles mögliche Wählerstimmen."

„Hättest du jemals gedacht, dass das einmal aus ihm werden würde?“, fragte sie mich, während sie in den Seitenspiegel schaute und auf die Autobahn auffuhr.

„Aber natürlich“, erwiderte ich. „Er tritt in die Fußstapfen seines Vaters. Der hat es zwar nie bis zum Bundeskanzler geschafft, aber in der Politik ist er trotzdem eine Größe. Und dass sein Sohn ihn überbieten würde, damit habe ich immer gerechnet. Nur das Tempo er-staunt mich etwas. Ich hätte erst bei der nächsten Wahl mit ihm gerechnet. Nicht schon bei dieser im September.“

„Weißt du, was erstaunlich ist?“, fragte mich Bianca. „Er lebt jetzt schon seit einigen Jahren in Wien und ich bin ihm nie über den Weg gelaufen. Dabei sagt man doch immer, Wien sei ein Dorf. Hast du ihn mal getroffen?“

„Nein. Ich lebe aber auch ziemlich zurückgezogen.“

„Und schreibst deine Theaterstücke, damit du dir diese Traumwohnung leisten kannst. Was ich dir immer noch nicht glaube. Wahrscheinlich hattest du den Kerl, der das alles bezahlt, in einem Schrank versteckt. Ich hätte nachsehen sollen. Aber eines weiß ich, mein lieber Jonas, du verschwendest dein Leben.“

„Bitte?“

„Wir kennen uns jetzt schon seit Ewigkeiten. Du hattest noch nie einen Freund. Du siehst traumhaft aus und verkriechst dich in deiner Wohnung. Du lebst einfach nicht.“

„Ich habe doch dich“, entgegnete ich scherzhaft.

„Du weißt, was ich meine.“

„Ich bin zufrieden mit meinem Leben. Ich wollte immer von meinem Schreiben leben können. Und das tue ich. Sehr gut sogar.“

„Ich gebe es auf“, meinte sie abschließend leicht genervt.

Eine Zeit lang schwiegen wir und hingen unseren eigenen Gedanken nach. Bianca hatte schon recht. Ich hatte zwar beruflich alles erreicht, aber konnte das wirklich alles sein? Gab es da nicht noch mehr? Kurz nach Linz machten wir eine Kaffeepause, wir lagen gut in der Zeit. Um siebzehn Uhr würde das Maturatreffen beginnen und es war erst kurz vor drei. Bei einer Tasse Cappuccino unterhielten wir uns über vergangene Zeiten, über unsere Matura, die Maturareise und wie sich unser aller Leben in den letzten fünfundzwanzig Jahren verändert hatte. Da saß ich also mit meiner besten

Freundin. Durfte ich sie überhaupt als solche bezeichnen? Wo ich doch so viele Geheimnisse vor ihr hatte? Ich fragte mich, warum ich ihr nie alles über mich erzählt habe. Bianca war keine Tratschtante, auch wenn sie immer eine Spur zu viel redete. Sie konnte Geheimnisse für sich behalten. Das wusste ich. Ich musste reinen Tisch machen. Unserer Freundschaft zuliebe. Ich wollte…

„Jonas. Jonas!" Mit ihren stechend grünen Augen sah sie mich an. „Wo warst du?"

„Ich. Ich ... Was hast du gesagt?

„Ob wir fahren können?"

„Ja. Natürlich. Ist ja noch ein Stück."

„Ich muss nur schnell auf die Toilette."

Während ich draußen auf dem Parkplatz auf sie wartete, klingelte mein Handy. Meine Mutter.

„Hallo, Mutti!"

„Hallo, Jonas. Seid ihr schon unterwegs?"

„Wir machten eine kurze Kaffeepause, aber jetzt geht's weiter. Wir sind bei Linz, also nicht mehr weit."

„Und du kommst nicht vorbei?", fragte sie mit leichter Enttäuschung in ihrer Stimme.

„Das geht sich dieses Mal leider nicht aus. Ich möchte Bianca nicht darum bemühen. Aber du kommst mich ja bald besuchen. Sind ja nur noch zwei Wochen."

„Ich freu mich schon so darauf. Grüß mir bitte Bianca und Inge herzlich."

„Mach ich gern. Tschüss, Mutti."

Ich steckte mein Handy wieder ein. Ob ich Bianca bitten sollte, doch noch einen kurzen Umweg zu meiner Mutter zu machen? Seit dem Tod meines Vaters fühlte sie sich einsam. Sie hatte den großen Garten und daher eine Menge zu tun, aber allein in dem großen Haus fühlte sie sich etwas verloren.

„Jetzt aber los", rief Bianca, als sie um die Ecke bog. „Wir wollen doch nicht zu spät kommen."

Wir stiegen ein und fuhren los. „Liebe Grüße von meiner Mutter."

„Danke. Wie geht es ihr?"

„Alles in Ordnung."

„Das freut mich."

Während der Weiterfahrt redete Bianca ohne Punkt und Komma. Und ich dachte darüber nach, ob es die richtige Entscheidung war, zu diesem Maturatreffen mitzukommen. Lust hatte ich keine. An die Jahre auf dem Gymnasium erinnerte ich mich nicht gern zurück. War eine schwierige Zeit damals. Bianca erzählte mir alles über unsere ehemaligen Mitschüler. Mein Interesse hielt sich in Grenzen und ich hörte ihr nur mit einem Ohr zu. Und so kamen wir kurz vor fünf bei dem Restaurant an, wo unser Treffen stattfand. Während Bianca den Wagen einparkte, sah ich schon einige Menschen in unserem Alter sich vor dem Eingang begrüßen, küssen, quatschen. Am liebsten wollte ich gar nicht aussteigen. Ich hatte lange überlegt, überhaupt zu kommen. Zu viele Erinnerungen würden wieder wach werden. Und die meisten davon waren nicht schön. Und ich würde IHN wiedersehen. Und genau davor hatte ich Angst.

„Du träumst ja schon wieder", riss mich Bianca aus meinen Gedanken. „Los, aussteigen. Und rein ins Getümmel."

„Ja, unbedingt", erwiderte ich überzeugender, als ich es in Wirklichkeit meinte. „Aber sag mir bitte vorher, gehören die beim Eingang zu uns? Ich erkenne niemanden."

„Schande über dich. Also."

Die im grauen altmodischen Kostüm war Elfi, unsere damalige Klassensprecherin und Organisatorin dieses Maturatreffens, sie sah mindestens zehn Jahre älter aus als Bianca. Sie unterhielt sich mit Susanne, die Bianca immer am Arsch vorbei ging. Robert, der Klassenclown von damals, Renate, Gudrun und Silke, die schon immer ein eingeschworenes Trio waren und sich daran offensichtlich nichts geändert hatte. Und Boris, die Sportskanone unserer Klasse.

„Und der unterhält sich mit Kurt."

Kurt Leudoldt, unser Sportlehrer. Kurt übernahm uns in der letzten Klasse. Er kam gleich nach Abschluss seines Studiums ans Gymnasium, war nur ein paar Jahre älter als wir. Und er sah göttlich aus, groß, durchtrainiert, blonde Locken und so sah er immer noch aus, während bei Boris von Sportskanone nicht viel übriggeblieben war. Schütteres Haar, ein Bierbäuchlein und dunkle Augenringe. Er schien kein gesundes Leben geführt zu haben.

„Kurt schaut immer noch zum Anbeißen aus, findest du nicht?"

„Absolut“ pflichtete Bianca mir bei. „Aber nichts für dich, mein Lieber. Absolut hetero.“

„Welch ein Verlust. Na, dann los.“

Wir stiegen aus und gingen Richtung Eingang. Als wir die Gruppe erreichten, stürmte schon Elfi auf uns zu.

„Bianca! Jonas! Ach, wie schön!“

Sie umarmte und küsste uns ganz überschwänglich auf die Wangen. Und plötzlich stand ich im Mittelpunkt der ganzen Meute. Die hatten offenbar meinen Werdegang in den letzten Jahren mitverfolgt. Von allen Seiten tönte es, wie sehr sie meine Theaterstücke mögen. Jeder schien schon eines gesehen zu haben, manche mehr. Es wurde Prosecco gereicht und weitere Ankommende begrüßt. Der Trubel wurde mir allmählich zu viel und so entschuldigte ich mich und be-trat das Gebäude auf der Suche nach einer Toilette. Im Keller wurde ich fündig. Ich ging zum Waschbecken, ließ das Wasser laufen und kühlte meine Hände. Was machte ich hier bloß? Wäre ich nur in Wien geblieben. Als ich wieder nach oben ging, hatte sich die Gesellschaft ins Innere verlagert. Ein kleiner Extraraum war für uns reserviert. Die Tische waren geschmackvoll gedeckt und dekoriert und an den Wänden hingen alte Schulfotos. Am liebsten wäre ich wieder umgedreht. Aber es gab kein Entkommen. Elfi nahm mich in Beschlag.

„Jonas, ich freu mich so, dass du gekommen bist. Wenn ich ehrlich bin, ich habe nicht damit gerechnet, aber als via Bianca deine Zusage kam, war ich sehr glücklich. Ich war damals so verliebt in dich. Du warst so schüchtern, so süß, mit deinen blonden Locken. Mein Gott, habe ich mich geschämt, als ich dann Jahre später von deinem Outing hörte.“

Hat die schon vorgeglüht?, ging mir durch den Kopf. Die konnte doch nicht nüchtern sein. Derartige Geständnisse hatte ich erst zu späterer Stunde erwartet.

„Die Schulzeit muss doch die Hölle für dich gewesen sein?“

„Es war kein Zuckerschlecken, in der Tat.“

Mehr fiel mir nicht ein. Was sollte man auf so eine Offenbarung erwidern? Zum Glück wurde Elfi von einem Kellner zur Seite genommen, es gab wohl etwas zu besprechen. Ich schlenderte durch den Raum und betrachtete ein paar der Fotos. Ich hatte mich sehr verändert. Aus dem schmächtigen kindlichen blondgelockten Jungen war ein Mann geworden. Ein schwuler Mann, aber immerhin. Die Locken waren weg und von schmächtig keine Spur, schließlich trainierte ich, seit ich meine Traumwohnung hatte, fast täglich in meinem eigenen Fitnessraum. Aber schon zuvor war Sport wichtig für mich. In meiner ersten Zeit in Wien war ich als blondes süßes Frischfleisch vom Lande sehr begehrt. Ich wurde regelrecht herumgereicht in der Szene. Ich entwickelte mich schnell zu einer richtigen Schlampe. Ich ließ nichts und keinen aus. Aber mit der Zeit flachte das Interesse an mir ab. Ich war nichts Besonderes, nur eben neu in der Stadt. Aber mir fiel auf, dass die sportlichen, trainierten, muskulösen Kerle ständig auf Interesse stießen. Also begann ich zu trainieren. Lief kilometerweit durch den Lainzer Tiergarten, schrieb mich ins Gym ein und pumpte mich auf. Nicht zu viel, das gefiel mir bei anderen auch nicht, aber mein Körper war mehr als nur definiert. Und plötzlich waren sie wieder hinter mir her. Mann, war das eine geile Zeit. Zum Glück hatte ich mich verändert, zwar noch sportlich, aber nicht mehr so geil auf jeden Schwanz, um es gleich mit jedem zu treiben. Ich wurde wählerischer. In den letzten Monaten fast schon zölibatär.

Ich beendete meinen kleinen Rundgang vor unserem Abschlussfoto. Ich hasste unser Abschlussfoto. Während die anderen schon so erwachsen wirkten, sah ich aus wie der unschuldige Junge vom Land. Plötzlich spürte ich eine Hand auf meiner rechten Schulter und drehte mich um. Inge stand vor mir. Frau Professor Ingeborg Wallner.

„Inge! Wie schön, dich zu sehen!“ Ich umarmte und drückte sie fest an mich. Sie war die Einzige, auf die ich mich gefreut hatte.

„Jonas, mein Junge, ich freue mich so, dich zu sehen. Wie geht es dir?“

„Sehr gut, danke. Und dir?“

„Alles gut.“

„Das freut mich. Liebe Grüße von meiner Mutter.“

Sie bedankte sich sichtlich erfreut. Die beiden verband eine treue Freundschaft, Inge hatte meine Mutter nach dem Tod meines Vaters sehr unterstützt.

„Wie geht es Lorenz?“

„Auch gut. Ich soll dich lieb von ihm grüßen.“

Inge besuchte bisher jede Premiere meiner Stücke in meiner Heimatgemeinde. Ihr Sohn Lorenz begleitete sie einmal. Und sie wollte mich mit ihm verkuppeln. An jenem Abend, ich muss fünfundzwanzig oder so gewesen sein, gestand sie mir, dass sie schon während meiner Schulzeit wusste, dass ich schwul bin. Sie hatte immer ein Auge auf mich, beschützte mich und führte mich als Klassenvorstand behutsam durch meine schwierige Zeit im Gymnasium.

„Lorenz ist seit einem Jahr verheiratet. Aber das hat dir deine Mutter gewiss erzählt. Mit Erik, einem ehemaligen Studienkollegen. Du wolltest ihn ja nicht."

„Ich war damals noch nicht so weit", entgegnete ich, doch sie wehrte gleich ab.

„Alles gut, war nur ein Scherz. Lorenz ist glücklich. Du hoffentlich auch?"

Glücklich. War ich glücklich? „Ich habe heute erfahren, dass mein neues Stück verlegt wird."

„Glückwunsch! Ja, Jonas, du bist erfolgreich. Aber bist du auch glücklich? Gibt es da jemanden?"

„Ja. Schon seit Jahren. Aber wir haben keine Zukunft. Er weiß nicht einmal, dass ich ihn liebe." Das machte mich plötzlich sehr traurig.

„Dann lass ihn los."

Loslassen. Und mit einem Schlag war meine Stimmung völlig im Keller. Inge sah mir das wohl an.

„Entschuldige, Jonas. Ich wollte nicht so indiskret sein. Und dir gewiss nicht die Stimmung verderben."

„Alles gut, Inge. Mach dir bitte keine Gedanken."

Während unseres Gesprächs waren weitere ehemalige Mitschülerinnen, Mitschüler und Lehrer angekommen und der Raum füllte sich. Es wurde gegrüßt, geplaudert und Prosecco getrunken. Elfi war in ihrem Element, sie quatschte mit jedem, busselte und hieß jeden herzlich willkommen. Die perfekte Gastgeberin, allerdings eine Spur zu aufdringlich. Dann bemerkte ich, dass sich alle zu den Fenstern begeben hatten und hinausschauten.

„Er ist da!", posaunte Elfi.

„Wow, ist das eine fette Limousine", kommentierte Franz, der Streber von damals.

„Chauffeur und Bodyguard", fiel meine treue Freundin Bianca in die Begeisterung ein. Blöde Kuh. Benjamin Gruber war offensichtlich eingetroffen. Benschi. Nun war meine Stimmung am absoluten Tiefpunkt angelangt. Ich griff mir ein Glas Prosecco und stürzte es mit einem Schluck hinunter. Dann stand er im Raum und alle umschwirrten ihn. Unser Held. Unser Liebling. Unser zukünftiger Bundeskanzler. Mir war speiübel.

„Da wir nun komplett sind", verkündete unsere ehemalige Klassensprecherin, nachdem alle – außer mir - Benschi die Hände geschüttelt hatten, „darf ich euch bitten, Platz zu nehmen."

Die Platzwahl an den Tischen hatte Elfi durch hübsche, offenbar selbst gebastelte Namenskärtchen schon vorweggenommen. Nach kurzer Suche hatte ich meinen Platz gefunden und wäre fast zum Mörder geworden. Elfi hatte doch tatsächlich Benschi neben mich platziert. Wie ich diese Frau plötzlich hasste.

„Hallo, Jonas."

„Hallo, Benschi."

Gleichzeitig setzten wir uns und Elfi bat um Ruhe, indem sie mit einem Messer an ihr Proseccoglas schlug.

„Meine Lieben! Ich darf euch herzlich zu unserem fünfundzwanzigjährigen Maturatreffen begrüßen. Ich freue mich, dass alle gekommen sind. Um ehrlich zu sein, habe ich im Vorhinein nicht damit gerechnet, umso glücklicher bin ich. Ich wünsche uns allen …"

„Entschuldige bitte", wurde sie von Bianca unterbrochen. „Es sind nicht alle hier. Und deshalb bitte ich euch, aufzustehen und unserem lieben Franz-Josef zu gedenken."

Natürlich folgten wir alle ihrer Aufforderung und erhoben uns von unseren Plätzen. Nach wenigen Augenblicken bedankte sich Bianca und wir setzen uns wieder. Es herrschte betretenes Schweigen.

Dann ergriff Elfi wieder das Wort und wünschte uns einen schönen Abend und interessante Gespräche. „Und jetzt viel Spaß bei meiner kleinen Überraschung, mit der ich den Abend beginnen möchte."

Dann ging das Licht aus und auf der einzigen freien Wand erschien, durch einen Beamer überdimensional vergrößert, ein Klassenfoto. Damals waren wir etwa vierzehn Jahre alt. Das wurde in der ersten Klasse gemacht. Und dann ging es weiter. Zwanzig Minuten lang. Fotos von diversen Schikursen, Sporttagen, Ausflügen und natürlich vom Abschlussball. Es herrschte allgemeine Begeisterung. Jedes Foto wurde mehrfach kommentiert, darüber diskutiert, gelacht, gestritten, Missverständnisse aus dem Weg geräumt. Alle taten so, als wären wir damals eine eingeschworene Truppe gewesen. Aber das waren wir nicht. Da gab es einige Cliquen. Die

Hübschen und die Hässlichen, die Streber und die faulen Säcke. Die Mädels, die schon nach den Jungs guckten und die Jungs, die schon hinter den Mädels her waren. Und dann gab es mich. Ja ich gehörte nirgends dazu. Natürlich bemühte sich Bianca immer liebevoll um mich. Aber letztlich blieb ich immer nur allein. Und genau das fiel mir jetzt wieder ein, machte mir bewusst, dass ich damals der absolute Einzelgänger war. Und immer noch bin. Am liebsten wäre ich laut kreischend raus gerannt. Wäre ich doch nur zu Hause geblieben. Aber ich beherrschte mich. Ich war masochistisch veranlagt. Und als ich anfing, mich wieder zu entspannen, kam das letzte Foto. Und da hörte für einen Moment, mein Herz auf zu schlagen. Dieses Foto hatte ich noch nie gesehen. Es zeigte Benschi und mich bei einem innigen Kuss. Das wurde während der Sportwoche in Gastein geschossen. Wir waren damals sechzehn oder so.

„Und zum Abschluss unser Traumpaar!“ Elfis Kommentar war die Krönung.

Dann ging das Licht wieder an und es herrschte betretenes Schweigen. Alle starrten uns an. Ich spürte, wie sich Benschi aus seiner Schockstarre löste und aufstand.

„Tja, meine Lieben. Ich muss jetzt leider los. Politische Verpflichtungen. Ihr habt sicher alle davon gehört. Ich wünsche euch noch einen wunderschönen Abend.“ Benschis Stimme war komplett ohne Emotion und sein lächelndes Gesicht wie eine Maske. Kurz bevor er den Raum verließ, drehte er sich noch einmal um.

„Und, liebe Elfi, dieses Foto wird gelöscht und vernichtet“, sagte er mit eiskalter Stimme und ohne Lächeln im Gesicht. Dann war er weg. Die fette Limousine samt Chauffeur und Bodyguard wartete ja noch draußen auf ihn. Stille. Erst einmal rührte sich gar nichts im Raum. Und immer noch starrten mich sechsundzwanzig Augenpaare an.

„Nun, das war ja ein Riesenspaß, liebe Elfi“, brach ich das Schweigen. „Aber ich muss dich enttäuschen. Wir waren damals kein Traumpaar, sind es heute nicht und werden es niemals sein.“

Mir war das Foto nicht peinlich. Nur Benschi tat mir leid. So bloßgestellt zu werden, hatte er nicht verdient. Und das Foto war völlig aus dem Zusammenhang gerissen. Das wusste ich, das wusste Benschi, obwohl wir beide damals nicht nüchtern waren, und das wusste auch Elfi. Was wollte sie damit bezwecken? Oder war die Frau nur dumm? Obwohl sie damals unsere Klassenbeste war.

„Wann gibt's denn was zu essen? Ich habe einen Bärenhunger", rettete Bianca die Situation und saß plötzlich neben mir. „Endlich bin ich bei dir. Blöde Sitzordnung."

Und dann wurde schon die Suppe serviert. Wirklich köstlich. Ich hatte eine klassische Nudelsuppe.

„Von diesem Kuss hast du mir nie erzählt!"

Ich habe dir so vieles nicht erzählt, wollte ich sagen. „Wir waren sechzehn und das hatte nichts zu bedeuten. Es war ein bescheuertes Würfelspiel. Benschi hatte die niedrigste Punktezahl und musste mich zur Strafe küssen."

„Und ich rate mal, dass das Elfis Idee war", erwiderte Bianca, nachdem sie den letzten Löffel Suppe geschlürft hatte. „So eine hinterlistige Kuh. Aber warum rückt sie erst Jahrzehnte später mit diesem Foto raus?"

„Benschi wird der nächste Bundeskanzler, liebste Bianca. Einen besseren Zeitpunkt gibt es dafür doch nicht. Es wundert mich, dass sie es nicht schon an die Medien verkauft hat."

„Das kommt vielleicht noch. Der traue ich alles zu."

Die leeren Suppenteller wurden abgetragen und der Schweinsbraten serviert. Auf den hatte ich mich schon gefreut. Und der war auch lecker. Gesprochen wurde nicht viel am Tisch. An meiner linken Seite saß Veronika und mit der hatte ich schon während der Schulzeit nicht viel geredet. Eigentlich mit keinem. Außer Bianca natürlich. Warum bin ich nur gekommen, fragte ich mich zum wiederholten Male. Ich war bei keinem Klassentreffen in den letzten Jahren. Natürlich, fünfundzwanzig Jahre Matura war etwas Besonderes. Aber um Benschi wiederzusehen, hätte es andere Möglichkeiten gegeben. Aber wollte ich ihn wiedersehen? Ich wusste es nicht. Das Wiedersehen mit Inge war zwar schön, aber trotzdem fühlte ich mich hier wie ein Fremder, ein Eindringling. Wie schon damals während der Schulzeit. Die Nachspeise, und dann würde ich mich so wie Benschi vorzeitig verabschieden. Ich musste mir das nicht länger antun.

„Wo schläfst du überhaupt?", fragte Bianca. „Fährst du raus zu deiner Mutter? Oder kommst du mit zu meinen Eltern? Die haben sicher noch das Gästezimmer."

„Danke, das ist lieb, aber ich hab ein Zimmer im Sacher reserviert."

„Im Sacher? Echt? Naja, wer sich so eine Wohnung in der Wiener Innenstadt leisten kann, der schläft natürlich auch im Sacher. Deine Mutter wird aber ein klein wenig enttäuscht sein."

„Sie kommt mich ja bald mit Inge in Wien besuchen. Wann treffen wir uns morgen? Ich muss um elf auschecken."

„Perfekt. Ich warte vor dem Hotel auf dich und dann fahren wir gemütlich heim. Okay?"

„Wunderbar. Danke."

Nachdem ich mich nach dem Dessert von allen verabschiedet und meine Rechnung bezahlt hatte, begleitete mich Bianca zum Wagen, um meine Tasche zu holen, bestellte mir ein Taxi und fuhr ins Hotel. Ich checkte ein, trug meine Sachen aufs Zimmer und entschied mich, für einen Absacker in die Hotelbar zu gehen. Ich setzte mich an die Theke, bestellte einen Gin Tonic und plauderte ein bisschen mit dem Barman. Es folgten ein paar weitere Gin Tonic und irgendwann war ich der einzige Gast in der Bar. Ich nahm den letzten Schluck, als plötzlich die Tür aufging und Benschi den Raum betrat. Er sah müde aus. Aber immer noch umwerfend. Er stellte sich zu mir an den Tresen, orderte für sich einen Whisky und für mich noch einen Gin Tonic.

„Schön dich zu sehen, Jonas."

Damit hatte ich nicht gerechnet. „Spar dir die Höflichkeit für deine zukünftigen Wähler, meine Stimme bekommst du nicht."

Vorhin im Restaurant war er mir gegenüber ziemlich zugeknöpft. Und jetzt das? „Waren deine politischen Verpflichtungen heute Abend erfolgreich?"

Er nahm einen Schluck und lächelte mich an. „Ja sehr", erwiderte er. „Alles lief nach Plan. Und ihr hattet noch einen schönen Abend?"

„Unser Kussfoto war weiterhin Thema Nummer eins. Tut mir leid, auch für mich war das eine Überraschung."

„Aber nicht peinlich. Von dir weiß jeder, dass du schwul bist. Und wir beide wissen ja, wie und warum es zu diesem Kuss kam." Daraufhin hob er sein Glas und prostete mir zu. „Auf die Zukunft. Denn auf die Vergangenheit kann ich scheißen."

Ich nahm ebenfalls mein Glas und wir tranken. Und schwiegen. Ich fühlte mich nicht besser als vorher beim Maturatreffen. Ich wollte ihn sehen, natürlich, das war ja der Grund für mein Kommen, aber mir wurde bewusst, dass Inge Recht hatte. Ich musste loslassen. Meine Gefühle für Benschi waren eine Einbahnstraße. Ich musste ihn vergessen und mein Leben ohne die ständigen Gedanken an ihn weiterleben.

„Ich geh ins Bett. War ein langer Tag. Ich wünsche dir alles Gute, Benschi. Und das meine ich jetzt wirklich ernst. Gute Nacht."

„Du wohnst hier im Hotel?"

„Ja."

„Das kannst du dir leisten?", fragte er mich ungläubig.

„Ja, das kann ich mir leisten. Obwohl ich die Rechnung selbst bezahlen muss und nicht von einer Partei gesponsert werde."

„Ich kann mir nicht vorstellen, dass du mit deinen paar Theaterstücken so gut verdienst", meinte er abfällig.

„Ist aber so." Trottel, arroganter. „Gute Nacht."

„Gute Nacht, Jonas."

Ich ließ Benschi und mein halb volles Glas stehen und ging auf mein Zimmer. Ich liebte Benschi immer noch. Nach all den Jahren. Aber diese Liebe hat keine Zukunft, das war mir bewusst. Ich ging ins Bad und unterzog mich einer kalten Dusche, um meinen Kopf zu kühlen und die Gedanken an Benschi zu vertreiben.

Als ich mit dem Abtrocknen fertig war, klopfte es an der Tür. Zimmerservice? Ich hatte nichts bestellt. Eilig band ich mir das Handtuch um die Hüften, ging zur Tür und öffnete. Von wegen Zimmerservice, Benschi stand draußen und grinste mich frech an.

„Was willst du?", fragte ich ihn verwundert.

„Kuscheln?"

„Du spinnst wohl", fauchte ich ihn an.

„Bitte!"

Das machte mich wirklich verrückt. Nach fünfundzwanzig Jahren hatte ich wieder die Möglichkeit, der Liebe meines Lebens nah zu sein. Und ich sperrte mich dagegen. Denn ich wusste, danach würde ich wieder leiden. Denn morgen würde es Benschi leidtun und mir wieder aus dem Weg gehen. Vielleicht wieder fünfundzwanzig Jahre lang. Und trotzdem wollte ich ihn spüren, ihn riechen.

„Du siehst verdammt scharf aus, Jonas. Du hast dich verändert. Bist ein Mann geworden. Ein sehr gutaussehender Mann. Total geil. Ich will dich."

Ja, für diese Nacht und dann wäre ich wieder Luft für ihn. Aber wie er so dastand, so gutaussehend, so sexy, mit seinen schwarzen Haaren, dem Dreitagebart, geriet meine Abwehr gehörig ins Wanken.

„Willst du mich noch länger hier draußen stehen lassen?"

Nein, wollte ich nicht. Auch wenn mein Verstand sagte, ich solle ihm die Tür vor der Nase zuknallen, ließ ich ihn rein und schloss die Tür.

„Ich wusste, dass du mir nicht widerstehen kannst."

„Du hast Recht, Benschi. Dir zu widerstehen, fällt mir schwer. Warum weißt du denn, in welchem Zimmer ich bin?"

„Auch der Nachtportier konnte meinem Charme nicht widerstehen. Aber wer kann das schon."

Dann griff er an mein Handtuch und riss es mir vom Körper. Sein Blick glitt von meinen Augen nach unten und dann wieder zurück. Und blieb in meiner Lendengegend hängen. Und leider hatte ich bereits einen Halbsteifen.

„Na, da regt sich ja schon etwas!" Er zog sein Sakko aus und begann sein Hemd aufzuknöpfen. Langsam strich er es von seinem Körper. Braungebrannt und muskulös. Nicht so muskulös wie ich, aber doch sehr ansprechend. Auch ihm schien Sport wichtig zu sein.

„Was soll das?", fragte ich ihn und es fiel mir schwer, meinen Blick von seinem Oberkörper zu lösen.

„Ich will nicht, dass mein Anzug zerknittert. Du hast ja auch nichts an.

Und dann ging es schnell. Nach dem Hemd folgten die Hose, die Socken und die Boxershorts. Dann standen wir uns gegenüber, so wie Gott uns schuf. Naja, wenn man an diese Theorie glaubte. Er sah zumindest göttlich aus. Unwiderstehlich. Ich wollte ihn berühren, ihn in den Arm nehmen. Seinen Körper mit meinen Händen und meiner Zunge ertasten. Es war schon so lange her, dass ich das bei ihm gemacht hatte. Und ich wollte Benschi an mir spüren. In mir spüren.

„Mann, wenn ich an die Fotos von vorhin denke und mich an früher erinnere, dann habe ich das Gefühl, ein anderer Mensch steht vor mir. Jonas, du bist ein Traum. Ich will ..."

„Benschi, halt die Klappe." Ich musste mein Hirn wieder einschalten. Morgen würde uns beiden diese gemeinsame Nacht leidtun. „Du willst kuscheln?"

„Ja. Und vielleicht auch noch..."

„Du bist dir sicher?"
„Ja, verdammt."
„Gut. Kuscheln. Nicht mehr."
„Das schaffst du nicht."
„Ganz sicher. Zu deinem Besten. Ab ins Bett."
„Yes, sir."

Dann nahm er mich an die Hand, führte mich zum Bett, küsste mich intensiv und zog mich mit sich hinunter auf die Matratze. Vorsichtig nahm er mich in den Arm.

„Das fühlt sich verdammt gut an", flüsterte er mir ins Ohr. Und er hatte Recht. Wie Recht er hatte. Es fühlte sich so verdammt gut an. Das war das, was ich wollte. Seit einem Vierteljahrhundert. Er küsste mich am Ohr, auf meine Stirn, auf die Nase und schließlich auf den Mund. Verdammt! Das war so gut! Und fühlte sich so richtig an. Und dabei war es doch so falsch. Dann wanderte seine Zunge weiter über den Hals zu meinen Nippeln, die er zärtlich zu liebkosen begann. Es war himmlisch. Doch es ging zu weit. Ich griff ihm ins Haar und zog ihn wieder nach oben.

„Was ist los?"
„Kuscheln, Benschi, kuscheln. Nicht mehr."
„Spielverderber."
„Oder du gehst."

Er schaute mir tief in die Augen. Er überlegte tatsächlich.

„Na, gut. Kuscheln. Komm her und lass dich drücken."

Er nahm mich in den Arm und drückte mich fest an sich. So könnte es die nächsten fünfzig Jahre sein. Aber erst mal das Hier und Jetzt genießen. Denn das wird nicht lange halten. Das wusste ich. Benschi hatte sich nicht geändert. Und ich mich leider auch nicht. Genießen! Und träumen.

Unschuldig waren wir eingeschlafen. Als ich am nächsten Morgen aufwachte, war der Platz im Bett neben mir leer. War er im Bad? Oder war er gegangen? Ich hatte es nicht bemerkt.

„Benschi?" Keine Reaktion. Auch keine Geräusche aus dem Bad. Er war weg. Schade. Ich wäre gern gemeinsam mit ihm wach geworden. Ich war stolz auf mich, denn es war nichts passiert in dieser Nacht. Ich hätte mit dem nächsten Bundeskanzler Sex haben können und hatte meine Chance nicht genutzt. Denn er wollte es unbedingt. Aber nichts falsch gemacht, es hätte sich nicht richtig angefühlt. Wie wird er reagieren, wenn wir uns wieder begegnen. Nüchtern. Ein Blick auf die Uhr zeigte mir, dass es schon neun Uhr war. Duschen und dann frühstücken. Danach gemeinsam mit Bianca zurück nach Wien. Was die wohl zu erzählen hatte? Ich würde auf alle Fälle schweigen. Kein Wort über letzte Nacht würde über meine Lippen kommen. Und es gab ja auch nichts zu erzählen.

Das Frühstücksbuffet war himmlisch. Naja, das konnte man von einem Haus wie diesem auch erwarten. Von Benschi nichts zu sehen. Schlief er noch? Oder hatte er bereits ausgecheckt und war auf dem Weg nach Wien? Egal. Ich genoss das Hier und Jetzt. Und den exquisiten Cappuccino. Als ich die Tasse leerte, betrat Benschi den Raum und steuerte direkt auf mich zu.

„Guten Morgen, Benschi!“ Glücklich strahlte ich ihn an.

„Jonas, pass auf. Die letzte Nacht ... war ... ein Fehler. Und sollte etwas davon an die Öffentlichkeit dringen, wirst du mich richtig kennenlernen.“

Dann machte er auf dem Absatz kehrt und war weg. Was für ein Arschloch! Ich Idiot. Wie konnte ich mich nur so blenden lassen. Er hatte wohl gestern ein paar Whiskys zu viel getrunken. Und jetzt war ihm das Ganze peinlich. Wie ich es vermutet hatte. Mein Gott war ich froh, dass es letzte Nacht nicht zum Äußersten kam. Ich käme mir jetzt absolut schäbig vor. Benschi hatte sich nicht geändert. Der Mann mit den zwei Gesichtern. Der Appetit auf Frühstück war dahin. Ich ging nach oben ins Zimmer, packte meine Sachen, bezahlte die Rechnung und checkte aus. Fast elf. Bianca würde sicher nicht mehr lange auf sich warten lassen. Ich verließ das Hotel und trat auf den Gehsteig. Jetzt brauchte ich dringend eine Zigarette. Im Kiosk gegen-über kaufte ich mir eine Schachtel. Ich musste jetzt eine rauchen. Benschi. Was habe ich anderes erwartet? Er war wie vor fünfundzwanzig Jahren. Nichts hatte sich geändert. Denk an Inges Worte, sagte ich mir. Loslassen. Loslassen und glücklich werden. Würde endlich mal Zeit.

Als ich mir eine Zigarette anzündete, hielt Biancas Wagen vor dem Hotel. Ich schmiss die Zigarette auf den Boden, meine Tasche auf den Rücksitz, küsste sie nach dem Einsteigen links und rechts auf die Wangen und dann ging es los.

„Nicht böse sein, Jonas, aber du siehst schrecklich aus.“

„Vielen Dank.“

„Was ist denn los?“

„Schlecht geschlafen.“ Das war eine Lüge, ich hatte in Benschis Armen himmlisch geschlafen.

„Dann lass ich dich erst mal in Ruhe, aber danach erzähle ich dir alles. Du hast eine Menge verpasst. Sag mir, wenn du soweit bist.“

Wie rücksichtsvoll Bianca sein konnte. Sie schwieg und starrte konzentriert auf die Straße.

„Schätzchen, zur Autobahn hättest du rechts abbiegen müssen. Zumindest den Schildern nach.“

„Ich weiß, ich bin ja nicht blind. Aber wir fahren jetzt nicht nach Wien.“

„Nein?“

„Nein. Wir fahren zu deiner Mutter. Du kannst doch nicht nach Salzburg kommen, ohne deine Mutti zu besuchen. Das geht doch nicht.“

In diesem Moment liebte ich Bianca über alles. „Ich wollte dir keine Umstände machen. Aber ich danke dir.“

„Kein Problem. Mach ich doch gern.“

Zärtlich zwickte ich sie in den Oberschenkel und strahlte sie dankbar an.

Eine halbe Stunde später hielten wir vor meinem Elternhaus und stiegen aus. Augenblicklich kam uns meine Mutter entgegen, küsste und umarmte zuerst mich, bevor sie Bianca herzlich begrüßte.

„Der Kaffee ist fertig, und gegen einen kleinen Imbiss habt ihr sicher nichts einzuwenden.“

„Woher wusstest du …“

„Ich hab doch vorher angerufen“, unterbrach mich Bianca. „Ich falle doch an einem Sonntag nicht unangemeldet bei jemandem mit der Tür ins Haus.“

Als wir am Küchentisch saßen und unser zweites Frühstück genossen, erzählten wir meiner Mutter von den Vorkommnissen auf dem Maturatreffen und Bianca vervollständigte die Geschichte mit allem, was sich nach meinem Abgang ereignet hatte. Natürlich glaubte niemand, dass Benschi und ich damals wie auch heute ein Paar waren, nahmen es Elfi sogar übel, dieses Foto von uns gezeigt zu haben. Benschi war bei den meisten das Thema des Abends, seine politischen Ansichten, seine Chancen, der nächste Bundeskanzler zu werden und dass dieser Weg ja ohnehin schon seit Jahren vorgezeichnet war. Dass ich so früh ging, fanden alle sehr schade. Denn natürlich hatten sie meinen Werdegang der letzten Jahre verfolgt und sahen fast einen Star in mir. Die anderen waren eher in konventionellen Jobs gelandet. Mit mir über mein Leben als freischaffender Schriftsteller zu plaudern hätten sich die meisten gewünscht. Tja, diesen Wunsch konnte ich ihnen leider nicht erfüllen. Und wollte ich auch nicht. Meine Schreiberei war nichts Besonderes. Für mich ist das meine Arbeit, mit der ich Geld verdiene und den Lebensunterhalt bestreite. Aber es schmeichelte mir schon ein wenig.

„Siehst du, mein Junge, du bist etwas Besonderes. Nicht nur für mich. Sei stolz auf das, was du erreicht hast. Du hast hart dafür gearbeitet."

„Und hätte ich ohne dich und Papa nie geschafft."

„Dafür sind Eltern da."

Nach dem köstlichen Frühstück saß ich auf der Terrasse und rauchte eine Zigarette, während Bianca meiner Mutter beim Abräumen half. Als die beiden fertig waren, gesellten sie sich zu mir, doch bald hieß es Abschied nehmen.

„Fahrt vorsichtig", mahnte meine Mutter, als wir in den Wagen stiegen. „Und wir sehen uns dann in zwei Wochen."

Mit einem glücklichen Gesicht winkte sie uns nach, als wir rückwärts aus der Einfahrt fuhren und uns auf den Heimweg machten.

Die nächsten zwei Stunden Autofahrt hörte ich sämtliche Lebensgeschichten der anderen. Bianca war wieder in ihrem Element. „Aber jetzt erzähl du. Wie war dein Abend noch?"

„Unspektakulär. Ich fuhr ins Hotel und ging schlafen." Ich konnte ihr nicht die Wahrheit sagen. Nicht, weil ich Angst vor Benschis Drohung hatte, ich musste das Geschehene erst verarbeiten.

„Was hast du heute noch vor, Jonas? Was geplant?"

„Nichts geplant. Ein bisschen schreiben und chillen." Und nachdenken und träumen. Träumen von Benschi. „Und du?"

„Früh schlafen gehen, um morgen früh um sechs fit vor meiner Buchhandlung zu stehen."

„Seit wann öffnen Buchhandlungen um sechs Uhr früh?", fragte ich sie. Das war mir wirklich neu.

„Ich bitte dich, Jonas, das müsstest du als Autor doch wissen. Morgen ist der Erstverkaufstag des fünften und letzten Bandes von *Stürmische Zeiten – die Miller-Saga*. Die ganze Welt wartet darauf!“

„Ich weiß ja, dass du Kay West liest. Aber so früh aufstehen für ein Buch?“

„Ich liebe Kay West“, erwiderte sie voll Begeisterung. „‘Stürmische Zeiten‘ ist ein Traum. Und dafür stehe ich um sechs Uhr früh vor der Buchhandlung, egal bei welchem Wetter.“

So, jetzt war der Zeitpunkt gekommen, um ehrlich zu ihr zu sein. Aber wenn ich jetzt das Geheimnis lüfte, würden wir ungebremst in die nächste Leitplanke rasen.

„Kannst du bei der nächsten Gelegenheit bitte anhalten?“

„Ja, klar. Da vorne kommt gleich ein Parkplatz mit Toilette. Zu viel Kaffee getrunken? Oder Lust auf eine Zigarette?“

„Lust auf eine Zigarette hab ich auch.“

Nach ein paar hundert Metern blinkte sie rechts und fuhr auf den Parkplatz. Wir stiegen aus und ich zündete mir eine Zigarette an.

„Jetzt pass mal auf, liebe Bianca. Zeit für die Wahrheit. Das hätte ich schon längst machen sollen.“

„Oh Gott, Jonas, was ist los? Was Ernstes? Schieß los, ich werde stark sein.“

Ich holte tief Luft und dann legte ich los. „Also. Du musst morgen nicht zur Buchhandlung. Du kannst von mir ein Exemplar haben.“

„Du hast schon den fünften Band?“, fragte sie mich ungläubig. „Wie kommst du dazu? Ach, ich verstehe, du hast Kontakte zum Verlag.“

„Die habe ich, das stimmt. Aber das ist es nicht. Du musst jetzt tapfer sein. Bist du das?“

Bianca nickte so energisch, dass ihre Locken nur so durch die Luft wirbelten.

„Ich habe den fünften Band, weil ich ihn geschrieben habe. So wie die vorangegangenen vier. Verstehst du?“

Sie schwieg. Sie stand unter Schock. Also musste ich noch deutlicher werden.

„Ich bin Kay West. Die Wohnung konnte ich mir natürlich nicht allein von meinen Theaterstücken leisten.“

Sie starrte mich immer noch an, aber nach einem kurzen Augenblick kam plötzlich Leben in ihre Augen, sie schien zu begreifen. Zumindest annähernd. Dann öffnete sie den Mund, wollte etwas sagen, schloss ihn wieder, atmete tief durch und sagte immer noch nichts.

„Sagst du jetzt bitte mal was? Oder ist der Schock doch so groß?"

„Das ist doch ein Scherz", brachte sie dann doch endlich heraus. „Kay West ist eine Frau, die mit ihrer Familie in einem Dorf in Südengland lebt und herzzerreißende Liebesromane schreibt."

„Das ist erfunden wie ihre Geschichten."

„Aber ihr Foto auf der Innenseite des Umschlages! Das kann ja nicht das Foto irgendeiner Frau sein."

„Das ist nicht irgendeine Frau. Das bin ich. Geschminkt, Perücke und am Computer so verändert, dass man mich nicht erkennt."

„Das ist verrückt. Das ist völlig verrückt!"

„Aber die Wahrheit."

Und dann erzählte ich Bianca, wie es dazu kam. Nach all den vielen Theaterstücken wollte ich mich endlich an einen Roman wagen. Versuche hatte ich oft gestartet, aber ich war nie damit zufrieden. Dann begann ich mit einer schwulen Liebesgeschichte. Die Hauptfiguren ähnelten Benschi und mir. Das Schreiben fiel mir leicht und meine Fantasie füllte Seite um Seite. Doch kein renommierter Verlag wollte das Buch verlegen, trotz meiner vielen Kontakte. Dann wandte ich mich an kleinere Verlage und fand einen, der auf schwule Literatur spezialisiert war. Doch das große Geld machte ich damit nicht. Und ich wollte Geld verdienen. Ich sah mich nie als Künstler. Ich wollte die Leute unterhalten, nicht die große Kunst fabrizieren. Also dachte ich um und schrieb eine Hetengeschichte. Und sogar das machte Spaß. Dann waren die ‚Stürmischen Zeiten' fertig und ein großer deutscher Verlag fand das Buch klasse. Nach unzähligen Stunden mit einer Lektorin wurde die Endfassung fertiggestellt, das Buch gedruckt und unter dem Pseudonym Kay West veröffentlicht. Zuerst in einer englisch sprachigen Version in Großbritannien und kurz darauf im deutschsprachigen Raum. Auf den Autor des Buches wurde im Umschlagtext nicht näher eingegangen, es wurde kein Autorenfoto mitgedruckt. Man wusste also nicht, ob der Verfasser männlich oder weiblich war. Das Buch schlug ein wie eine Bombe, die erste Auflage war schnell vergriffen und es wurde nachgedruckt. In Massen. Die mehrheitlich weiblichen Leser waren hin und weg über die Sprachgewandtheit, die Sensibilität und das Einfühlungsvermögen der Autorin. Autorin. Gut, danach stand fest, dass Kay West weiblich ist. Man erfand eine Geschichte für sie, machte das Foto von mir und ein neuer Star der Unterhaltungsliteratur war geboren. Und ich konnte mittlerweile sorgenfrei davon leben.

Ungläubig und ohne mich zu unterbrechen, hörte mir Bianca zu.

„Und jetzt darfst du etwas dazu sagen. Sagst du etwas? Oder starrst du mich weiter nur an?"

„Das alles hast du die letzten vier Jahre vor mir geheim gehalten? Ich bin doch deine beste Freundin! Und du hast so ein Geheimnis vor mir? Mensch, Jonas. Ich weiß nicht ... Ich ..."

„Du bist enttäuscht, das kann ich verstehen. Aber ich durfte es niemandem sagen. Das stand so im Vertrag. Absolut niemandem. Nicht einmal meine Mutter kennt die Wahrheit. Und sie ist auch ein großer Kay-West-Fan. Sei mir bitte nicht böse."

„Ich bin nicht böse. Enttäuscht. Ja, ein klein wenig enttäuscht. Andererseits, Kay West ist meine beste Freundin. Das ist ... Das ist ... Mensch, Jonas!"

Und dann fiel sie mir um den Hals und küsste mich stürmisch auf meine Wangen. „Ich bin ja so stolz auf dich. Wahnsinn. Du bist Kay West! Meine Lieblingsautorin der letzten Jahre. Ich fasse es nicht!"

„Also alles gut?"

„Alles gut."

Ein Stein fiel mir vom Herzen. Dieses Geheimnis vor Bianca zu haben war nicht leicht in den letzten Jahren. Immer interessiert zu tun, wenn sie mir von den ‚stürmischen Zeiten' erzählte und darüber schwärmte. Schon oft wollte ich ihr die Wahrheit sagen, aber ich hielt mich an den Vertrag, Freundschaft hin, Freundschaft her.

„Und jetzt los", drängte sie, während sie mich losließ. „Ich will das Buch und lesen, lesen, lesen."

„Da ist noch etwas." Die Stunde der Wahrheit war gekommen und ich wollte jetzt unbedingt reinen Tisch machen.

„Es wird doch einen sechsten Band geben?", fragte sie voller Begeisterung.

„Nein. Nach dem fünften ist Schluss. Die Geschichte ist fertig erzählt. Es hat mit letzter Nacht zu tun."

„Du bist nicht allein früh schlafen gegangen. Das hab ich mir schon gedacht. Warst wohl noch auf Aufriss."

„Ich war in der Hotelbar und hab noch was getrunken und dann stand plötzlich Benschi vor mir und wir haben uns unterhalten. Aber er hat sich nur lustig über mich gemacht."

„So ein Arsch", unterbrach sie mich. „Ausgerechnet er. Seine Reaktion auf euer Kussfoto war lächerlich. Und sein Abgang ein Witz."

„Dann ließ ich ihn stehen", fuhr ich fort, „und ging auf mein Zimmer. Aber kurze Zeit später klopfte es. Benschi stand vor der Tür. Und, tja, liebe Bianca, er hat die Nacht mit mir verbracht. Aber es ist nichts passiert. Wir haben nur gekuschelt. Mehr ist nicht passiert."

„Gekuschelt. Du mit Benschi. Benschi ist schwul? Und das wusstest du?"

„Ja, das wusste ich."

„Ihr habt nur gekuschelt. Wollte er nicht mehr?"

„Doch. Aber ich nicht."

„Du hast die Möglichkeit, mit dem geilsten Typen unserer Klasse, also neben dir, und dem zukünftigen Bundeskanzler Sex zu haben, und willst nicht?"

„Ich weiß, wie der Sex mit Benschi ist."

Mit großen Augen und offenem Mund starrte sie mich an. „Du weißt, wie der Sex mit Benschi ist? Warum? Wieso …?"

„Während der Klassenreise hat er die Nächte nicht mit Susanne verbracht, so wie ihr alle vermutet habt, sondern mit mir."

Hunderttausend Gedanken gingen ihr durch den Kopf, das konnte ich an ihren Augen erkennen.

„Ihr hattet damals schon Sex miteinander? Ich fasse es nicht. Ich habe nichts davon bemerkt und du … du hast nie ein Wort darüber verloren! Seit fünfundzwanzig Jahren hast du dieses Geheimnis vor mir. Ich bin deine beste Freundin und du hast mir nie davon erzählt!"

„Ich weiß. Und das tut mir leid. Es fiel mir schwer, das alles für mich zu behalten. Aber ich konnte nicht anders, ich hatte es Benschi versprochen."

Und dann folgte erst einmal Schweigen. Wir schauten uns nur an. Sie wird mir verzeihen, ging mir durch den Kopf. Vielleicht nicht sofort, aber letzten Endes doch.

„Seid ihr ein Paar?"

„Nein, wir haben uns nach der Reise nie wieder gesehen. Ich habe mich damals in ihn verliebt, aber er brach jeden Kontakt ab. Deshalb auch letzte Nacht kein Sex. Ich wollte nicht, dass sich das alles wiederholt wie vor fünfundzwanzig Jahren."

„Du bist immer noch in ihn verliebt."

„Nein, Bianca, ich bin nicht in ihn verliebt. Ich liebe ihn."

„Und deshalb bist du immer noch Single. Jetzt verstehe ich es. Weil kein anderer Mann eine Chance gegen Benschi hat", schlussfolgerte sie absolut richtig.

„Zu dieser Erkenntnis ist auch Inge gekommen."

„Inge? Inge Wallner? Die weiß Bescheid?"

„Dass es da jemanden gibt, ja. Aber von Benschi hat sie keine Ahnung."

„Jonas, du bist eine arme Sau", sagte sie ernst, fast schon traurig. „Mehr als dein halbes Leben liebst du einen Mann, den du nicht haben kannst. Mehr als dein halbes Leben lässt du keinen anderen Mann an dich ran. Gefühlsmäßig meine ich. Mensch, Jonas. Du musst ihn loslassen. Du musst diesen Typen vergessen. Sonst wirst du nie glücklich werden."

„Ja, Inge."

„Bianca."

„Ich weiß. Aber genau das waren auch Inges Worte."

„Eine kluge Frau. Sie wollte dich doch mal mit ihrem Sohn verkuppeln, oder? Schnapp dir ihn."

„Lorenz ist verheiratet. Und sehr glücklich."

„Lorenz ist doch nicht schwul?", fragte sie mich ungläubig.

„Doch. Er ist verheiratet mit einem Mann. So etwas ist heutzutage erlaubt, falls du das nicht wissen solltest."

„Idiot", sagte sie scherzhaft. „Und du wirst der Nächste sein. Dich bringen wir unter die Haube, Jonas, und wenn es das letzte ist, was ich in meinem Leben mache. Und jetzt lass uns fahren, ‚Stürmische Zeiten' warten auf mich. Oder gibt es weitere Leichen in deinem Keller, über die du mich aufklären musst?"

„Jetzt ist alles gesagt. Keine Geheimnisse mehr. Böse?"

„Nein. Alles gut", beruhigte sich mich milde lächelnd.

Ohne Halt fuhren wir zurück nach Wien. In meiner Wohnung signierte ich ihr das Buch, sowohl mit Kay West als auch mit Jonas Mertens.

Und dann war ich allein und hatte viel Zeit zum Nachdenken. Sollte ich um Benschi kämpfen? Oder ihn doch besser aus meinen Gedanken streichen? Das wäre auf Dauer das Vernünftigste. Nachdem ich meine Tasche ausgepackt hatte, setzte ich mich an den Schreibtisch und öffnete eine neue Datei im Laptop. Ich musste schreiben, war mir aber nicht sicher, ob es ein neues Theaterstück oder ein Roman werden sollte. Und wenn es ein Roman wird, sollte ihn Kay West schreiben? Oder Jonas Mertens? Ich wollte etwas Neues. Keinen Schmachtfetzen. Ein Krimi würde mich reizen. Ich liebte Krimis. Geschrieben hatte ich bisher noch keinen. Er musste etwas mit mir und meinem Leben zu tun haben. Ein Schriftsteller, der seine blutrünstigen Bücher in die Tat umsetzt. Oder, und da hätte ich so etwas wie ein Vorbild, ein schwuler Politiker wird mit seiner Homosexualität erpresst. Er wehrt sich und wird zum Mörder. Am Vormittag hatte Benschi mir gedroht, ich würde ihn richtig kennenlernen, falls unsere Geschichte an die Öffentlichkeit kommen würde. Wie weit würde er mit seiner Drohung gehen? Könnte er zum Mörder werden, um mich zum Schweigen zu bringen? Was hat Benschi in den letzten fünfundzwanzig Jahren gemacht? Wo hat er seine Leidenschaften gestillt? Seine Begierden. Er musste doch Sex gehabt haben. Sehr sicher sogar, keiner kann es sich rausschwitzen. Wo hat er sich den Sex geholt? Gibt es da jemanden, der ihn erpressen könnte? Seine Reaktion auf unser Kussfoto war vielsagend. Warum tut er sich das an, in der Öffentlichkeit zu stehen, ein Doppelleben zu führen, angreifbar, erpressbar zu sein. Plötzlich tat er mir wieder schrecklich leid. Er führte das Leben, das sein Vater immer von ihm erwartete. Irgendwann hatte er den Absprung verpasst, sein eigenes Leben zu führen. Ich griff in die Tasten und machte mir Notizen. Vorbild meiner Hauptfigur sollte Benschi sein. Seine Biografie natürlich so weit verändert, dass niemand auf den Gedanken kommen würde, einen Zusammenhang herzustellen. Die Hauptfigur könnte ein Minister sein, oder ein Landeshauptmann. Irgendwas Wichtiges halt. Es blieb nicht nur bei den Notizen. Die gesamte Geschichte lag klar vor mir, war fix und fertig in meinem Kopf. Bis spät in die Nacht schaffte ich es, das erste Kapitel zu schreiben. Immerhin dreiundzwanzig Seiten.

Zwei Tage später hatte Bianca das Buch ausgelesen und überschlug sich förmlich bei unserem täglichen Telefonat mit Lobeshymnen. Außerdem wollte sie mich zu einem sechsten Band überreden, doch das kam für mich nicht in Frage. Letztlich verstand sie meine Argumente, die Geschichte der Millers war fertig erzählt.

„Und was schreibt Kay West als nächstes?"

„Ich glaube, Kay West wird sich als Mann outen und ihre schriftstellerische Laufbahn an den Nagel hängen."

„Das kannst du nicht machen!", reagierte sie daraufhin heftig. „Die ganze Welt liebt Kay West!"

„Sie wird auch Jonas Mertens lieben", entgegnete ich standhaft.

„Deine Leser werden sich verarscht vorkommen."

„So wie du?"

„Ich fühlte mich verarscht, weil du jahrelang dieses Geheimnis vor mir hattest, nicht, weil Kay West keine Frau ist."

„Na also, wo ist dann das Problem? Die Leute werden das schon verstehen. Und wenn nicht, dann eben nicht. Ich habe einen neuen Roman begonnen. Als Jonas Mertens. Ein Krimi", ließ ich sie wissen. Was die Handlung betraf, wollte ich mich etwas bedeckt halten. Außerdem erzählte ich ihr, dass ich von Elfi eine Mail bekam, in der sie sich für die Sache mit dem Foto entschuldigte. Sie hätte sich nichts dabei gedacht, sie wollte niemanden bloßstellen, sie fand nur das Foto süß und nach mehr als fünfundzwanzig Jahren würden doch alle darüberstehen.

„Ob sie das auch Benschi geschrieben hat?", erwiderte sie darauf. „Hast du etwas von ihm gehört?"

„Nein. Warum auch? Es war doch alles gesagt."

Nachdem sie mich nochmals eindringlich bat, mir das Kay-West-Outing zu überlegen, beendeten wir unser Gespräch. Ich setzte mich wieder an den Schreibtisch, um ein paar Mails du beantworten. Sollte ich den Goldesel wirklich töten, indem ich Kay West in den Ruhe-stand schickte?

Oder weiterhin schwulstige Liebesromane schreiben und meine weltweite, größtenteils weibliche Leserschaft damit beglücken? Mal sehen, wie sich der Verlag dazu äußern würde. Ich schrieb ein paar Zeilen und schickte sie ab. Postwendend kam die Antwort. AUF GAR KEINEN FALL!!! WIR HABEN NOCH VIEL VOR MIT KAY WEST. Na, das war deutlich. Auch die wollten ihren Goldesel nicht so einfach ziehen lassen. Dabei lagen alle Trümpfe in meiner Hand. Unser Vertrag ging nur über die fünf Bände von ‚Stürmische Zeiten'. Über eine weitere Zusammenarbeit war nichts geregelt. Ich hatte die Wahl, mich als Kay West zu outen und die Aufmerksamkeit auf mich zu lenken, oder weiterhin als Kay West zu schreiben und eine Menge Geld verdienen. Ruhm und Geld. Beides war mir nicht mehr so wichtig. Ich wollte nur schreiben. Natürlich auch ein schönes Leben leben, ohne finanzielle Sorgen. Aber das konnte ich mit den Tantiemen aus meinen zahlreichen Theaterstücken. Also alles beim Alten lassen? Mal sehen. Zunächst den Krimi schreiben. Nicht unter einem Pseudonym. Und dann sehen wir weiter. Ich kam mit meinem Buch gut voran. Die Figuren zu zeichnen, fiel mir nicht schwer. Ich hatte mich für den Finanzminister entschieden. Der Plot war klar, der Anfang geschrieben und das Ende im Kopf. Jetzt hieß es Seiten füllen. Verdächtige präsentieren, Täter und Opfer charakterisieren, Motiv und falsche Fährten entwickeln. Ein technischer Vorgang. Und dann alles in eine leicht lesbare Sprache gießen. Schließlich schrieb ich Unterhaltung und nicht hohe Kunst.

Geständnisse

Die nächsten zwei Wochen verliefen immer nach demselben Zeitplan. Um acht Uhr früh stand ich auf, zwei Tassen Kaffee und eine Zigarette, danach Sport in meinem Fitnessraum. Um halb zehn Uhr öffnete ich den Laptop und schrieb bis etwa halb eins. Ein leichtes Mittagessen, das ich mir immer selbst kochte, danach wieder schreiben bis etwa halb sechs. Anschließend einkaufen, unterwegs ein Glas Wein bei einem schönen Abendessen genießen und danach früh ins Bett. Und natürlich die täglichen Telefonate mit Bianca. Einmal pro Woche gönnte ich mir eine Massage von meinem Haus- und Hofmasseur Marco. Immer freitags um neun Uhr abends. Ich lernte ihn vor ein paar Jahren auf einer Plattform für schwule Escorts kennen. Sein Profil war sehr ansprechend. Anfangs trafen wir uns immer in einem Hotel, doch als wir uns besser kannten, lud ich ihn in meine Speisinger Wohnung ein und seit drei Monaten etwa als einen der wenigen in meine neue Luxuswohnung in der Inneren Stadt. Anfangs bezahlte ich immer für Massage und Sex. Mittlerweile nur noch für die Massage, den Sex gab es gratis dazu. Denn er mochte mich. Ein Jahr nach unserem ersten „Geschäftstermin" gestand er mir, völlig unprofessionell, wie er selbst meinte, sich in mich verliebt zu haben. Das machte die Sache etwas kompliziert, denn ich war es nicht. Ich mochte ihn, ohne Zweifel, aber die Schmetterlinge im Bauch fehlten. Es fühlte sich nicht so an wie bei Benschi damals. Das sagte ich ihm auch. Natürlich ohne Benschi zu erwähnen. Gute Freunde, Massage und Sex, mehr war nicht möglich. Es dauerte zwar etwas, bis Marco damit umgehen konnte, aber dann waren wir wirklich gute Freunde. Verdammt, das war ja noch eine Geschichte, die ich vor Bianca geheim hielt.

Jede Woche erhielt ich vom Verlag die weltweiten Verkaufszahlen des Abschlussbandes der Miller-Saga. Er verkaufte sich sensationell. Und es flammte die Diskussion über Kay West wieder auf. Wer war diese Frau, die zurückgezogen mit ihrer Familie in Südengland lebt, die es nicht vorzieht, von einer Talkshow zur anderen zu springen oder ihr Gesicht aus diversen Hochglanz-Tratschmagazinen lachen zu sehen? Tja, wenn die wüssten, dass Kay West ursprünglich ein Junge aus dem Salzburger Land war.

Es war wieder ein Freitag, nach Massage und Sex saß ich mit Marco auf der Couch, wir tranken Wein und plauderten, als es klingelte. Ich stand auf und ging zum Aufzug. Aus dem Monitor lächelte mir Benschi entgegen. Verdammt schlechtes Timing. Und woher wusste er überhaupt, wo ich wohnte? Okay, was tun? Ich drückte auf den Knopf des Monitors.

„Hallo, Benschi."

„Hallo, Jonas. Lässt du mich rein?"

„Ich habe Besuch. Was willst du?"

„Reden."

„Du hast getrunken."

„Lässt du mich jetzt endlich rein?", lallte er mir entgegen.

„Das geht nicht. Ich habe Besuch. Du willst doch sicher nicht mit mir gesehen werden."

Er überlegte.

„Wenn du es ernst meinst, komm morgen Vormittag vorbei. Schönen Abend noch."

Ich schaltete den Monitor aus und da fiel mir ein, dass mich ja meine Mutter in Begleitung von Inge Wallner besuchen würde. Kurz nach Mittag würden sie ankommen. Naja, Benschi würde ohnehin nicht kommen und wenn, dann sicherlich nicht lange bleiben. Ich ging zurück ins

Wohnzimmer und trieb es noch einmal mit Marco. Benschi musste aus meinem Kopf gefickt werden.

Am nächsten Vormittag war ich etwas nervös. Ich hatte schon vier Tassen Kaffee intus und ständig schaute ich auf die Uhr. Würde Benschi kommen? Am hellllichten Tag an meiner Haustür klingeln? Nein, er würde nicht. Gestern war er betrunken und vergaß das Risiko. Nüchtern würde er dieses nicht eingehen. Er hatte zu viel zu verlieren. In den letzten Tagen waren die Zeitungen voll von ihm, sämtliche Fernsehsender berichteten über Benschi. Er war nun offiziell Kanzlerkandidat seiner Partei. Jetzt war er ein Getriebener. Nun, er wollte es so. Worüber wollte er reden? In Salzburg war er sehr deutlich geworden. Hatte er Angst, ich wäre so indiskret und würde über unsere Vergangenheit plaudern? Unsere Geschichte sogar für viel Geld an die Medien verkaufen? Als ob ich das nötig hätte. Das wusste er allerdings nicht. Das Klingeln riss mich schließlich aus meinen Gedanken. Es war tatsächlich Benschi. Ich schickte ihm den Aufzug nach unten und wartete oben auf ihn. Als er den Lift verließ, schaute er sich erst einmal mit offenem Mund um. Mit einer Wohnung wie dieser hatte er offenbar nicht gerechnet.

„Hallo, Benschi."

„Hi. Wow, ich bin überrascht. Das habe ich nicht erwartet."

„Und um ehrlich zu sein, habe ich dich hier nicht erwartet, Benschi. Nüchtern. Mitten am Tag. Ich dachte ehrlich, du würdest kneifen. Kaffee? Oder etwas anderes?"

„Kaffee ist gut."

Als die zwei Espressi durch waren, führte ich ihn nach oben auf die Dachterrasse. Er schien beeindruckt zu sein.

„Verdammt, wie kommst du zu so einer Wohnung, Jonas? So wohne nicht einmal ich. Hast du geerbt? Oder im Lotto gewonnen?" Er klang wie Bianca. Nur nach Sugardaddy fragte er nicht.

„Nichts von beidem", antwortete ich ihm. „Hart verdient."

„Sei mir nicht böse, aber mit deinen Theaterstücken, die von Amateuren aufgeführt werden, kann man doch niemals so viel Geld verdienen."

„Kannst du ein Geheimnis für dich behalten? Ich bitte um Entschuldigung, natürlich kannst du das, wie wir beide wissen. Ich schreibe nicht nur Theaterstücke. Sagt dir Kay West etwas?"

„Meine Mutter liebt diese Schnulzenautorin."

„Nun, das bin ich. Ob du es glaubst oder nicht. Setz dich doch."

Zögernd nahm er Platz. Er glaubte mir nicht, aber das war ja auch egal. „Das erklärt natürlich alles", sagte er noch relativ verwundert. „Mann, wenn ich das meiner Mutter erzähle."

„Du sagst kein Wort, verstanden!", blaffte ich ihn an.

„Schon gut, schon gut, ich halte die Klappe."

„Ich hoffe. Also, worüber willst du mit mir reden? Ich denke, es war alles gesagt? In Salzburg. Du warst überaus deutlich."

Er nahm einen Schluck Kaffee. Und dann noch einen.

„Benschi, was ist los?"

„Was ich beim Frühstück gesagt habe, tut mir leid. Und war auch nicht so gemeint. Zumindest nicht in dieser Schärfe. Aber ich muss vorsichtig sein. Zu viel steht auf dem Spiel."

„Benschi, das verstehe ich. Wir haben uns zwar die letzten fünfundzwanzig Jahre nicht gesehen, aber du müsstest wissen, dass ich diese Dinge nicht an die große Glocke hänge. Was mich betrifft, irgendwann war ich halt in der Öffentlichkeit plötzlich schwul, weil ich mich nicht mehr verstecken wollte und die Fragen über Frau und Kinder und Familie nur genervt hatten. Aber ansonsten ist mein Schwulsein kein Thema. Weil es für mich unwichtig ist, was man ist. Und glaube mir, dadurch wurde mein Leben viel einfacher. Ich kann es dir nur raten."

„Dann wäre ich erledigt, politisch."

„Es gibt doch etwas anderes als diese Scheißpolitik, oder nicht?"

„Nicht für mich. Und schon gar nicht für meine Familie. Du kennst sie doch."

Oh ja, ich kannte seine Familie. Wirklich zum Gruseln. Irgendwann im vorletzten Jahrhundert steckengeblieben, was ihre Ansichten betraf.

„Wie lange lebst du schon hier?" fragte er mich.

„In Wien? Seit vierundzwanzig Jahren."

„Wir sind uns nie begegnet."

„Ich lebe zurückgezogen. Ich verkehre nicht in der Szene."

„Ich aus bekannten Gründen auch nicht. Aber hey, Wien ist ein Dorf, da muss man sich doch irgendwann mal über den Weg laufen."

Damit hatte er Recht. Wien war definitiv ein Dorf. Meist ein provinzielles, was die Einwohner betrifft. „Hattest du gestern Abend Besuch? Oder war ich dir nur zu betrunken."

„Beides."

„Dein Freund?"

„Ein Freund. Ich habe keine Beziehung. Hatte ich nie."

Benschi lachte auf. „Du machst Witze! Ein geiler Typ wie du und Single?"

„Danke fürs Kompliment, aber doch, es ist so."

„Und warum?"

Sollte ich ihm die Wahrheit sagen? Was hatte ich schon zu verlieren? Und dann fing ich an zu erzählen und offenbarte mich und meine Gefühle für ihn. Ich redete mir den ganzen Frust von der Seele. Als ich geendet hatte, starrte er mich nur an. Unsicher fuhr er sich mit seiner rechten Hand durch sein volles Haar. Ich liebte diese Geste.

„Puuh. Mann, Jonas, das überrascht mich jetzt. Ich hatte ja keine Ahnung. Du liebst mich seit fast dreißig Jahren?"

„Schön blöd, oder?" Ich konnte darüber lachen. Benschi nicht.

„Du hast nie etwas gesagt."

„Hätte das irgendetwas geändert?" fragte ich ihn, obwohl ich meinte, die Antwort zu kennen. „Aber du wolltest mit mir reden, was ist los?"

„Das ist jetzt nicht so wichtig. Ich versuche zu verstehen. Warum hast du nie etwas gesagt?"

„Noch einmal, hätte das irgendetwas geändert, Benschi?"

„Ich weiß es nicht. Die Nächte mit dir während der Maturareise waren schön. Wunderschön. Aber das war in Griechenland. Als wir wieder daheim waren, begann das richtige Leben. Das Leben, das meine Eltern für mich vorgezeichnet hatten. Da war kein Platz fürs Schwulsein. Das gab und gibt es bei uns nicht. Karriere und Erfolg, das war wichtig. Und so ging ich meinen Weg. Jurastudium. Einstieg in die Kanzlei meines Vaters. Und natürlich die Partei. Das war mein Leben. Alles andere existierte nicht."

„Aber was ist das für ein Leben, ohne alles andere? Kein Sex? Keine Männer?"

„Nun ja. Wenn ich geil war, fuhr ich nach München in die Sauna oder in Bars mit Darkroom. Dort lebte ich mich aus. Und wenn die Gier gestillt war, konnte ich wieder nach den Normen meines Vaters leben. Eine gewisse Zeit lang. Und wenn es dann nicht mehr ging, fuhr ich wieder nach München. Und seit ich hier in Wien lebe, es sind mittlerweile schon fast sechs Jahre, gönne ich mir eben von Zeit zu Zeit Ausflüge nach Budapest oder Prag. Um hier in Wien nicht aufzufliegen. Aber es gab nichts Ernstes, nichts Festes. Nur geiles Rumgeficke."

„Aber in euren Kreisen ist doch Familie so wichtig. Musstest du keine Frau vorweisen? Eine eigene Familie planen?"

„Natürlich hatte ich Freundinnen. Nichts Ernstes. Aber es genügte, um den Schein zu wahren. Aber es war nie das, was ich wirklich wollte."

„Und was wolltest du wirklich?"

Er zögerte. Überlegte. Suchte nach den richtigen Worten. „Dich, Jonas. Dich wollte ich."

Plötzlich hatte er feuchte Augen. Jetzt war ich es, der ihn mit offenem Mund anstarrte. Traurig sah er mich an und ich schmolz dahin, in seinen Augen konnte man sich verlieren.

„Damals wollte ich nur dich. Und zwar genau nach diesem ominösen Kuss. Da habe ich dich als jungen Mann so richtig wahrgenommen. Du warst niedlich, aber nicht wirklich geil. Du warst immer der Außenseiter in der Klasse, hattest exzellente Noten, obwohl du nie ein Streber warst, du warst schmächtig, obwohl du im Sport gut warst. Aber ich war zu feige. Du warst immer außen vor, keiner hat sich mit dir abgegeben. Außer Bianca. Und so machte ich es auch. Aber eigentlich wollte ich mit dir zusammen sein. Ich, der Traum aller Mädchen, hinter dem alle her waren." Er lachte auf und wischte sich eine Träne von der Wange. „Und weißt du, Jonas, ich will dich immer noch. Aber jetzt ist es noch unmöglicher als damals."

Ich war sprachlos. Ein Liebesgeständnis war das letzte, womit ich gerechnet hatte. Er liebte mich und liebt mich noch immer. Und ich liebte ihn. Und da soll es kein Happy End geben? „Benschi, warum tust du dir das an?"

„Was meinst du?"

„Warum lebst du nicht so, wie du es willst? Warum die Politik, warum Bundeskanzler? Warum weiterhin dieses Versteckspiel? Ich verstehe es nicht. Erkläre es mir."

„Es ist mein Leben. Es ist das Ergebnis der letzten fünfundzwanzig Jahre. Das alles kann ich doch nicht wegwerfen. Dann wäre doch alles umsonst gewesen."

„Und du willst das wirklich?"

„Ja."

Und das glaubte ich ihm sogar. Es gab für ihn keine Alternative. Er wollte weiter dieses Versteckspiel. Er wollte diesen von seinen Eltern vorgegebenen Weg fertig gehen. Benschi tat mir wirklich leid. Aber was wollte er von mir? Und das fragte ich ihn.

„Die Nacht mit dir in Salzburg war so schön. Ich möchte das nicht mehr missen. Könnten wir uns nicht ab und zu sehen?"

„Und Kuscheln? Und vielleicht auch noch mehr?", vervollständigte ich seine Gedanken.

„Ja, Jonas, genau! Das wäre doch so schön."

Ich hatte genug. Und das sagte ich ihm auch. Ich wollte nicht sein Geliebter sein. Sein geheimer Geliebter. Das war mir eindeutig zu wenig. Ich wollte nicht Teil seiner Lügen sein. Er musste sehr verzweifelt sein, mir Derartiges vorzuschlagen. „Ich lebe zwar zurückgezogen, aber ich verstecke mich nicht. Wenn ich eine Beziehung habe, will ich sie leben, auch außerhalb dieser Wohnung. Ich will gemeinsam essen gehen, ins Theater, tanzen. Natürlich würde ich die Zeit mit dir hier in der Wohnung genießen, aber das wäre mir zu wenig, Benschi. Das will ich nicht. So verzweifelt bin ich nicht, um mich damit zu begnügen."

„Aber ich rede ja nicht von Beziehung. Nur treffen, reden, kuscheln, Sex haben", erwiderte er.

Das wäre natürlich schön. Aber so würde es mir nie gelingen, mich von ihm zu lösen, ihn zu vergessen, um endlich frei für eine glückliche Beziehung mit einem anderen zu sein. Ich blieb hart, auch wenn ich mich dabei etwas unwohl fühlte. Denn natürlich wollte ich ihn, sehnte mich nach ihm, aber lieber kein Benschi, als ein bisschen Benschi. Denn vielleicht schaffte ich es ja doch noch, ihn zu vergessen, einen anderen Mann kennenzulernen und glücklich zu werden. Ich bat ihn, zu gehen.

„Willst du das wirklich?", fragte er leise und sah mir hoffnungsvoll in die Augen.

„Ja. Es tut mir leid, Benschi", blieb ich hart.

Ohne Widerrede, aber sichtlich traurig und enttäuscht, folgte er meiner Aufforderung. Am liebsten hätte ich ihn in den Arm genommen, ihn fest an mich gedrückt. Aber ich wollte ihm keine falschen Hoffnungen machen. Ich musste einen Schlussstrich ziehen. Er musste sein Leben führen.

Und in diesem Leben hatte ich keinen Platz. Schon gar nicht auf die Art und Weise, wie er es mir vorgeschlagen hatte. Nun war ich bereit, loszulassen und einen Neuanfang zu wagen.

Als er weg war, brauchte ich erst einmal Alkohol. Ich machte mir einen Gin Tonic, setzte mich auf die Dachterrasse und genoss den Blick über Wien. Und dachte nach. Die Sonne lachte vom blauen Himmel, aber in mir sah es düster aus. Hatte ich richtig gehandelt? Wäre ein bisschen Benschi nicht doch besser gewesen als gar kein Benschi mehr? Würde es mir gelingen, ihn zu vergessen? Die Stadt war zugepflastert mit seinen Plakaten, an jeder Hausecke lächelte mir sein Gesicht entgegen. Auf sämtlichen Fernsehsendern liefen Spots von ihm oder er war Gast in diversen Talkshows und Politmagazinen. Nicht mehr fernsehen und nicht mehr aus dem Haus gehen, das nahm ich mir ernsthaft vor. Ließ sich natürlich nicht in die Tat umsetzen, denn meine Mutter und Inge würden bald vor der Tür stehen und ich wollte mit ihnen durch die Stadt bummeln und am Abend ins Theater gehen.

Kurz nach zwei klingelten sie, ich schickte ihnen den Lift nach unten und wenige Sekunden später begrüßte ich sie in meinem Reich. Wie schon Bianca und Benschi vor ihnen, waren auch Mutti und Inge sprachlos.

„Hast du im Lotto gewonnen?“, fragte Inge.

„Geerbt hast du nicht, denn davon wüsste ich“, setzte meine Mutter fort. „Hast du dir einen Millionär geangelt, mein Sohn?“

„Jetzt kommt erst mal weiter“, antwortete ich, nahm ihnen ihre Taschen ab und stellte sie neben die Garderobe. „Herzlich willkommen in Wien. Führung gefällig?“ Ich zeigte ihnen meine Räumlichkeiten und servierte ihnen im Anschluss auf der Dachterrasse den bereitgestellten Prosecco.

„Jetzt kann ich verstehen, warum du so selten nach Hause kommst“, lachte meine Mutter. „Das ist ja ein Traum!“

„Wie heißt er?“ zwinkerte Inge mir zu.

Dann erzählte ich ihnen die Kay-West-Story und beide waren mehr als beeindruckt.

„Tut mir leid, aber ich durfte niemandem davon erzählen. Aber jetzt ist der fünfte Band im Handel und mein Vertrag mit dem Verlag ist beendet. Keine Notwendigkeit mehr für Geheimnisse.“

„Machst du es öffentlich?“ fragte meine Mutter.

„Ich hätte nichts dagegen, aber der Verlag ist anderer Meinung. Kay West ist ein Star und sie wollen Geld mit ihr verdienen. Bist du böse?“

„Böse? Ich bin ja so stolz auf dich, mein Junge“, sagte meine Mutter mit feuchten Augen. „Wenn das Papa noch erlebt hätte.“

Darauf folgte kurzes Schweigen. Was hätte man darauf auch antworten sollen.

„Also“, unterbrach ich die Stille, „was wollt ihr zwei alles unternehmen? Abgesehen vom Musical heute Abend?“

„Keine Pläne“, antwortete Inge. „Durch die Stadt spazieren, morgen vielleicht in die Albertina. Nur genießen.“

„Richtig so. Das habt ihr euch verdient. Habt ihr schon gegessen?“

Hatten sie bereits im Zug, aber eine schöne Tasse Kaffee war ihnen recht. Nachdem ich ihn zubereitet hatte und wieder bei ihnen auf der Terrasse saß, unterhielten wir uns über das Klassentreffen und landeten letztlich bei Benschi.

„Ich hatte gehofft“, sagte Inge, „dass er nicht den Weg seines Vaters einschlagen würde. Diese Ansichten, dieses Weltbild. Dieses erzkonservative, reaktionäre Weltbild. Das passt doch nicht in diese Zeit. Und nicht zu Benjamin. Christlich und sozial. Beides ist diese Partei doch gar nicht. Die suchen nach Minderheiten, denen man alles in die Schuhe schieben kann. Früher waren das die Juden, heute die Flüchtlinge, die Migranten. Aber ist Österreich schlechter geworden, ärmer mit der Flüchtlingskrise 2015? Das ist doch alles nicht wahr!“

„Denkt Benjamin genauso?“, setzte meine Mutter fort.

„Ich weiß es nicht, Mutti.“

„Kannst du ihn von diesem Weg nicht abbringen, Jonas?“, fragte Inge. „Ihr steht euch doch so nahe?“

„Tut ihr das?“ Meine Mutter war verblüfft.

„Mathilde, dein Sohn liebt Benjamin.“

Jetzt war ich verblüfft. Die hatte mich durchschaut. Seit wann wusste sie das?

„Er ist doch dieser Mann, den du nicht loslassen kannst, nicht wahr? Beim Klassentreffen wurde mir das bewusst.“

Ich starrte sie nur an.

„Und da wurde mir so vieles klar. Die Maturareise. Die Nächte, die er nicht, wie alle glaubten, mit einer Klassenkameradin verbracht hatte, sondern mit dir. Habe ich Recht?"

Ich musste erst einmal schlucken, bevor ich antworten konnte. „Ja, Inge, du hast Recht. Mit allem. Und trotzdem, ich bin der Letzte, der ihn von seinem Weg abbringen kann. Ich habe es versucht, das kannst du mir glauben. Aber die Politik ist für Benschi das Wichtigste, der ordnet er alles unter."

„Wie schade", meinte meine Mutter. „Aber du darfst nicht an ihm festhalten, mein Junge. Wenn er der Grund war, dass du bisher ohne Liebe in deinem Leben gelebt hast, dann musst du ihn vergessen. Sofort. Und bitte endlich glücklich werden. Versprichst du mir das?"

„Ja, das verspreche ich dir." Und ich werde dieses Versprechen halten, das nahm ich mir fest vor. Und dann war ich bemüht, das Thema zu wechseln.

Um sieben trafen wir uns mit Bianca vor dem Raimund Theater, nachdem wir vorher bei Lucca, einem kleinen, entzückenden italienischen Ristorante nahe des Ronacher zu Abend gegessen hatten. Die drei Frauen in ihrer feinen Abendgarderobe begrüßten sich überschwänglich. Es war nicht die Staatsoper, sondern nur ein Musical, aber schick wollten sie trotzdem sein. So genau nahm ich es nicht, Jeans, ein weißes Hemd samt Weste und dazugehörigem Sakko mit rotblauem Karomuster. Nachdem ich uns alle mit einem Glas Prosecco versorgt hatte, stießen wir auf einen unterhaltsamen Abend an. Ich wusste ja, was uns erwartete, ich hatte die Premiere von *I am from Austria* gesehen. Ich mochte die Lieder von Reinhard Fendrich nie besonders gern. Macho, Macho und Blond hatten mich beim Radio hören eher genervt, aber in dieser entzückenden Handlung verpackt, mochte ich sie doch. Im Gegensatz zu mir blieb Fendrich der Welturaufführung fern. Er hatte wohl wenig Lust auf die Bussi-Bussi-Gesellschaft, die ihn während der medialen Hetzjagd aufgrund seines Kokainkonsums links liegen ließ. Verlogene Bagage, ging mir damals durch den Kopf. Fast alle schnupften sie, inklusive mir, aber mit Fendrich wollten sie dann nichts mehr zu tun haben.

Ich brachte die leeren Gläser zurück und wir nahmen unsere Plätze ein. Das Theater war ausverkauft, mit dieser Show war den Vereinigten

Bühnen ein Hit gelungen. Mutter und Inge unterhielten sich köstlich, sie konnten fast jedes Lied auswendig und sangen begeistert mit. Das gesamte Ensemble war spielfreudig, die Tänzer knackig und so unterhielt auch ich mich gut. In der Pause tranken wir wieder ein Gläschen und unterhielten uns über das Stück. Mutter und Inge warteten schon sehnsüchtig auf den Titelsong und Österreichs inoffizielle Hymne. Und über dieses Lied dachte ich immer am meisten nach, auch als es noch nicht Teil eines Musicals war. Was meinte Reinhard Fendrich mit „die hohe Zeit is long vorüber" und „Ruhm und Glanz"? Die Zeit als Österreich eine Monarchie war? Oder etwa die Siebzigerjahre unter Kanzler Bruno Kreisky, als unser Land sich modernisierte? Aber für so links hielt ich Fendrich nie. „Und a die Höll hast hinter dir." Da war sicher die Nazizeit gemeint. Was sonst. Dieses Lied wurde auch in Benschis polarisierenden und teilweise ausländer- und minderheiten-feindlichen Wahlkampf verwendet, ich vermute, sicher nicht im Sinne des Schreibers und Komponisten.

„War das ein wundervoller Abend, vielen Dank mein Junge", sagte meine Mutter, als wir nach minutenlangen Standing Ovations das Theater verließen.

„Ja vielen Dank, Jonas. Das hat gutgetan", schloss Inge sich an.

„Gern geschehen. Und jetzt? Noch ein Absacker? Oder gemütlich auf meiner Terrasse?"

Gemeinsam entschieden sie sich für meine Dachterrasse. Ein lauer Sommerabend, der Blick über Wien, abseits des Trubels, was wollte man mehr.

„Also, dass ich einmal mit Kay West an einem Tisch sitzen und dabei diesen grandiosen Blick über Wien genießen würde, hätte ich nie gedacht", meinte Inge schon ein bisschen beschwipst.

„Dass ich überhaupt eine Tochter habe!", setzte meine Mutter fort und brachte uns damit alle zum Lachen. Ich liebte die drei wichtigsten Frauen meines Lebens. Dank ihrer Anwesenheit wurde ich von meinen Gedanken über Benschi etwas abgelenkt. Und so leerten wir auch noch eine zweite Flasche Prosecco. Gegen halb zwei Uhr früh verließ uns Bianca.

„Sie ist so reizend", urteilte meine Mutter über sie. „Ich mag sie sehr gern, das weißt du, aber ein Mann an deiner Seite würde mich glücklicher machen."

Damit beschlossen wir den Abend und verdrückten uns in unsere Betten.

Nach ein paar Stunden Schlaf stand ich um halb acht Uhr auf und bereitete ein umfangreiches Frühstück für uns vor. Dazu trank ich einen doppelten Espresso, um wach zu werden. Um acht erschienen die beiden frisch und munter, setzten sich an den gedeckten Tisch und genossen das Frühstück.

„Besser als in jedem Hotel", lobte Inge mich und griff herzhaft zu.

So verbrachten wir den halben Vormittag. Wir unterhielten uns über den gestrigen Theaterbesuch, über das Klassentreffen und über Benschi und seinen Wahlkampf, den wir beide überaus scheußlich fanden. Als wir dabei waren, den Tisch abzuräumen und das schmutzige Geschirr in die Spülmaschine zu stellen, klingelte mein Handy. Es war Anita Bernsdorf, die Pressesprecherin des Verlages, der die *Stürmischen Zeiten* verlegte. Wie ungewöhnlich, an einem Sonntag meldete sie sich für gewöhnlich nie. Es musste dringend sein.

„Frau Bernsdorf! Was kann ich für Sie tun?"

„Entschuldigen Sie bitte vielmals, Herr Mertens, dass ich Sie an einem Sonntag störe. Aber es ist überaus wichtig."

Ich verschwand auf die Dachterrasse, um ungestört vom Geschirrgeklapper mit ihr reden zu können.

„Was ist denn los?", fragte ich sie.

„Wie nicht anders zu erwarten, wurde der Abschlussband ein absoluter Verkaufsschlager und der Druck auf den Verlag und Kay West steigt. Die Leserinnen und Leser wollen zum Abschluss der Miller-Saga die Autorin endlich einmal live und in Farbe erleben. Sie wollen Signierstunden, Fantreffen, die Medien wollen Interviews mit der Autorin persönlich und nicht nur mit Vertretern des Verlages. Es gibt bitterböse Mails und Leserbriefe, ob die werte Autorin, die mit ihren Büchern in den letzten Jahren Millionen scheffelte, sich zu gut für derartige Dinge sei. Wir müssen handeln, Herr Mertens."

„Was schlagen Sie vor, Frau Bernsdorf?"

„Wir haben lange darüber im Verlag diskutiert, aber es ist das Beste, Sie als Kay West zu outen. Auch wenn man Sie danach fallenlassen sollte, wir glauben, jetzt ist der Zeitpunkt gekommen, um ehrlich zu unseren Lesern zu sein. Wäre das für Sie in Ordnung? Wir werden natürlich jeden einzelnen Schritt vorher mit Ihnen besprechen und uns einen Schlachtplan zurechtlegen."

„Frau Bernsdorf, das ist völlig in meinem Sinne."

„Vielen Dank, Herr Mertens. Ich werde mich morgen wieder bei Ihnen melden, um Weiteres zu besprechen. Jetzt will ich Sie nicht mehr länger stören."

Ich ging nach unten und musste feststellen, dass Mutter und Inge alles sauber gemacht hatten, die Küche funkelte.

„Ihr seid meine Gäste, und nicht zum Putzen hier."

„Papperlapapp", entgegnete meine Mutter. „Das ist das Mindeste, was wir zwei tun konnten. Schlechte Nachrichten?"

„Im Gegenteil", sagte ich und schilderte den beiden das vorangegangene Telefonat.

„Da wird einiges auf dich zukommen, Jonas", meinte Inge, während sie nach ihrer Handtasche griff. „Deshalb lassen wir dich jetzt allein und machen die Stadt unsicher. Bis später!" Bevor sie gingen, drückten sie mir noch einen Kuss auf die Wange. Wie sehr ich die beiden mochte.

Nach Schreiben stand mir nicht der Sinn, also machte ich ein paar Einheiten im Fitnessraum, legte mich anschließend auf die Terrasse und brutzelte in der Sonne. Mittags trafen wir uns bei Lucca in der Nähe des *Ronacher*, weil es ihnen dort am Vorabend so gut geschmeckt hatte. Danach tranken wir Kaffee im *Savoy*, es war für sie der erste Besuch eines schwulen Cafés.

Nachdem wir ihr Gepäck aus der Wohnung geholt hatten, brachte ich die beiden zum Westbahnhof. Auf dem Bahnsteig verabschiedete ich mich von ihnen.

„Jonas, versprich mir bitte, dass du mich bald besuchen kommst", sagte meine Mutter. „Im August spielen sie bei uns im Ort ein Stück von dir. Wäre doch schön, wenn wir es gemeinsam besuchen könnten. Alle werden sich freuen, dich wieder mal zu sehen."

„Versprochen, Mutti, ich komme gern." Ich nahm sie noch einmal fest in den Arm, küsste sie links und rechts auf die Wangen und dann stiegen sie ein und ich verließ den Bahnhof. Das war ein schönes Wochenende. Am Abend telefonierte ich mit Bianca und erzählte ihr über die Pläne des Verlages.

Ein Coming-out

In den darauffolgenden Tagen führte ich viele Telefonate mit Anita Bernsdorf, die ihr Kommen für die nächsten Tage ankündigte. Es wurde eine Pressekonferenz angesetzt, auf der ich als Kay West vorgestellt werden sollte. Auch eine Signierstunde würde es geben, beides im Hotel Sacher. Bianca erklärte sich bereit, mir an diesem Tag nicht von der Seite zu weichen.

Am Tag meines beruflichen Coming-out empfing ich Bianca zum Frühstück. Ich hatte auf der Dachterrasse gedeckt und wir schlemmten nach Lust und Laune.

„Also, wie wird das heute ablaufen?", fragte sie. „Du erscheinst als Frau und schminkst dich dann vor der Medienmeute ab?"

Ich sah sie schockiert an und musste plötzlich lachen. „Natürlich nicht! Ich werde dort als Jonas Mertens erscheinen."

„Wie langweilig. Ich hätte das als große Show inszeniert. Ein La Cage Aux Folles. Ein Charlies Tante."

„Da muss ich dich enttäuschen. Es wird völlig unspektakulär."

„Langweilig, würde ich sagen."

Nach dem Frühstück führte ich sie in mein Schlafzimmer. Sie wollte unbedingt meine Stylingberaterin für diesen wichtigen Tag sein. „Also dann, legen wir los."

Ungläubig starrte sie sprachlos in meinen begehbaren Kleiderschrank. „Sag mir bitte, dass das ein Witz ist."

„Was meinst du?"

„Das ist alles? Du hast diese Wohnung, verdienst mit deinen Büchern ein Vermögen, hast einen begehbaren Schrank, aber der ist so gut wie leer, Jonas!", rief sie voll Entsetzen.

„Völlig ausreichend für mich", konterte ich ihr. „Ich geh doch so gut wie nie außer Haus. Hier drinnen ist alles, was ich brauche."

„Also gut, was haben wir. Einen klassischen Anzug in schwarz, einen in dunkelblau, einen in grau, der karierte von letztem Wochenende und dieser blitzblaue."

„Wie ich schon sagte, völlig ausreichend."

„Schön, dann nehmen wir den blitzblauen, dazu ein weißes Hemd, weiße Sneakers, keine Socken, keine Krawatte."

So schnell wie die Auswahl erfolgte, war ich auch schon umgezogen. Ich sah gut aus. Aber das tat ich auch im schlabbernden Jogginganzug. Zumindest nach Biancas Einschätzung. Bevor wir uns auf den Weg zum Sacher machten, tranken wir noch ein Glas Prosecco und brachen schließlich auf. Zu Fuß hatten wir es in ein paar Minuten geschafft. Anita Bernsdorf erwartete uns am Haupteingang und führte uns sofort in einen kleinen Salon, wo ein kurzes Briefing folgte.

„Nervös?", fragte sie mich nach Ende ihrer Ausführungen. Nach einem kurzen Nicken meinerseits fuhr sie fort: „Sie müssen vor dieser Pressekonferenz keine Angst haben. Ich mache die Begrüßung, schildere die Fakten und stelle Sie als Kay West vor. Im Anschluss müssen Sie nur ein paar Fragen der anwesenden Journalisten beantworten. Seien sie so natürlich wie möglich."

„Auch ehrlich?"

„Absolut! Wir haben uns nichts vorzuwerfen. Falls es unangenehm für Sie wird, werde ich eingreifen."

„Und ich bin ja schließlich auch noch da", sagte Bianca.

Als wir den Salon Mayerling betraten, waren sämtliche der 20 Stühle besetzt. Anita Bernsdorf nahm mich an der Hand und führte mich zu einem Tisch, auf dem sich zwei Namensschilder befanden, eines für sie und eines mit meinem Namen: Jonas Mertens. Wir nahmen Platz und augenblicklich verstummten die Gespräche.

„Meine sehr verehrten Damen und Herren", legte Frau Bernsdorf los, „ich darf Sie im Namen des Holtmann Verlags herzlich zu dieser Pressekonferenz begrüßen."

Und dann erzählte sie, wie der Verlag an den ersten Band der Miller-Saga kam, wie überrascht man war, dass hinter Kay West ein Mann namens Jonas Mertens stand – die Überraschung im Raum war natürlich groß - und wie es nach den Reaktionen auf den ersten Band zur Entscheidung kam, Kay West weiblich sein zu lassen. Dann entschuldigte sie sich bei allen und bedauerte, die weltweiten Leserinnen und Leser so hinters Licht geführt zu haben. Und dann stellte sie mich vor, erzählte kurz aus meinem Leben, meinem bisherigen schriftstellerischen Schaffen und forderte die Anwesenden schlussendlich auf, Fragen zu stellen.

Die ersten Antworten kamen mir noch etwas holprig über die Lippen, aber nach einem aufmunternden Blick von Bianca, die etwas abseits saß, wurde ich immer lockerer. Wie sich herausstellte, waren einige der anwesenden Journalistinnen treue Leserinnen von Kay West. Ein Journalist wollte wissen, ob ich weiterhin als Kay West derartige Liebesromane schreiben würde. Natürlich waren meine Antworten darauf vage, da dies mit dem Verlag noch nicht endgültig durchgesprochen war. Was ich mir jedoch nicht nehmen ließ war, über meinen Krimi zu sprechen, an dem ich arbeitete. Damit war klar, dass der Verlag diesen Krimi herausbringen musste. Ein guter Schachzug meinerseits.

Eine letzte Frage wurde gestellt: Wie es mir als Mann gelang, derartig weiblich zu schreiben.

„Sehen Sie, uns schwulen Männern wird ja gern eine starke weibliche Seite unterstellt. Vielleicht mag es daran liegen."

Hatte ich mich getäuscht, oder atmete Frau Bernsdorf plötzlich besonders kräftig ein? Da keine weiteren Fragen mehr gestellt wurden, schoss man noch zahlreiche Fotos von mir und nach etwa einer Stunde war der Spuk vorbei.

Danach war Zeit für ein ausgiebiges Mittagessen, die Signierstunde würde erst um zwei beginnen. Nach der Suppe war ich schon satt. Ich hatte keinen Appetit, denn vor dieser ersten Begegnung mit meinen Lesern hatte ich Panik. Wie reagieren sie? Würden Sie mir die Bücher um die Ohren hauen, weil sie sich jahrelang belogen und betrogen fühlten? Aber Bianca würde mich beschützen, wie sie mir immer wieder zusicherte. Verteidigen, bis zum letzten Tropfen Blut. Das ist eine wahre beste Freundin. Da fiel mir wieder ein, ihr noch von Marco erzählen zu müssen. Später.

„Sie haben sich wacker geschlagen, Herr Mertens", lobte mich Anita Bernsdorf, die nach der Suppe nicht aufhörte, sondern noch den Tafelspitz und danach ein Stück der weltberühmten Torte des Hauses verdrückte. Und doch empfand ich die Bernsdorf etwas distanzierter und kühler als vor der Pressekonferenz.

„Es war in der Tat einfacher als befürchtet. Aber ich glaube, der Nachmittag wird um einiges schwieriger. Wer weiß, wie die Leute reagieren, wenn sie mich dort sitzen sehen und nicht eine Frau Mitte vierzig aus Südengland."

„Dann nimm mal dein Handy zur Hand, lieber Jonas", mischte sich Bianca ein. „Die Pressekonferenz ist mittlerweile Thema Nummer eins in sämtlichen Medien. Wie es aussieht, lässt sie derzeit den aktuellen Wahlkampf zur absoluten Nebensache degradieren."

„Noch schlimmer", erwiderte ich darauf. „Es wird keiner kommen. Oder sie besorgen sich alle Tomaten und Eier, um mich damit zu bewerfen."

„Ich mache mir gar keine Sorgen, Herr Mertens", sagte Frau Bernsdorf voller Hoffnung. „Mit ihrem Charme stecken sie alle in die Tasche. Wie schon vorhin die Journalistenmeute. Noch Kaffee?"

Nach einem Espresso zur Stärkung machten wir uns auf den Weg zurück in den Salon Mayerling. Die Stühle waren inzwischen weggeräumt, nur der Tisch zum Signieren der Bücher stand noch einsam und verlassen im Raum. Neben der Tür zusätzlich ein Tisch mit unzähligen meiner Bücher, die eine Verlagsmitarbeiterin bei Bedarf verkaufen würde.

Ich setzte mich hinter den Tisch, Frau Bernsdorf blieb im Hintergrund und Bianca verließ den Raum, um nach wenigen Augenblicken wieder zurückzukommen.

„Ihr werdet es nicht glauben", rief sie voll Begeisterung, „aber die stehen Schlange bis raus auf die Straße. Und keine Angst, Jonas, keine Tomaten und keine Eier. Nur deine Bücher!"

Dann wurde die Tür geöffnet und die Leute drängten sich in den Raum bis zu mir an den Tisch. Und dann hieß es, Bücher signieren, mit Kay West aber auch mit Jonas Mertens, oder beiden Namen, kurze Gespräche führen, Komplimente erhalten. Keiner beschimpfte mich, nein, im Gegenteil, sie waren alle hin und weg, dass es möglich war, dass ein Mann so herzergreifende Frauenliteratur schreiben konnte. Frauen jeden Alters, aber auch Männer, hauptsächlich schwule, stellten sich lange an, um eine Widmung zu erhalten. Dann stand plötzlich ein Mann vor mir, Sonnenbrille, Kappe tief ins Gesicht gezogen, kein Drei- sondern eher ein Fünftagebart.

„Für wen?", fragte ich ihn.

„Für Benschi." Ich blickte auf und starrte ihn an. Er war nicht zu erkennen, aber er war es tatsächlich.

„Ich bin sehr stolz auf dich. Und ich vermisse dich."

Ich schrieb die Widmung und gab ihm das Buch zurück.

„Ab morgen wirst du nicht mehr unerkannt auf die Straße gehen können. Dann weißt du, wie es mir ergeht."

„Nur habe ich, im Gegensatz zu dir, nichts zu verbergen. Und jetzt darfst du Platz für den nächsten machen. Schönen Tag noch."

Nach mehr als vier Stunden waren sämtliche Autogrammwünsche erfüllt und ich fix und fertig.

„Und jetzt gibt es Champagner, den haben Sie sich verdient, Herr Mertens." Frau Bernsdorf nahm mich an der Hand und führte mich an die Bar. Bianca folgte uns schüchtern. Nach einem großen Schluck nahm die Bernsdorf ihr Handy und war von da an damit beschäftigt, sämtliche Artikel über die Pressekonferenz und die Signierstunde zu lesen. Endlich hatte ich Zeit für Bianca.

„Erleichtert?", fragte sie mich.

„Ja. Ich habe nicht damit gerechnet, dass es so glatt über die Bühne gehen würde."

„Ab jetzt wird sich dein Leben ändern, Jonas."

„Ganz und gar nicht", entgegnete ich ihr und meinte das auch so. „Warum sollte sich etwas ändern?"

„Als Autor von Theaterstücken kannte man dein Gesicht bislang nicht. Aber ab jetzt bist du Kay West. Und Kay West kennt jeder und seit heute bist du das Gesicht dazu. Du wirst schon sehen", ließ sie nicht locker. „Ab morgen kannst du nicht mehr unerkannt auf die Straße."

„Genau so hat sich Benschi vorhin auch geäußert."

Bianca sah mich verblüfft an. „Der war hier?"

„Ja, ich habe ihn fast nicht erkannt. Bart, Sonnenbrille und Cappy."

„Der ist ja mutig. Hat er was gesagt?"

„Er vermisst mich."

„Er liebt dich. Und du ihn. Gibt es da wirklich kein Happy End für euch zwei?"

„Ich befürchte nein. Schließlich ist unser Leben kein Kay-West-Roman."

Bianca und ich leerten die ganze Flasche, während Anita Berns-dorf mit ihrem Handy beschäftigt war. „Und jetzt will ich nach Hause."

„Herr Mertens", wandte sich Frau Bernsdorf an mich. „Ihren Krimi werden wir selbstverständlich verlegen, ein kluger Schachzug vorhin von Ihnen. Aber danach gibt es wieder einen Roman im Kay-West-Stil. Die Verträge lassen wir Ihnen zukommen. Und wir schicken Sie natürlich auf eine umfangreiche Lesereise durch Österreich, Deutschland und die

Schweiz. Als Anfang. Und dann nach England. Ist ja schließlich die Heimat von Kay West", zwinkerte sie mir zu. „Die Reaktionen im Netz sind überwältigend. Das müssen wir nutzen. Alle lieben Kay West und jetzt lieben sie auch Sie. Und jetzt entschuldigen Sie mich, es gibt eine Menge zu tun. Sie werden zeitnah von mir hören." Sie verabschiedete sich von uns und verließ die Bar.

„Und wann sollst du schreiben?"

„Da wird sich Zeit finden. Aber jetzt muss ich los."

„Was drängt dich denn so? Lass uns doch den Moment genießen."

„Den werde ich auch genießen. Aber mit Marco."

„Marco? Wer ist Marco? Du hast jemanden kennengelernt?"

Jetzt war der Zeitpunkt, mein letztes Geheimnis zu lüften. Ich erzählte Bianca die Geschichte und versicherte ihr, nun wirklich keine Geheimnisse mehr vor ihr zu haben. Sie verzieh mir natürlich alles. An diesem Tag an meiner Seite gewesen zu sein, war schließlich der Höhepunkt ihres Lebens.

Nach dem kurzen Spaziergang und einer ausgiebigen Dusche war ich bereit für Marco.

Pünktlich um neun klingelte er und ich ließ ihn nach oben. Er hatte natürlich in den Nachrichten von meinem Outing erfahren und brachte eine Flasche Champagner mit.

„Wenn ich gewusst hätte, mit welcher Berühmtheit ich es zu tun habe, hätte ich schon längst meine Preise erhöht", scherzte er und nahm mich in den Arm. „Wegen dir werde ich jetzt Schnulzenromane lesen."

Ich nahm ihn an der Hand und führte ihn zur Couch. „Mach es dir bequem." Er küsste mich, setzte sich und ich holte uns zwei Gläser, öffnete die Flasche, schenkte ein und reichte ihm sein Glas.

„Na dann", sagte er und prostete mir zu. „Auf dich und den Erfolg." Wir stießen an und tranken.

„Wie lange hast du Zeit?", fragte ich ihn, während wir uns setzten.

„Ich habe heute keine Termine mehr. Ich stehe zu deiner Verfügung."

Warum habe ich ihn nur damals nicht genommen, als er mir gestand, in mich verliebt zu sein. Er sah umwerfend aus, war klug, charmant, hatte Humor. Also alles, was ich an einem Mann schätzte. Klar, er war nicht Benschi. Aber das Thema Benschi hatte ich ja abgehakt.

„Marco, darf ich dich etwas Persönliches fragen?"

„Ja, sicher."

„Hast du einen Freund? Bist du verliebt?“

„Nein. Und ja“, antwortete er etwas zögerlich.

„Okay. Schön. Weiß derjenige davon?“

„Ja.“

„Ist er in dich verliebt?“

„Das weiß ich nicht“, sagte er etwas traurig.

„Weiß er von deinem Job als Escort?“

„Ja. Und ich glaube, das ist das Problem. Ist schließlich kein ehrenhafter Beruf.“

„Genau genommen ist es der älteste Beruf der Welt. Würdest du für ihn deinen Job als Escort aufgeben, wenn er es von dir verlangt?“

Er nahm das Glas und leerte es mit einem Schluck. „Würdest du es verlangen?“, fragte er mich.

„Ich weiß es nicht. Ich hatte noch nie eine Beziehung. Ich weiß nicht, ob ich eifersüchtig wäre.“

„Du hattest noch nie eine Beziehung? Das ist doch ein Scherz.“

„Ganz und gar nicht. Ich bin seit Jahrzehnten in einen Kerl verliebt, das habe ich dir ja schon mal erzählt. Aber das mit uns zwei kann einfach nichts werden.“

„Da bist du nicht der Einzige“, sagte er, während er sein Glas füllte. „Ich habe einen Stammkunden, dem geht es genauso. Du weißt, ich bin normalerweise sehr diskret. Aber du wirst es nicht glauben, wenn ich dir sage, wer das ist. Dieser Politiker, der Kanzler werden will.“

Da war ich baff. Benschi auch ein Kunde von Marco? Na ja, warum eigentlich nicht. „Benjamin ist also Kunde von dir.“

„Aber bitte zu niemandem ein Wort, okay?“

„Klar, keine Sorge“, versicherte ich ihn. „Dann kennst du ja unsere Geschichte.“

Ungläubig starrte er mich an. „Du und er?“

„Wir gingen zusammen zur Schule. Und seither liebe ich ihn.“

„Und er dich. Denn ich bin mir sicher, dass er nur von dir sprach.“

„Aber ich weiß, dass das keine Zukunft hat, jetzt weniger denn je. Also werde ich mich umorientieren, ihn vergessen und mich neu verlieben.“

„Mann, Jonas, dann habe ich ja doch noch Chancen“, erwiderte er daraufhin mit seinem charmanten Lächeln.

„Na klar, alles ist möglich.“

„Das würde mich wirklich freuen."

Moment. Was lief hier? War ich derjenige? War er immer noch in mich verliebt, wie damals, als wir uns kennenlernten? Sollte ich das jetzt augenblicklich klären, oder es für den Moment so stehenlassen und nicht weiter darauf eingehen? Ich ließ es so stehen.

„Komm, wir gehen nach oben. Ich bin völlig verspannt."

Ich nahm ihn an der Hand und führte ihn ins Schlafzimmer. Dort genoss ich dann eine fabelhafte Massage und hatte die halbe Nacht Sex mit Marco. Es war die geilste Nacht seit langem.

Bevor die Nacht vorüber war und es hell wurde, verließ er mich. Also saß ich allein auf der Terrasse und genoss die erste Tasse Kaffee. Marco war also immer noch in mich verliebt. Und ich mochte ihn auch. Aber mich auf ihn einlassen, um damit von Benschi loszukommen, wäre nicht fair. Aber ich fühlte mich sehr wohl mit Marco. Sollte ich mehr anstreben? Zeit mit ihm verbringen, auch außerhalb des Bettes? Mal essen gehen, oder in einen Club. Ich könnte es mal vorschlagen.

Nach der zweiten Tasse setzte ich mich an den Laptop, um mein Tagwerk zu beginnen. Erst einmal Mails checken. Das waren eine ganze Menge. Hauptsächlich Glückwünsche zu meinem beruflichen Outing. Die würde ich später beantworten. Ich öffnete die Datei meines Krimis und las das bisher Geschriebene. Gar nicht so schlecht. Ich war auf einem guten Weg. Aber zum Weiterschreiben hatte ich keine Lust. Zu viel spukte mir im Kopf herum. Und natürlich handelte es sich dabei nur um Privates. Ich musste raus.

Es war Samstag und es trieb mich zum Naschmarkt. Ich liebte den dortigen wöchentlichen Flohmarkt. Ich schlenderte von Stand zu Stand, schmökerte durch alte Bücher und bewunderte alte Lampenschirme. Ich erstand sechs Likörgläser aus geschliffenem altem böhmischem Glas. Danach setzte ich mich in ein kleines Café abseits des Trubels, genoss eine Melange und las die Zeitungen. Ich hatte es tatsächlich auf ein paar Titelseiten gebracht. Wenigstens für einen Tag wurde die Politik auf die zweite Seite verdrängt. Das Telefon in meiner Hose vibrierte, und da in diesem Kaffeehaus telefonieren nicht gern gesehen war, ließ ich es, wo es war. Ich würde später zurückrufen.

Nach einer weiteren Tasse machte ich mich auf den Weg zurück nach Hause. Auf dem Display meines Handys sah ich, dass es meine Mutter war, und ich rief sie unverzüglich an.

„Jonas, mein Junge, ich bin ja so stolz auf dich. Du lachst von allen Titelseiten. Überall im Ort werde ich beglückwünscht. Als ob ich etwas mit deinem Erfolg zu tun hätte."

„Aber Mutti, das hast du doch", erwiderte ich darauf. „Ihr habt mich aufs Gymnasium geschickt. Mir danach das Leben in Wien ermöglicht, mich bei allem unterstützt. Natürlich hast du mit meinem Erfolg etwas zu tun. Und ich danke dir dafür."

Dann weinte sie erst mal. Sie konnte sich gar nicht mehr beruhigen und beendete das Gespräch, nachdem sie versichert hatte, sich später noch einmal zu melden, wenn sie sich wieder beruhigt hätte.

Ich nahm nicht den direkten Weg, sondern spazierte über den Ring, vorbei an der Hofburg, dem Parlament und dem Burgtheater und dann über den Graben zum Stephansdom. Der erste Tag meines neuen Lebens. Es fühlte sich großartig an. Und vor allem, es war alles wie zuvor. Mir rannten keine kreischenden Frauen hinterher, wurde nicht umzingelt von einer Menschenmenge mit der Bitte um ein Autogramm, niemand beachtete mich.

Ich brachte schnell meine erstandenen Gläser in die Wohnung und ging weiter zu meinem Lieblingsitaliener. Ich besetzte den letzten freien Tisch im kleinen Garten und bestellte ein Glas Weißwein und einen kleinen gemischten Salat. Als ich mir eine Zigarette anzündete, klingelte das Handy. Anita Bernsdorf.

„Herr Mertens, entschuldigen Sie die Störung. Wie haben Sie geschlafen?"

„Wenig", musste ich ehrlicherweise zugeben.

„Es ging Ihnen wohl viel durch den Kopf. Das kann ich verstehen."

Ich lächelte, als ich an die letzte Nacht mit Marco dachte. „Was kann ich für Sie tun, Frau Bernsdorf?"

„Wie Sie bestimmt schon bemerkt haben, schlug die PK ein wie eine Bombe. Wir sind auf allen Titelseiten! Nicht nur in Österreich", überschlug sich die sonst so kühle Hamburgerin vor Begeisterung. „Und alle wollen Sie haben. Radio, Fernsehen, Zeitungen. Wir machen natürlich nicht alles. Nur das Exklusivste. Ich maile Ihnen eine Liste mit ein paar

Empfehlungen meinerseits. Aber die Entscheidung liegt bei Ihnen. Genießen Sie Ihr Wochenende, Ihre Auswahl erwarte ich nicht vor Montag. Tschüss, Herr Mertens."

Als ich mein Handy in die Hosentasche steckte, bog Lucca um die Ecke und stellte Wein und Salat auf den Tisch.

„Buon Appetito, Signor o Signora Kay West." Dazu zwinkerte er mir schelmisch mit dem rechten Auge zu.

„Mille Grazie!"

„Dass du so eine Berühmtheit bist, hat keiner geahnt."

„Berühmt bin ich ja offensichtlich erst seit heute."

„Schön, dass du uns auch weiterhin beehrst."

„Ihr seid einfach die besten. Und du der hübscheste von allen." Du liebe Güte, ich flirtete tatsächlich. Schon lange nicht mehr gemacht. Und es fühlte sich gut an. Aber Lucca war nicht schwul, das wusste ich.

„Das sagt mir meine Maria auch immer", erwiderte er. „Übrigens sitzt Bianca drinnen. Soll ich ihr sagen, dass du hier bist?"

„Ist sie allein?"

„Nein, in männlicher Begleitung. Es ist …"

„Dann besser nicht", unterbrach ich ihn. „Wir wollen sie nicht stören."

Lucca ging zum Nebentisch und nahm eine weitere Bestellung auf, während ich mich auf den Salat stürzte. Endlich hatte Bianca mal ein Date. Es konnte nicht sein, dass ich der männliche Mittelpunkt ihres Lebens war. Nach dem Salat verdrückte ich noch eine Thunfischpizza und zum Dessert ein Tiramisu. Als ich bei Lucca die Rechnung bezahlte, trat Bianca aus dem Lokal. Ich wollte nach ihr rufen, als ich sah, wer ihr folgte. Ich konnte meinen Augen kaum trauen, es war Benschi. Was hatte Bianca mit ihm zu schaffen? Warum traf sie sich mit ihm? Bei unserem Italiener? Ich hatte ihn hier in all den Jahren nie gesehen. Und warum hatte sie mir nichts davon gesagt, dass sie sich mit Benschi trifft? Sie erzählte mir sonst immer alles. Zum Glück gingen sie in die andere Richtung und ich blieb unerkannt.

Die Sache ging mir das ganze Wochenende nicht mehr aus dem Kopf. Ich war unfähig, zu schreiben, ständig kreisten meine Gedanken um Bianca und Benschi. Und Bianca rief nicht an. Ihr Treffen mit Benschi war also ein Geheimnis. Nun gut, sollte sie vor mir ein Geheimnis haben, so wie ich einige lange Zeit vor ihr hatte. Aber ich machte reinen Tisch und erzählte ihr alles. Sie würde genau so handeln, da war ich mir sicher.

An diesem Tag hatte sie mich nicht mehr angerufen. Und am Sonntag auch nicht. Ich hätte sie anrufen können, aber das tat ich nie. Sie war immer diejenige, die zuerst zum Handy griff und mich anrief. Sie war eben eine typische Frau mit einem unbändigen Mitteilungsbedürfnis. Und dann trifft sie sich mit Benschi und hielt es nicht für notwendig, mir davon zu erzählen? Sehr eigenartig, die ganze Sache.

Geschrieben hatte ich das ganze Wochenende keine Zeile. Aber natürlich sah ich mir Anita Bernsdorfs Liste an. Und die hatte es in sich. Zu Barbara Stöckl in ihre gleichnamige Sendung würde ich gehen, die mochte ich. Auch frühstücken mit ihrer Schwester Claudia auf Ö3 konnte ich mir vorstellen. Und dann ein großes Zeitungsinterview, die Auswahl würde ich Frau Bernsdorf überlassen. Unzählige Anfragen aus Deutschland und vor allem dem Vereinigten Königreich, der erfundenen Heimat von Kay West, standen auf der Liste. Wie mir davor graute. Ich wollte doch immer nur schreiben, mit dem ganzen Medienrummel nichts am Hut haben. Aber da musste ich durch. Musste ich? Kay West hat sich jahrelang davor gedrückt, konnte das Jonas Mertens nicht auch? Und wer hatte schon das Recht, über mich zu bestimmen, über mich zu verfügen?

Meine Mutter hatte mich auch nicht mehr zurückgerufen. Ob es ihr gut ging? Ich schrieb ihr eine kurze Nachricht und umgehend kam ihre Antwort. Es ging ihr gut, alles war bestens.

Montag früh gleich nach dem Frühstück schickte ich Frau Bernsdorf ein umfangreiches Mail. Die Stöckls wären ok, auch eine Zeitung, aber für mehr wäre ich aus persönlichen Gründen nicht bereit. Normalerweise kam umgehend Antwort, doch dieses Mal ließ sie mich warten. Am Abend keine Reaktion von ihr. Auch Bianca ließ nichts von sich hören. Die Sache gefiel mir nicht. Absolut nicht. Also rief ich sie an. Nach dem fünften Klingeln hob sie ab.

„Jonas, hi! Ist was passiert?"

„Das frage ich dich? Ich habe drei Tage nichts von dir gehört. Das gab es noch nie, meine Liebe. Also?"

„Du, ich hatte viel zu tun", stammelte sie herum. „Nur Stress, das kennst du doch."

„Aber sonst ist alles okay?", fragte ich sie.

„Alles bestens, Jonas."

„Gut, mehr wollte ich nicht wissen. Dann, schönen Abend noch."

„Danke, wünsch ich dir auch." Und sie legte auf.

Kein Wort über Benschi, kein Wort über die Titelseiten. Da war definitiv etwas im Busch. Auch die nächsten Tage Funkstille. Es fühlte sich seltsam an. Anita Bernsdorf ging ebenfalls auf Tauchstation, keine Antwort auf meine Nachricht. Was hatte ich den beiden nur getan? Und an meinem Krimi arbeitete ich nicht weiter, mein Kopf war voll mit negativen Gedanken. Da war kein Platz für Kreativität. So eine Phase hatte ich noch nie. Auch wenn es mir noch so beschissen ging, geschrieben hatte ich immer, als Ablenkung, als Therapie, und die Ergebnisse konnten sich sehen lassen. Aber jetzt, absolute Leere. Eine richtige Schreibblockade. Gut, so erging es anderen Schriftstellern auch, ich blieb bisher davon zum Glück verschont. Eine neue Erfahrung. Ein Leben ohne Schreiben? Konnte ich mir das vorstellen? Ja, schon. Ich musste nicht mehr schreiben, um meine Rechnungen bezahlen zu können. Ich hatte ausgesorgt, dank Kay West und der Miller-Saga. Aber was sollte ich stattdessen mit meinem Leben anfangen? Darüber musste ich nachdenken. Ich öffnete eine Flasche Rotwein, nahm ein Glas und setzte mich auf die Dachterrasse. Die Sonne ging unter und färbte den Himmel in sattes Orange. Nach dem zweiten Glas schrieb ich Marco eine Nachricht, ob er morgen Abend Zeit für ein Abendessen hätte. Er hatte. Also verabredeten wir uns für acht Uhr bei Lucca.

Am nächsten Morgen ein spätes Frühstück, danach Mails checken. Keine Nachricht von der Bernsdorf. Nichts von Bianca. Dafür meldete sich Nicole Lüttke von meinem Theaterverlag.

„Herr Mertens, guten Morgen. Ich störe hoffentlich nicht?", zwitscherte sie ins Telefon.

„Guten Morgen, Frau Lüttke, Sie stören niemals. Was kann ich für Sie tun?"

„Ich habe ein Hühnchen mit Ihnen zu rupfen. Kay West. Als ich Freitagabend die Nachrichten sah, kippte ich fast von meinem Stuhl. Wie konnten Sie das nur vor mir geheim halten?", schimpfte sie keineswegs unhöflich.

„Sie wissen doch am besten, wie das mit Verträgen so ist. Ich hatte mich für absolutes Stillschweigen verpflichtet. Nicht einmal meine Mutter wusste etwas davon, und die weiß sonst alles von mir."

„Ich bin Ihnen ja auch gar nicht böse. Ich wundere mich nur, wie Sie in all den Jahren neben den Romanen, jedes Jahr ein Theaterstück schreiben konnten. Sie müssen ja rund um die Uhr gearbeitet haben?“

Was ich auch tat, wie ich ihr versicherte. Dann fragte ich noch einmal nach dem Grund ihres Anrufes.

„Erstens wollte ich Ihnen zu Ihrem Erfolg gratulieren. Stürmische Zeiten gehörte in den letzten Jahren zu meiner Lieblingslektüre, und dass hinter Kay West in Wirklichkeit Sie stecken, Herr Mertens, das beeindruckt mich schon sehr. Zweitens“, und sie holte tief Luft, „seit Samstag häufen sich die Anfragen nach Ihren Stücken enorm. Das freut mich natürlich. Drittens frage ich mich, warum Sie sich nicht endlich an ein großes Stück wagen. Nicht für Amateurtheater, für die großen, für die richtig großen professionellen Theater. Ich bin mir sicher, es wird nicht lange dauern, bis sich Intendanten an uns wenden, um mit Ihnen zusammenzuarbeiten. Denken Sie darüber nach. Vielleicht fällt Ihnen etwas Spannendes ein. Und jetzt störe ich Sie nicht mehr länger, Sie sind bestimmt am Schreiben. Auf Wiederhören, und bis bald.“

Mann, die war ja in Fahrt. Ich und am Schreiben, wenn die wüsste. Aber ich hatte tatsächlich ein Stück, das ich ihr noch nie geschickt hatte. Ich fand es für Laienspielgruppen zu schräg, zu skurril. Vielleicht war jetzt der Zeitpunkt gekommen, es ihr zum Lesen zu geben.

Kurz vor acht traf ich bei Lucca ein. Er begrüßte mich überschwänglich und führte mich zu meinem reservierten Tisch im Garten. Wenige Minuten später kam auch Marco und setzte sich zu mir. Wir bestellten Wein und Pizza und als Lucca den Tisch verließ, schob ich Marco das Kuvert mit dem Geld zu.

„Was ist das?“, fragte er mich verwundert.

„Dein Geld. Ich habe dich gebucht.“

„Oh“, sagte er mit spürbarer Enttäuschung in der Stimme. „Danke, Jonas.“ Das Kuvert rührte er nicht an.

„Stimmt etwas nicht?“ Bevor er antworten konnte, kam Lucca und stellte den Wein auf den Tisch. Als er wieder weg war, bohrte ich nach. „Was ist los? Sag schon, hab ich was falsch gemacht?“

„Du nicht. Ich“, antwortete er.

„Verstehe ich nicht.“

„Das Geld.“

„Ist es zu wenig? Obwohl, du hast ja nicht einmal nachgezählt.“

„Es ist bestimmt nicht zu wenig. Nur, ich dachte, das Essen sei ein Date und keine Buchung.“

Nun war ich sprachlos. Man konnte mir bisher nicht vorwerfen, unsensibel zu sein, aber in dieses Fettnäpfchen war ich definitiv getreten. „Jetzt wird mir einiges klar, Marco. Du hast letztens von uns beiden gesprochen. Ist es so?“

„Ja.“

Okay, jetzt die richtigen Worte finden, ohne wie ein Elefant im Porzellanladen zu wirken.

„Marco, ich hatte keine Ahnung, dass du immer noch in mich verliebt bist. Ich dachte, wir hätten das damals geklärt. Es lag nicht an dir und nicht an deinem Job. Ich war einfach nicht frei. Zumindest gedanklich. Aber ich bin dabei, dies zu ändern. Liebe auf den ersten Blick funktioniert meinerseits nicht mehr, dafür kennen wir uns zu lange. Aber ein langsames Annähern wäre eine Möglichkeit. Daher dieses Abendessen. Denn ich mag dich wirklich sehr. Und ich konnte ja deine Zeit nicht kostenlos in Anspruch nehmen, Abendbegleitung gehört ja schließlich zu deinem Job.“

„Also doch ein Date?“, strahlte er mich an.

„Ja.“

„Cool“, und damit schob er mir das Kuvert wieder zu. „Steck ein, dieses Date geht aufs Haus.“

Und dann kam auch schon Lucca und servierte unsere Pizzen, die wie immer lecker schmeckten. Als wir so aßen, gab es einen kleinen Tumult. Einige Fotografen stürmten die enge Gasse daher und steuerten auf Luccas Restaurant zu.

„Kommen die deinetwegen?“, fragte Marco.

„Nicht dass ich wüsste“, antwortete ich mit vollem Mund.

„Aber die kommen hier her.“

„Es gibt noch mehr Berühmtheiten in dieser Stadt.“

„Ich sehe im Moment nur dich.“

Die Meute betrat den Garten und verschwand im Lokal.

„Siehst du, nicht meinetwegen.“

„Idioten!“

Wir lachten, aßen weiter und bestellten noch Wein, als Lucca an unseren Tisch kam. „Was ist da drinnen denn los?", fragte ich ihn.

„Unser zukünftiger Bundeskanzler beehrt uns heute Abend."

„Und da hast du schnell die Presse informiert? Kostenlose Werbung? Als ob du das nötig hättest, Lucca."

„Keine Ahnung, wer die informiert hat, ich sicher nicht. Ich kann den Arsch nicht leiden. Weißt du, wofür der politisch steht? Das ist echt nicht meins."

Ein politisches Statement war das letzte, was ich von Lucca erwartete, aber das machte ihn nur noch sympathischer.

„Dessert?"

Wir entschieden uns für Panna Cotta. Als ich den letzten Bissen davon geschluckt hatte, trat Benschi aus dem Lokal, umzingelt von Fotografen und in Begleitung von Bianca! Die hielten sich tatsächlich an den Händen und lächelten in die Kameras. Mir war zum Kotzen.

„Jonas?"

Ich war wie paralysiert. Meine beste Freundin und meine große Liebe Hand in Hand lächelnd vor den Fotografen.

„Jonas!"

„Was?"

„Was hast du? Du schaust, als hättest du einen Geist gesehen."

„Schlimmer."

Darauf drehte sich Marco um. „Das ist ja deine große Liebe!"

„Und meine beste Freundin."

„Was?", fragte er und wandte sich wieder mir zu.

Ich erzählte ihm die Geschichte von Bianca und mir und dass sie, außer Marco, meiner Mutter und Inge, die Einzige war, die von mir und Benschi wusste.

„Und was macht sie jetzt mit ihm?"

„Ich habe keine Ahnung." Beide schauten wir ihnen nach, als sie den Garten verließen und die Gasse entlang schlenderten, wie zwei frisch Verliebte. Und das würde auch die Titelseite sämtlicher Zeitungen am nächsten Tag werden, da war ich mir sicher.

„Weißt du, Bianca ruft mich täglich an, erzählt mir alles, aber seit einer Woche Funkstille. Schlechtes Gewissen?", fragte ich ihn.

„Steht sie auf ihn?"

„Sie kann ihn nicht leiden. Und er ist doch schwul, verdammt noch mal!“ Ich war außer mir.

„Du hängst noch an ihm“, sagte Marco etwas traurig.

„Nein, das ist es nicht.“ Naja, ein bisschen vielleicht schon noch, dachte ich bei mir. „Biancas Verhalten verletzt mich. Ich kann sie nicht verstehen. Sie trifft sich mit ihm, ohne mir davon zu sagen, posiert mit ihm vor den Kameras. Lässt sie sich wirklich vor seinen Karren spannen? Missbrauchen für seine politischen Zwecke? Ich hätte sie nicht für so dumm gehalten, das ist alles.“

„Vergiss die zwei.“

„Gute Idee. Noch ein Glas? Oder wollen wir gehen? Hast du noch Zeit?“

„Alle Zeit der Welt.“

Ich zahlte die Rechnung, das ließ ich mir nicht nehmen, und wir verließen das Lokal. Schweigend spazierten wir durch die Innenstadt. Von Zeit zu Zeit blickte ich verstohlen zu Marco und musterte ihn. Er sah gut aus, war charmant, hatte Humor, war intelligent und der Sex mit ihm war immer wieder traumhaft. Warum sollte ich mich nicht näher auf ihn einlassen? Ich fühlte mich wohl in seiner Gesellschaft. Und die Schmetterlinge im Bauch würden vielleicht noch kommen. Und Liebe kann doch wachsen, war das nicht so? Wie zufällig berührte ich kurz mit meiner Hand die seine. Er erwiderte. Und dann griff ich zu. Er ließ es geschehen, blieb nach einigen Schritten stehen, wandte sich mir zu und schaute mir tief in die Augen. Blaue Augen. Und sie strahlten. Und dann küsste ich ihn. Zuerst vorsichtig, aber dann immer fordernder. Er hatte nichts dagegen. Im Gegenteil, seine Zunge fand ihren Weg in meinen Mund. Wie gut sich das anfühlte. Bevor wir uns noch mitten auf der Straße an die Wäsche gingen, entschieden wir, den Heimweg anzutreten.

In meiner Wohnung angekommen, gab es kein Halten mehr. Wir rissen uns die Kleidung vom Körper und trieben es gleich im Vorraum auf dem Boden. Nachdem wir den Weg ins Bett antraten, setzten wir unser Spiel fort und schliefen nach Stunden erschöpft ein.

Es war das erste Mal, dass er die ganze Nacht bei mir verbrachte.

Zum ersten Mal seit Jahren wachte ich neben einem Mann im Bett auf, Benschi hatte ja in Salzburg vorher schon die Flucht ergriffen. Marco schlief noch und ich beobachtete ihn dabei. Er sah zum Knuddeln aus, wie er so im Laken eingedreht da lag. Ich kuschelte mich an ihn ran, küsste ihn in den Nacken, blieb noch eine Zeit lang so liegen und döste schließlich wieder ein. Das Klingeln meines Handys holte mich aus dem Schlaf. Ich schlüpfte vorsichtig aus dem Bett, um Marco nicht zu wecken, und nahm das Handy von der Kommode.

„Ja?", flüsterte ich verschlafen in mein Handy.

„Hab ich Sie geweckt?" Anita Bernsdorf. Tagelang meldete sie sich nicht und dann weckte sie mich in aller Früh. „Sorry, dass ich mich erst jetzt bei Ihnen melde, aber es gab viel zu tun. Ich bin in Wien und wir müssen uns treffen. In einer Stunde im Sacher?"

Auf keinen Fall. Ich wollte etwas Zeit mit Marco verbringen, was ich ihr natürlich nicht sagte. „Um elf hätte ich Zeit."

„Ich liebe Ihren Humor, Herr Mertens. Das ist in einer Stunde."

Verdammt. „Also gut. Scheint dringend zu sein." Ich legte auf und kroch zurück ins Bett. „Marco", flüsterte ich ihm ins Ohr. „Marco!"

Langsam erwachte er, gähnte und lächelte mich zärtlich an. „Guten Morgen."

„Guten Morgen", erwiderte ich und küsste ihn zärtlich. „Ich muss leider los. Ich bekam einen Anruf von meiner Agentin, scheint wichtig zu sein."

„Kein Problem. Wie spät ist es?"

„Zehn."

„Verdammt, ich muss auch los."

Wir duschten, tranken eine schnelle Tasse Kaffee und fuhren mit dem Lift nach unten. Irgendwie eine komische Situation. Wir schwiegen die paar Sekunden und als wir den Aufzug verließen, schauten wir uns an.

„Es war wunderschön", sagten wir beide gleichzeitig und lachten darauf hin.

„Wiederholung?", fragte ich ihn.

„Unbedingt", antwortete Marco. „Wir telefonieren." Zum Abschied küssten wir uns und eilten in entgegengesetzter Richtung davon.

Als ich das Café im Sacher betrat, wartete Frau Bernsdorf schon auf mich. Sie erhob sich, begrüßte mich und bat mich, Platz zu nehmen. Sie wirkte angespannt. Kühl war sie immer, aber heute war das irgendwie anders.

„Ich habe einen doppelten Espresso für Sie bestellt, das ist Ihnen hoffentlich recht."

Und der wurde auch umgehend serviert. Ein paar Sekunden lang schaute sie mich an. Sie suchte offensichtlich den richtigen Einstieg in unser Gespräch. Um nicht reagieren zu müssen, ging ich in die Offensive.

„Also, Frau Bernsdorf, was haben Sie auf dem Herzen? Irgend-etwas muss in den letzten Tagen passiert sein, das spüre ich. Täuscht mich mein Gefühl?"

„Nein, es täuscht Sie nicht", fing sie an, sichtlich nach den richtigen Worten suchend. „Wie soll ich es sagen? Am besten so direkt, wie es normalerweise meine Art ist. Die Verlagsleitung legt keinen Wert auf eine weitere Zusammenarbeit mit Ihnen. Tut mir wirklich sehr leid."

Das war ein Schlag. Aber er tat nicht so weh, wie Frau Bernsdorf vermutlich befürchtete.

„Das kommt überraschend." Mehr wusste ich im Moment nicht zu sagen.

„Nicht nur für Sie, Herr Mertens. Ich habe für Sie gekämpft, aber die Entscheidung der Herrschaften in der Chefetage war leider unabwendbar."

„Machen Sie sich keine Vorwürfe, Frau Bernsdorf. Wir hatten einen Vertrag über fünf Bücher, die haben Sie erhalten und nun ist eben Schluss. Ich sehe das völlig nüchtern."

Frau Bernsdorf schien erleichtert, sie hatte ein Drama erwartet. Damit wollte ich nicht dienen.

„Mir stellen sich da aber ein paar Fragen. Warum dieses Outing, dieser ganze Medienrummel, wenn man mich, Jonas Mertens, gar nicht wollte? Warum hat man mir nicht angeboten, weiterhin als Kay West für Sie zu schreiben? Sie schlachten den Goldesel. Wirtschaftlich nicht besonders klug, finde ich. Aber um ehrlich zu sein, es trifft mich nicht. Ich werde weiterhin schreiben."

„Das ist auch noch so ein Punkt", unterbrach sie mich. „Sie kennen den Vertrag?"

„Nicht auswendig."

„Sie dürfen in den nächsten drei Jahren nichts unter Ihrem Namen oder als Kay West veröffentlichen."

„Nichts stimmt nicht. Im Vertrag, ich erinnere mich jetzt, steht nur, ich darf keine Romane veröffentlichen, Theaterstücke sind davon nicht betroffen."

„Da haben Sie Recht", stimmt sie mir zu. „Und das ist Ihr großes Glück, damals auf diese Spezialisierung bestanden zu haben. Sie dürfen auch unter einem anderen Pseudonym schreiben, nur als kleiner Tipp."

„Was ist mit den Lesereisen, Fantreffen und den ganzen Medienterminen?"

„Wurde vom Verlag alles storniert. Wenn Sie selbst etwas organisieren möchten, steht Ihnen dies frei. Dabei sollten Sie darauf achten, sich nicht negativ über den Verlag oder die Beendigung unserer Zusammenarbeit zu äußern. Das könnte teuer für Sie werden. Auch das steht im Vertrag."

Den ich damals überglücklich unterschrieben hatte, denn endlich wollte ein großer renommierter Verlag etwas von mir veröffentlichen.

„Es tut mir wirklich sehr leid, Herr Mertens, das müssen Sie mir bitte glauben. Ich verstehe diese Entscheidung selbst nicht."

„Kennen Sie die Beweggründe?"

„Nicht wirklich. Ich bin nur der Bote dieser schlechten Nachricht."

Ich hatte da schon eine Vermutung und die teilte ich ihr auch mit. „Wäre ich hetero, hätte der Verlag kein Problem mit mir. Oder liege ich damit falsch?"

„Ich glaube, damit haben Sie völlig Recht. Unter uns gesagt und bitte, Herr Mertens, zitieren Sie mich nicht, die Verlagsleitung ist, was das betrifft, etwas altmodisch, wenn ich das so sagen darf. Erschreckend, in Zeiten wie diesen."

Damit war alles gesagt. Den Kaffee hatte ich nicht angerührt. Da trat der Ober an uns heran und stellte zwei volle Schnapsgläser auf den Tisch, verbeugte sich höflich und verschwand wieder.

„Korn", unterbrach die Bernsdorf das Schweigen. „Ich dachte, den brauchen wir jetzt beide."

Wir prosteten uns zu und leerten die Gläser in einem Zug. Das tat gut, obwohl ich Schnaps gar nicht mochte. Und erst recht nicht auf nüchternen Magen. Da es nichts mehr zu besprechen gab, verabschiedete ich mich und verließ das Sacher, nachdem sie mir noch alles Gute für meine Zukunft gewünscht hatte.

Auf direktem Wege ging ich nach Hause. In so einer Situation hätte ich normalerweise sofort mit Bianca telefoniert. Ich hätte mir meinen Frust von der Seele geredet und sie mich getröstet. Aber das ging nun nicht, es herrschte ja Funkstille. Aber hatte ich wirklich Frust? Der ganze Medienrummel war mir zuwider. Also keine Lese-reisen und dergleichen. Keine Interviews, auch auf die Stöckls musste ich wohl verzichten, denn ich würde mich bei den beiden nicht melden. Ich gehe doch nicht betteln um ein bisschen Aufmerksamkeit. Es blieb also alles wie vorher. Und das war doch gut. Ich würde Zeit fürs Schreiben haben, Zeit für Marco, Zeit fürs Leben.

Daheim schnappte ich mir die Tageszeitungen, ging auf die Terrasse, zündete mir eine Zigarette an und las. Bianca und Benschi hatten es natürlich auf die Titelseiten geschafft:

Neue Liebe? Die neue Frau an seiner Seite! Privates Glück für den Kanzler in spe!

Ärger kam in mir hoch. Was lief da? Gespielt und für die Medien gut eingefädelt? Oder tatsächlich Ernst? Nein, das konnte nicht sein. Nicht Bianca. Auch nicht Benschi. Der war schwul, und so was von. Das wusste ich wohl am besten. Es war wieder Teil eines Spiels. So wie er früher schon seinen Eltern diverse Alibifreundinnen präsentiert hatte, war nun die ganze Öffentlichkeit an der Reihe. Das machte sich gut, mitten im Wahlkampf. Sollte ich ein Arschloch sein und die Wahrheit sagen? Interviews geben, aber nicht über Kay West, sondern über Benschi und mich reden? Ein verlogenes Spiel aufdecken? Die Wahrheit über den zukünftigen Kanzler ausplaudern? Hatte das Wahlvolk nicht ein Recht darauf?

Mein Handy klingelte, es war meine Mutter.

„Jonas, was ist da los bei euch in Wien?“, legte sie direkt los. „Ist das ein Spiel? Gibt sich Bianca als Alibifreundin her? Das hätte ich nicht von ihr gedacht!“

„Ich auch nicht, Mutti. Und keine Ahnung, was los ist. Ich bin so überrascht wie du.“

„Aber was sagt denn Bianca dazu?“

„Nichts, wir haben schon seit Tagen keinen Kontakt mehr“, antwortete ich.

„Das ist ja eine eigenartige Geschichte“, sagte sie seufzend. „Und sonst? Alles okay?“

„Alles gut, Mutti."

„Ja? Obwohl du nicht so klingst?"

Meiner Mutter konnte ich wirklich nichts vormachen. Und da ich sie nicht belügen wollte, erzählte ich ihr von meinem Gespräch mit Anita Bernsdorf.

„Die sind wohl nicht dicht!", schimpfte sie los. „Das ist Diskriminierung! Und das von einem Verlag! Der Kulturbetrieb sollte doch tolerant sein. Dachte ich zumindest bisher. Ach, Jonas, das tut mir so leid."

„Es ist nicht so schlimm, wie es auf den ersten Blick aussieht. Ich glaube, mir bleibt viel erspart und ich habe mehr Zeit zum Schreiben."

„Das ist die richtige Einstellung, mein Junge."

„Und wie geht es dir?", fragte ich sie. „Alles okay?"

„Alles bestens, mein Junge. Willst du nicht für ein paar Tage kommen? Um dem ganzen Trubel um Benschi und Bianca zu entgehen?"

„Das ist lieb von dir, aber … Ich habe da jemanden kennengelernt. Also, ich kenne ihn schon länger, aber irgendwie hat es jetzt gefunkt."

„O, das ist schön. Das freut mich!" Und ich konnte ihr Strahlen förmlich sehen. „Bring ihn doch mit!"

„Ich glaube, dafür ist es noch zu früh. Bitte nicht böse sein."

„Bin ich nicht. So, mein Junge, ich muss jetzt aufhören, Inge holt mich gleich ab zu einem Einkaufsbummel."

„Ja, dann viel Spaß und liebe Grüße an Inge. Ciao, Mutti."

„Ciao, mein Junge."

Ich legte das Handy zur Seite, nahm sämtliche Zeitungen und warf sie in den Mülleimer. Mit diesem Scheiß musste ich mich nicht beschäftigen. Lust zu schreiben hatte ich allerdings nicht. Einfach nichts tun, ich konnte es mir leisten. Auf meiner Terrasse sitzen und chillen. Doch zu zweit wäre das bei weitem schöner. Ich schrieb Marco eine Nachricht und fragte, ob er Zeit und Lust hätte. Ich zündete mir eine weitere Zigarette an. Wie sich innerhalb weniger Tage mein Leben verändert hatte. Es begann mit diesem blöden Matura-treffen. Seither war alles anders. Das Pling des Handys riss mich aus meinen Gedanken. Eine Nachricht. Von Marco. Er hatte ein Bild geschickt. Marco auf dem Eiffelturm. Er war in Paris? Davon hat er kein Wort gesagt.

„Kurzurlaub?", schrieb ich ihm.

„Ist nur ein Job. Drei Tage Paris“, kam umgehend zurück. „Hat sich kurzfristig ergeben“, folgte. „Melde mich am Montag. Bussi Marco.“

Sollte ich jetzt antworten „Viel Spaß“?

Hatte er Spaß bei diesem Job? „Freu mich, Bussi Jonas.“

Das genügte als Antwort. Marco in Paris. Mit einem anderen Mann. Das gefiel mir jetzt überhaupt nicht. Scheiße. War ich eifersüchtig? Wenn das Eifersucht war, was ich jetzt fühlte, dann war ich eifersüchtig. Und das fühlte sich nicht gut an. Noch eine Zigarette. Und ein Espresso. Ich wandelte durch meine Wohnung und wusste nichts mit mir anzufangen. Das kannte ich bisher gar nicht von mir.

Eine Freundschaft zerbricht

Etwas später an diesem Tag klingelte es. Ich ging zum Monitor und sah, welch Überraschung, dass Bianca unten stand. Unangemeldeten Besuch mochte ich ja nicht. Aber ich schickte ihr den Lift nach unten. Sie sah gar nicht gut aus. So bedrückt. Ihr strahlendes Lächeln fehlte. Ihr ging es offenbar genau so schlecht wie mir.

Als sie aus dem Lift stieg, sah sie mich ernst an. „Danke, dass du mich rein lässt.“

„Hallo, Bianca.“

„Hallo.“

„Komm, gehen wir hinauf“. Ich holte eine Flasche Wein und zwei Gläser aus der Küche und führte sie auf die Terrasse. „Nimm Platz.“ Ich öffnete die Flasche, goss den Wein in die Gläser und prostete ihr zu. „Schön dass du da bist.“ Ich trank und sie sah mich nur an. „Was ist los?“

Bevor sie antwortete, nahm sie einen großen Schluck Wein. „Wir müssen reden.“

„Ja, das glaube ich auch.“

„Du hast die Zeitungen von heute schon gesehen?“

„Ja. Schöne Titelbilder. Aber die musste ich mir gar nicht ansehen, ich war gestern bei Lucca und live dabei.“

„Ich kann mir vorstellen, dass du sauer bist“, antwortete sie.

„Wegen der Titelseiten? Keine Spur.“

„Lucca hat die Chance gesehen, etwas mehr Aufmerksamkeit zu bekommen und die Presse gerufen. Mistkerl."

„Das glaubst du wirklich? Du bist so naiv, Bianca", erwiderte ich und musste aufpassen, die richtige Wortwahl zu finden, nicht zu verletzend zu werden.

„Wie meinst du das?", fragte sie mich.

„Lucca hat gar nichts getan. Benschi hat das alles so schön arrangiert."

Ungläubig starrte sie mich an. In ihrem Kopf arbeitete es, das konnte ich deutlich erkennen.

„Es wundert mich nur, dass er das nicht schon vor einer Woche getan hat."

„Bitte?", fragte sie entgeistert. „Jonas, ich verstehe dich nicht."

„Bianca, du kannst tun und lassen, was du willst. Aber belüge mich bitte nicht. Du warst schon vor einer Woche mit Benschi bei Lucca. Ich habe euch gesehen. Und dann meldest du dich tagelang nicht und erzählst mir was von Stress. Das ist erbärmlich.

„Oh", mehr brachte sie nicht heraus. Sie nahm noch einen großen Schluck. Musste sie sich Mut antrinken? Was hatte sie mir noch zu sagen? Und ich sollte es auch augenblicklich erfahren.

„Nach der Signierstunde sprach er mich an", setzte sie fort. „Meine Überraschung, als du mir sagtest, Benschi wäre auch dort gewesen, war gespielt. Tut mir leid." Sie nahm wieder einen Schluck. „Er wollte sich mit mir treffen. Um zu reden. Ich schlug einen neutralen Ort vor."

„Bei Lucca. Unserem kleinen Italiener."

„Stell dir vor, er kannte ihn nicht. Lebt seit Jahren in Wien und kennt Lucca nicht."

„Schweife nicht ab."

„'Tschuldigung. Er sprach über dich. Die ganze Zeit. Wie sehr er dich vermisst und ob ich nicht mit dir reden könnte, um dich umzustimmen. Das war alles."

„Und das konntest du mir nicht einfach sagen?"

„Du warst so glücklich. Die Pressekonferenz, die Signierstunde, die Titelseiten. Da wollte ich nicht mit Benschi daherkommen."

Das leuchtete mir ein. Trotzdem hätte sie es erwähnen sollen. „Und gestern?", fragte ich sie.

„Er rief mich am Vormittag an, um zu fragen, ob ich schon mit dir gesprochen und ob ich am Abend Zeit hätte. Also trafen wir uns wieder bei Lucca."

„Und?"

Sie sagte ihm, dass sie noch nicht mit mir gesprochen hätte und es auch nicht tun würde, weil sie der Meinung sei, das mit uns beiden würde nie funktionieren, solange sich Benschi nicht outen und seiner Partei und seinen politischen Ansichten den Rücken kehren würde. Und da hatte sie auch völlig Recht. Sie war meine beste Freundin und kannte mich am besten.

„Und dann fragte er mich, ob wir uns weiterhin sehen könnten und ob ich ein Problem damit hätte, mich mit ihm in der Öffentlichkeit zu zeigen."

„Und du hast tatsächlich geglaubt, Lucca hätte die Fotografen angerufen?"

„Aber ich hatte doch niemals gedacht, er hätte die mediale Öffentlichkeit gemeint. Ich glaubte, nur ab und zu treffen, essen gehen, spazieren, vielleicht ins Theater. Als Freunde."

„Mensch, Bianca, du bist wirklich naiv, tut mir leid. Du hast an das Gute in ihm geglaubt. Er will dich als Alibifreundin, als Vorzeigefrau. Um nie in den Verdacht zu kommen, schwul zu sein."

Mittlerweile hatte sie ihr Glas geleert und ich schenkte nach.

„Was soll ich denn jetzt tun?"

„Das fragst du mich?"

Sie nahm ihr Glas, trank und dachte nach. Eine kleine Ewigkeit lang. Ich unterbrach sie dabei nicht.

„Weißt du, Jonas, an diesen zwei Abenden habe ich Benschi besser kennengelernt. Er ist gar nicht so ein Arschloch, wie ich immer sagte."

Der hatte sie komplett geblendet.

„Klar, seine politischen Ansichten sind nicht die meinen, absolut nicht, das weißt du. Aber er ist gefangen in seiner eigenen Welt. Nein, stimmt nicht. Er ist gefangen in der Welt seiner Eltern. Die haben ihn komplett verdorben. Und da kommt er nicht mehr raus. Er ist umgeben von Menschen mit denselben Ansichten. Demselben Weltbild. Und ich denke, er braucht jemanden in seiner Nähe außerhalb dieser Welt. Und das könnte ich sein. Ich könnte ihn beeinflussen. Ich könnte ihn zu einem anderen, einem besseren Menschen machen. Und dann hättet ihr beiden doch noch eine Chance auf eine gemeinsame Zukunft."

Meinte sie das Ernst? Hoffnungsvoll lächelte sie mich an. Sie meinte das im Ernst. Was hatte er nur mit ihr gemacht?

„Was sagst du dazu?"

Ich sagte erst einmal gar nichts. Nun war es an mir, einen großen, einen sehr großen Schluck zu machen. Sie war ernsthaft der Meinung, sich damit für mich zu opfern. Sie müsste wissen, dass ich das absolut nicht wollte.

„Benschi und ich haben keine gemeinsame Zukunft. Und er wird sich nicht ändern. Es fehlt ihm der Mut dazu. Bianca, für mich musst du dich nicht opfern."

„Opfern?"

„Ja. Das machst du doch nicht für dich."

„Ich mag Benschi. Er tut mir leid."

„Und warum bist du dann jetzt bei mir, und nicht bei ihm?"

„Er ist übers Wochenende weggefahren. Er musste mal raus aus diesem Trott. Mal wieder unerkannt bleiben, das Leben genießen, den Wahlkampf für ein paar Tage vergessen. Er verbringt drei Tage in Paris. Ist das nicht schön?"

Das versetzte mir einen Stich. Paris. Benschi in Paris. Etwa gemeinsam mit Marco? Alles andere wäre doch ein zu großer Zufall. „Warum bist du nicht bei ihm? Ein paar nette Fotos vom verliebten Paar."

„Jonas, das ist gemein. Er ist mit einem Freund geflogen. Mit dem hat er ab und zu Sex."

Also doch mit Marco, alles klar. Das tat weh. Mit jedem anderen Kunden, das hätte ich verkraftet. Aber mit Benschi? Marco kannte unsere Geschichte. Warum tat er mir das an? War das Geld doch zu verlockend? Plötzlich wollte ich allein sein und bat Bianca, zu gehen.

„Und was soll ich jetzt machen?", fragte sie mich.

„Ich weiß es nicht. Tu, was du für richtig hältst."

„Du bist doch die nächsten Wochen auf Lesereise, hast bestimmt eine Menge Medientermine und wirst wenig Zeit für mich haben. Vielleicht treffe ich mich in der Zwischenzeit doch weiterhin mit Benschi. Hättest du ein Problem damit?"

„Was ich darüber denke, ist völlig unerheblich."

Sollte ich erzählen, dass mich der Verlag fallengelassen hat wie eine heiße Kartoffel? Nein, ich ließ es bleiben. Ich hatte keine Lust mehr. Nachdem ich Bianca zum Lift begleitet hatte, setzte ich mich wieder auf die Terrasse und leerte die Flasche Rotwein. Für mich war dies das Ende unserer Freundschaft. Sie glaubte vermutlich wirklich, Benschi beeinflussen und ihn von seinem eingeschlagenen Weg abbringen zu können. Aber dass sie ihn damit auf dieselbe Stufe unserer Freundschaft hob, das konnte ich ihr nicht durchgehen lassen. Und das wird sie mit der Zeit schmerzhaft erfahren müssen.

Am nächsten Morgen erwachte ich mit Kopfschmerzen. Der Blick aufs Handy zeigte mir, dass es halb elf war. Bei der einen Flasche Rotwein war es leider nicht geblieben. Das musste ich jetzt büßen. Keine Anrufe, keine Nachrichten. Gut so. Aber, kurz stockte mir der Atem, da war doch noch etwas. Eine böse Ahnung ließ mich bei den gesendeten Nachrichten nachsehen. Und tatsächlich. Ich hatte am Vorabend in meinem Suff noch Marco geschrieben. „Schönen Abend in Paris und liebe Grüße an Benschi." Antwort gab es darauf keine. Auch okay. Mühsam quälte ich mich aus dem Bett und nahm eine kalte Dusche. Die verbesserte meinen Zustand in kürzester Zeit. Nach einem doppelten Espresso war ich fast schon wieder der Alte. Sonntag. Kein Flohmarkt. Herrlichstes Sommerwetter. Ins Freibad zum Schwimmen? Oder auf die Donauinsel zum Schwimmen und Cruisen? Marco und Benschi mussten aus meinem Kopf. Und wenn ich sie mit einem anderen da rausficken musste. Gut würde es mir auf alle Fälle tun. Gesagt getan. Ich packte ein Badetuch und eine Flasche Wasser in einen Rucksack und machte mich auf den Weg. Es dauerte eine gute Stunde, bis ich mit U-Bahn, Bus und Spaziergang im schwulen „Sommerparadies" ankam. Ich suchte mir ein lauschiges Plätzchen, drehte ein paar Runden im Wasser und genoss anschließend die Sonne auf meinem nackten Körper. Es war viel los. Junge und Alte, Hübsche und Hässliche. Sie wanderten herum, nackt oder mit Badehose bekleidet, warfen mir Blicke zu, verschwanden im Gebüsch und hofften vermutlich, ich würde folgen. Aber ich folgte nicht. Keinem. Mir fehlte plötzlich die Lust dazu. Ich schloss die Augen und blendete das Geschehen um mich herum völlig aus.

Nur meine Gedanken an Benschi und Marco konnte ich nicht ausblenden. Auch nicht das gestrige Gespräch mit Bianca. Ich packte meine Sachen zusammen und fuhr zurück in meine Wohnung. Immer noch keine

Antwort von Marco. Er hatte wohl ein schlechtes Gewissen, von mir ertappt worden zu sein. Auch egal. Ich wusste nichts mit mir anzufangen. Ich musste weg von hier. Ein Urlaub? Warum nicht, was hielt mich hier? Ich packte einen Koffer, fuhr mit dem Taxi zum Bahnhof und bestieg den Zug in Richtung Salzburg. Ein paar Tage in der alten Heimat würden mir sicher guttun.

Besuch in der Heimat

Als ich Stunden später in meinem Heimatort ankam, fühlte ich mich schon erheblich besser. Vom Bahnhof ging ich zu Fuß nach Hause. Sonntags war der Ort immer wie ausgestorben. Hier hatte sich in den letzten Jahren nichts geändert. Als ich nach einem zwanzigminütigen Fußmarsch bei meinem Elternhaus ankam, stand ich vor verschlossener Tür. Meine Mutter war ausgeflogen. Natürlich hätte ich reingehen können, ich besaß ja immer noch einen Haustürschlüssel. Aber das wollte ich nicht, ich war hier nicht mehr daheim. Ich setzte mich auf die Terrasse und wartete. Und bewunderte den Garten. Er sah fabelhaft aus, hier musste sich meine Mutter wahrlich austoben. Nach dem Tod meines Vaters stürzte sie sich in die Gartenarbeit, das lenkte sie ab und hielt sie fit. Nach etwa einer halben Stunde des Wartens klingelte mein Handy. Meine Mutter.

„Hallo, Mutti!"

„Hallo, Jonas, mein Lieber."

„Wo steckst du denn?"

„Ich stehe vor deiner Tür, aber du bist offensichtlich nicht zu Hause."

„Stimmt. Ich sitze auf deiner Terrasse und bewundere deinen Garten."

„Was?", fragte sie ungläubig.

„Was machst du denn in Wien?"

„Na, ich wollte zu dir. Du hast dich am Telefon gar nicht gut angehört und da habe ich mir gedacht, ich fahre zu dir und stehe dir bei."

„Und ich dachte, ich fahre zu dir und lasse Wien und meine Probleme eine Zeit lang hinter mir."

„Das ist eine sehr gute Idee."

„Und was machen wir jetzt?"

„Na was schon, mein Junge. Ich steige in den nächsten Zug und komme zurück. Und dann machen wir uns ein paar schöne Tage."

„Ja, ich freue mich darauf."

„Also, dann sehen wir uns in ein paar Stunden. Der Kühlschrank ist voll, der Weinkeller gefüllt, lass es dir in der Zwischenzeit gut gehen."

„Wie kommst du vom Bahnhof heim? Der Weg ist doch zu beschwerlich."

Da lachte sie ins Telefon. „Ich bin zwar nicht mehr die jüngste, aber noch gut auf den Beinen. Außerdem gibt es ein Taxi."

„Ihr habt hier ein Taxi?"

„Jonas. Es hat sich hier zwar nicht viel verändert in den letzten Jahren, aber so hinterwäldlerisch sind wir doch wieder nicht. Also, bis später."

„Ja bis dann, ich freu mich auf dich."

Meine Mutter. Auf sie war Verlass. Sie spürte immer schon, wenn es mir nicht gut ging, und das hatte sich bis heute nicht geändert. Ich nahm meinen Koffer und ging ins Haus. Und fühlte mich augenblicklich daheim. Angekommen. Ich setzte mich an den Küchentisch und hing meinen Gedanken nach. In diesem Haus hatte alles begonnen. Hier hatte ich mit zwölf oder dreizehn meine ersten Texte geschrieben. Getippt auf der alten Schreibmaschine meines Vaters. Wer hätte damals gedacht, als ich in meinem Zimmer auf Papas Schreibmaschine tippte, was einmal daraus werden würde. Ich am allerwenigsten.

Ich ging in den Garten und pflückte Salat, Radieschen und ein paar Tomaten, ich würde uns zum Abendessen einen leckeren Salat aus heimischem Anbau vorbereiten.

Am Abend gegen halb acht stieg Mutter aus dem Taxi und kam die Einfahrt entlang. Ich ging ihr entgegen und nahm sie fest in die Arme.

„Zwei Dumme, ein Gedanke. Sagt man das nicht so?", lachte sie und küsste mich links und rechts auf die Wangen. „Schön, dass du hier bist."

In der Küche sah sie meinen Koffer stehen. „Du hast noch nicht ausgepackt?"

„Ich wusste nicht wo."

„In deinem Zimmer, wo sonst."

„Ich habe uns einen Salat gemacht. Du bist doch sicher hungrig."

„Allerdings. Ich decke den Tisch und du trägst deinen Koffer nach oben. Okay?“

Als ich mein altes Zimmer betrat, war ich mehr als verblüfft. Hier war noch alles so wie früher. Es hatte sich nichts verändert, obwohl ich schon viele Jahre nicht mehr hier übernachtet hatte. Zuletzt vor mehr als elf Jahren, als mein Vater starb. Als mich meine Mutter damals anrief und mir gefasst, aber voller Trauer mitteilte, dass mein Vater einem Herzinfarkt erlegen war, machte ich mich augenblicklich auf den Weg, um ihr beizustehen. Als ich hier ankam, war ich mehr als überrascht. Sie wirkte so nüchtern, fast emotionslos. Mir war sofort klar, dass sie unter Schock stand. Mein Vater war ihre erste große Liebe. Sie hatte ihr ganzes Leben mit ihm geteilt. Sein plötzlicher Tod musste ein Schock für sie sein. Aber wie sich herausstellte, war es das nicht. Sie nahm den Tod als Teil des Lebens an. War es der Glaube, der sie so stark machte? Obwohl mir meine Mutter nie gläubig erschien. Nach ein paar Tagen, kurz vor der Beerdigung, sprach ich sie darauf an. Da erzählte sie mir, dass es nicht sein erster Herzinfarkt war. Sie wussten beide, der nächste könnte lebensgefährlich sein. Sie waren vorbereitet. Mir hatten sie nie von seiner gesundheitlichen Vorgeschichte erzählt. Ich war ahnungslos. Meine Mutter entschuldigte sich damals bei mir dafür. Sie wollten mich nicht belasten, sie wollten, dass ich in Wien mein Leben lebte und mir keine Sorgen machte. Das war ihnen gelungen.

„Jonas!“, riss meine Mutter mich aus meinen Gedanken. „Der Salat wird warm.“

Meine Mutter und ihr Humor. Plötzlich musste ich lachen. „Ich komme schon!“

Nach dem Essen setzten wir uns mit einem Glas Weißwein auf die Terrasse. Die Sonne ging unter und färbte den Himmel, so wie in Wien, in ein sattes Orange.

„Warum hast du ihn nicht mitgebracht?“, fragte sie mich plötzlich.

„Wen?“

„Den neuen Mann in deinem Leben.“

„Das ist nicht so einfach.“ Und ich erzählte ihr alles von Marco. Auch, dass er jetzt mit Benschi in Paris war. Von meinem Gespräch mit Bianca. Einfach alles, was in den letzten Tagen passiert war. Als ich geendet hatte, sagte sie erst einmal nichts. Und dann sah sie mich eindringlich an.

„Du bezahlst für Sex? Junge, sieh dich an. Das hast du doch gar nicht nötig. Bei dir müssen die Kerle doch Schlange stehen."

Meine Mutter. Entwaffnend ehrlich.

„Ich lebe in Wien sehr zurückgezogen. Ich bin nicht mehr der große Aufreißer. Außerdem spukte Benschi all die Jahre in meinem Kopf herum. Jemanden für Sex zu buchen schien mir am einfachsten. Und nach den ersten Treffen zahlte ich nur noch für die Massage, den Sex gab es gratis dazu. Marco hatte sich in mich verliebt."

„Und jetzt du dich auch in ihn?"

„Ich glaube schon", musste ich zugeben. Und dass er jetzt ausgerechnet mit Benschi eine schöne Zeit in Paris verbrachte, verletzte mich.

„Mein Junge, du weißt, ich bin sehr tolerant. Und auch nicht prüde. Aber eine männliche Prostituierte als Schwiegersohn? Also darüber muss ich ein paar Nächte schlafen. Aber Spaß beiseite, wenn du glaubst, er ist der richtige, dann würde mich das für dich freuen."

„Danke, Mutti. Das bedeutet mir wirklich viel."

Für ein paar Augenblicke saßen wir schweigend da, tranken Wein und schauten in den Himmel.

„Und das mit Bianca? Wird das wieder?", fragte sie schließlich.

„Ich weiß es nicht", erwiderte ich. „Kommt darauf an, wie sie sich entscheidet. Ob sie die Alibifrau für Benschi spielen will. Auch wenn sie das nur für mich tut, wie sie mir versicherte."

„Und Marco?" Als ich nicht gleich antwortete, sprach sie weiter. „Entschuldige bitte. Du bist aus Wien geflohen, um das alles für eine Zeit hinter dir zu lassen, und jetzt löchere ich dich damit. Schluss. Aus. Themenwechsel. Ich hab dir ja in Wien schon gesagt, dass der Theaterverein diesen Sommer ein Stück von dir spielt. Willst du sie nicht morgen bei der Probe besuchen? Sie spielen ‚Heiße Nächte in Venedig'. Als Freiluftaufführung. Unten am See."

„Den alten Schinken?" Das hatte ich vor zehn Jahren geschrieben. Allerdings wurde es meines Wissens noch nie im Freien gespielt. „Würde ich da nicht stören?"

„Jonas, mein Junge. Jetzt höre mir einmal zu." Plötzlich wurde sie ernst. „Dein Besuch bei der Theaterprobe wäre für sie eine groß-artige Sache. Eine Wertschätzung. Du bist ein Star. Deine Stücke werden landauf landab gespielt. Sie bewundern dich. Sie verfolgen deinen Werdegang. Als herauskam, dass du Kay West bist, waren alle hier im Ort komplett aus dem Häuschen. Sei doch stolz darauf. Sei stolz auf dich. Sie sind es jedenfalls. So wie ich. Ich weiß, im Mittelpunkt zu stehen, war nie dein Ding. Du wolltest nur schreiben, Geschichten erzählen. Und dein Erfolg ist das Ergebnis der unzähligen Stunden, die du dort oben in deinem Zimmer an der Schreibmaschine verbracht hast. Und all der Jahre, die du in finanziell schwieriger Situation in Wien gelebt hast. Papa und ich konnten dich nie so unterstützen, wir wie es wollten."

„Ihr habt alles für mich getan", unterbrach ich sie. „Und meine Dankbarkeit konnte ich nie so ausdrücken, wie ich wollte. Als Papa starb, hab ich dich allein gelassen. Da hätte ich viel mehr für dich tun müssen."

„Schluss damit. Es ging mir gut. Ich habe mein Leben weiter gelebt. Und du das deine. Es war alles gut. Es ist alles gut, so wie es ist."

„Aber als mit ‚Stürmische Zeiten' der Erfolg kam und ich mir in diesem Jahr diese Penthaus-Wohnung kaufte, habe ich dich belogen. Und das fiel mir gar nicht leicht. Ich habe die letzten Jahre so viel Geld verdient."

„Zu Recht, mein Junge. Du hast hart dafür gearbeitet. Diese Wohnung ist dein einziger Luxus. Was hast du dir denn sonst schon gegönnt?"

„Die vielen Reisen nach London zum Beispiel."

„Urlaub macht jeder andere auch."

„Aber dich habe ich vernachlässigt."

„Jetzt hör aber auf! Ich lebte mein Leben wie bisher. Ein Leben, das ich mir so ausgesucht habe", versuchte sie mich zu beruhigen. „Und du durftest mir nichts erzählen, das stand so im Vertrag. Und du vergisst die wunderschönen Reisen, die du mir ermöglicht hast. Du hast die Karibikkreuzfahrt bezahlt, und die Woche in Venedig, gemeinsam mit Inge. Die Rundreise durch Südengland, auf den Spuren von Kay West und der Miller-Saga. Nie im Leben hätte ich geahnt, dass du hinter Kay West steckst. Obwohl, so einfühlsam die Bücher geschrieben sind, dieser weibliche Blickwinkel der Geschichte, rückblickend, absolut klar, dass du das geschrieben hast. Du hast Großartiges geleistet, mein Sohn. Lebe danach und verstecke dich nicht. Das hast du nicht nötig. Also besuchst du morgen die Probe und machst alle glücklich?"

„Wie könnte ich es nach deinen Worten nicht tun?"

„Gut so." Sie nahm ihr leeres Glas und stand auf. „Ich bin geschafft, ich gehe ins Bett. Bleib ruhig noch sitzen und genieße den Rest der Flasche.

Wir sehen uns dann morgen. Gute Nacht." Sie bückte sich zu mir herunter und küsste mich auf die Wange. „Schlaf gut, mein Junge. Und willkommen daheim."

„Gute Nacht, Mutti. Und danke."

Daraufhin zwinkerte sie mir mit dem rechten Auge zu und ging ins Haus. Bei einem weiteren Glas Wein ließ ich mir die Worte meiner Mutter durch den Kopf gehen. Ich musste zugeben, sie hatte mit allem Recht. Die Wohnung in der Wiener Innenstadt war mein einziger Luxus. Ansonsten führte ich ein bescheidenes Leben. Das Schreiben stand im Mittelpunkt, dem musste sich alles unterordnen. Dass ich für viele ein bedeutender Mensch dieser Zeit war, war mir nicht bewusst. Dass andere stolz auf mich waren. War ich selbst stolz auf mich? Ich hatte viel geleistet, mir meinen Wohlstand hart verdient. Mir wurde plötzlich klar, dass ich meinem Stand in der Gesellschaft gerecht werden musste. Ich war der König der Unterhaltungsliteratur. Aber musste ich meine Bekanntheit nicht auch für andere, für das Leben in diesem Land relevantere Dinge einsetzen? Mich zu Wort melden zu tagesaktuellen Dingen? Wenn ich den derzeitigen Wahlkampf betrachtete, diese Schlammschlacht, dieses Hinhauen auf Schwächere, müsste ich da nicht meine Stimme erheben? Wollte ich den Sprung in diese Öffentlichkeit wagen und sagen, was ich zu sagen hatte? Worte haben Macht. Kunst hat Macht. Diese Macht nutzen, um Dinge zu verändern, Missstände anzusprechen? Ich hatte die Möglichkeiten, und die nötigen Kontakte. Romane unter meinem Namen zu veröffentlichen, war mir ja untersagt, ein neues Pseudonym wollte ich nicht haben. Also würde ich als Jonas Mertens meinen Mund aufmachen und sagen, was mir stinkt. Der Entschluss war gefasst und das Glas mit einem Schluck geleert. Ich stand auf und ging ins Haus. Nachdem ich das Glas in der Küche abgestellt hatte, ging ich nach oben in mein Zimmer. Die alte Schreibmaschine stand immer noch auf meinem alten Schreibtisch. Mit einem Mal fühlte ich mich zurückversetzt in meine Schulzeit. Da hatte ich wahrlich zu kämpfen. Mit meiner Selbstfindung, der Tatsache, anders zu sein als die anderen. Diesen Kampf hatte ich gewonnen und ich war mir sicher, auch alle Kämpfe, die ich in meinem weiteren Leben noch zu führen hatte, gewinnen zu können. Mit diesen optimistischen Gedanken schlüpfte ich unter die Bettdecke und schlief augenblicklich ein.

Als ich aufwachte, schien die Sonne ins Zimmer. Ich hatte vergessen, die Vorhänge zuzuziehen. Ich ließ meinen Blick durch das Zimmer schweifen. Alles sah so aus wie früher. Nur die Poster waren weg. Als Kind schwärmte ich für Shakin' Stevens, diesem britischen Rock n' Roller. Jeden Schnipsel über ihn schnitt ich aus den Zeitungen raus und sammelte alles in einer Mappe. Und die Wände wurden mit seinen Postern zugeklebt. Über ihn schrieb ich mein erstes Stück. Da war ich zwölf oder so. Also, das Stück handelte nicht von ihm, ich hatte nur ein paar seiner Songs in die Geschichte eingearbeitet. Fast wie ein Musical. So wie Jahre und Jahrzehnte später bei ‚Mamma Mia' mit der Musik von ABBA, oder ‚Ich war noch niemals in New York' von Udo Jürgens oder ‚I am from Austria' von Reinhard Fendrich. Verwirklicht wurde mein Stück nie, aber offensichtlich war ich meiner Zeit voraus. Auf Shakin' Stevens folgten Culture Club und Boy George. Der faszinierte mich in meiner Jugend. Der war so schräg, so schrill schwul. So wollte ich auch sein. Irgendwann mal gab er ein Konzert in Salzburg und ich erzählte in der Schule davon. Alle lachten, da würden doch nur Schwuchteln hingehen. Ja dann passt es ja, hätte ich da am liebsten erwidert. Aber ich sagte nichts und ging nicht zum Konzert. Auch Wham mit George Michael stand damals hoch im Kurs bei mir. Last Christmas war mein absolutes Lieblingslied. Wie gern wäre ich mit George Michael auf dieser Schihütte im Video gewesen. Später als Solokünstler, mochte ich ihn noch viel mehr. Den leider viel zu früh verstorbenen George Michael verehrte ich immer noch. Ich hatte das große Glück, eines seiner letzten Wien-Konzerte zu besuchen. Magisch, ein Traum.

Ein Blick auf die Uhr verriet mir, dass es kurz vor halb zehn war. Ich schlüpfte in die Hose, zog mir ein T-Shirt über und ging nach unten. Meine Mutter saß mit einer Tasse Kaffee am Küchentisch und las in der Zeitung.

„Guten Morgen."

„Guten Morgen, Jonas. Gut geschlafen?"

„Wie ein Murmeltier."

„Kaffee?"

„Gern." Sofort wollte meine Mutter aufstehen. „Bitte bleib sitzen, das kann ich auch allein." Ich nahm die halbvolle Kanne und füllte meine Tasse, die schon auf dem reichlich gedeckten Tisch stand. Filterkaffee. Ich wusste gar nicht mehr, wann ich aufgehört hatte, Filterkaffee zu trinken. Aber er schmeckte himmlisch. Er schmeckte nach früher.

„Greif zu, mein Junge."

„Sorry, Mutti, nur Kaffee. Ich will erst eine Runde laufen und anschließend frühstücken."

„Wie du willst. Früher warst du keine Sportskanone, aber wenn ich dich so ansehe, scheint Fitness wichtig für dich zu sein. Muskeln, wo man hinsieht."

„Sport ist ein toller Ausgleich, wenn man tagtäglich stundenlang vor dem Computer sitzt."

„Da hast du Recht."

Nachdem ich die Tasse ausgetrunken hatte, zog ich mir meine Sportkleidung an und lief los. Auch wenn ich schon lange nicht mehr hier war, ich kannte jeden Weg abseits der Straßen, wo ich ungestört laufen konnte. Erst ein Stück durch den Wald und über einen kleinen Hügel hinunter zum See, der idyllisch zum Teil umgeben von einer naturbelassenen Moorlandschaft lag. Nur ein kleiner Teil des Ufers war für Badegäste angelegt. Als ich mich dem Badebereich näherte, sah ich schon die Bühne. Tatsächlich, ein kleines Venedig war aufgebaut. Zwei Häuserzeilen, getrennt von einem Kanal, verbunden durch eine Brücke. Das Bühnenbild war zwar noch nicht fertig, aber man fühlte sich sogleich wie in bella Venezia. Ich setzte mich ins Gras und dehnte meine Beine. Auf der Erde an der frischen Luft zu laufen, war anders als daheim auf meinem Laufband. Es fühlte sich großartig an. Nach einer kurzen Verschnaufpause lief ich wieder zurück, duschte und genoss ein großartiges Frühstück. Als ich den Tisch abräumte, erhielt ich eine Nachricht von Marco.

„Soeben in Schwechat gelandet. Zeit und Lust für ein gemeinsames Mittagessen?" Mit keinem Wort ging er auf meine Nachricht von Samstagabend ein.

„Sorry, bin nicht in Wien", antwortete ich. „Zu Besuch bei meiner Mutter." Ich wollte ehrlich sein, kein Geheimnis vor ihm haben.

„Ok. Schade. Wünsche dir eine schöne Zeit."

Und die würde ich mir machen, da war ich mir sicher. Mutti war nicht da, schon wieder ausgeflogen. Sie war wirklich umtriebig. Recht hatte sie. Ich ging nach oben in mein Zimmer, setzte mich an den Schreibtisch und spannte ein Blatt Papier in die Maschine. Ich hatte Lust, so zu schreiben wie früher. Aber etwas mit Gehalt. Mit einer Aussage. Themen gab es genug. Die vielen Ausländer, die für so manchen ein Problem darstellten, die

Kluft zwischen arm und reich, die immer größer wurde. Oder die Verlogenheit der Politik im Allgemeinen? Aber mir wollte kein Anfang gelingen. Der wichtige erste Satz eines Textes, der den Leser gleich neugierig machen sollte. Zu meiner Enttäuschung kam mir keine zündende Idee. Hatte ich wirklich nichts zu sagen? Oder musste ich mir eingestehen, dass ich das nicht konnte, intellektuell dafür nicht geschaffen war? Früher konnte ich mich hinsetzen und ohne viel nachzudenken schreiben. Mühelos füllte ich Seite um Seite. Doch jetzt blieb das Blatt in der Maschine leer. Frustriert stand ich auf und ging im Zimmer auf und ab. Meine Aufgabe schien die Unterhaltung und nicht die Belehrung zu sein. Dafür gab es andere. Ich war eher für die leichte Kost zuständig. Und dazu sollte ich stehen. Ich legte mich aufs Bett und hing weiter meinen Gedanken nach. Diese Reise in die alte Heimat war ein Fehler. Nein, nicht die Reise an sich. Vor meinen Problemen davonzulaufen, das war ein Fehler. Obwohl ich mir diese Auszeit verdient hatte, zu viel war in den letzten Tagen und Wochen auf mich eingeprasselt. Und ich genoss die Gesellschaft meiner Mutter, ich hatte sie zuletzt ein wenig vernachlässigt. Aber brauchte sie mich denn? Sie lebte ihr Leben und war offenbar glücklich damit und viel beschäftigt. Ich musste aufhören zu grübeln. Das tat mir nicht gut. Und führte zu nichts. Also beschloss ich, etwas zu unternehmen. Ich packte meine Badesachen zusammen, ging nach unten, schrieb meiner Mutter auf einen Zettel, dass ich unterwegs sei und verließ das Haus. Auf direktem Wege steuerte ich den See an. Ich suchte mir ein lauschiges Plätzchen, rollte mein Badetuch im Gras aus und machte es mir gemütlich. Keine Männer, die um mich herumscharwenzelten und Sex mit mir wollten. Wie wohltuend das war. Ich schloss die Augen und genoss die Ruhe.

Ich musste eingeschlafen sein und geträumt haben. Ich hatte eine mächtige Erektion in meiner knappen Badehose. Von wem hatte ich bloß geträumt? Ich konnte mich nicht erinnern. Ich blickte zur Seite, in der Hoffnung, dass ich mit meinem steifen Teil in der Hose keine Aufmerksamkeit erregte. Doch etwa fünf Meter von mir entfernt saß ein junger Mann und starrte mir in den Schritt. Als er meinen Blick bemerkte, wandte er sich blitzartig von mir weg. Auf der ganzen Wiese war kein anderer Mensch zu sehen, nur er musste sich seinen Platz in meiner Nähe suchen. War er interessiert? Demonstrativ starrte ich ihn an. Er schien es zu bemerken, denn plötzlich legte er sich auf den Bauch und begann zu lesen.

Vermutlich hatte sich auch in seiner Badehose etwas geregt. Er war süß. Aber jung. Vielleicht sechzehn oder siebzehn. Absolut nicht mein Beuteschema. Aber ich war neugierig und so stand ich auf und ging zu ihm hinüber.

„Hi."

„Hallo", sagte er schüchtern und las weiter, ohne mich eines Blickes zu würdigen.

„Ist hier immer so wenig los?"

„Ja. Die meisten gehen ins Freibad. Ich ziehe den See vor." Noch immer schaute er mich nicht an.

„Was liest du denn Spannendes?"

„Das ist nur ein Text, den ich lernen muss."

„Interessant. Es sind doch Ferien. Oder musst du zur Nachprüfung?"

„Nein. Ich spiele hier Theater. Heiße Nächte in Venedig. Hier am See. Am Abend haben wir Probe, aber der letzte Akt sitzt noch nicht. Und in zwei Wochen ist Premiere."

„Soll ich dich abhören?"

„Ist dir das nicht zu langweilig?", fragte er und schaute mich zum ersten Mal richtig an. Braune Augen. Wunderschön.

„Sonst würde ich es nicht anbieten. Also?"

„Ja, gern." Er setzte sich auf und machte mir Platz auf seinem Badetuch. Ich setzte mich neben ihn und nahm ihm das Textbuch aus der Hand.

„Wen spielst du denn?"

„Den Antonio."

„Der allen Frauen das Herz bricht."

„Du kennst das Stück?" Er wartete nicht auf meine Antwort, sondern stellte sich höflicherweise erst einmal vor. „Ich bin Alexander."

„Jonas."

„Wie der Autor des Stückes. Witzig. Also dann. Du musst nur den letzten Satz unmittelbar vor meinem Einsatz lesen.

„Okay."

Und so verbrachten wir die nächste Stunde. Ich gab das Stichwort und Alexander sagte seinen Text auf. Aber er sagte ihn nicht nur so, er spielte ihn. So, als sei er bereits auf der Bühne. Ein junges Naturtalent, ich war beeindruckt. Als wir am Ende angelangt waren, lobte ich ihn wegen seiner Textsicherheit und schob damit seine Bedenken zur Seite.

„Jetzt haben wir uns aber eine Runde im See verdient, findest du nicht?“, fragte ich ihn.

„Da bin ich deiner Meinung. Und vielen Dank für deine Hilfe, das war mir sehr wichtig. Jetzt kann ich am Abend entspannt zur Probe gehen.“

„Gern geschehen. Und jetzt komm. Ab ins Wasser.“

Ich zog ihn hoch und gemeinsam liefen wir ins kühle Nass. Schweigend schwammen wir nebeneinanderher. Auf dem Holzsteg in der Mitte des Sees machten wir eine Pause. Wir saßen Seite an Seite, schauten aufs Wasser und schwiegen weiter.

„Spielst du schon länger Theater?“, fragte ich ihn schließlich.

„Ist mein fünftes Jahr. Bin durch Zufall zu dieser Truppe gekommen und dabei hängen geblieben. Es macht Spaß. Meine Schulkollegen machen sich ständig darüber lustig, aber das ist mir egal. Ich muss nicht cool sein, das überlasse ich gern anderen. Im Frühjahr mache ich Abi und ich überlege ernsthaft, bei der Schauspielerei zu bleiben. Professionell, wenn du verstehst.“

„Würde zu dir passen. Talent hast du.“

Er war also schon achtzehn. Immer noch zu jung für mich. Aber sehr süß. Und er erinnerte mich an mich in diesem Alter. Mir waren die anderen auch egal.

„Und was treibst du hier? Ich habe dich hier noch nie gesehen.“

„Ich bin hier nur zu Besuch.“

„Für länger?“

„Nur ein paar Tage.“

„Schade, dann verpasst du die Premiere.“

Mein Gott, war der süß. Sünde pur. Eine echte Verführung. Ich musste mich sehr beherrschen, ihm nicht näher zu kommen und als ich spürte, dass sich in meiner Badehose wieder etwas zu regen begann, sprang ich ins Wasser.

„Komm, wir schwimmen zurück. Ich muss los.“

Er sprang mir nach und wir schwammen wiederum schweigend zurück ans Ufer. Ich packte meine Sachen zusammen, verabschiedete mich von ihm und spazierte heim.

Am Mittag wurde ich von meiner Mutter mit leckeren Marillenknödeln verwöhnt und den Nachmittag verbrachte ich faul im Liegestuhl unter dem alten Nussbaum. Nach einem späten Kaffee und einem Stück Kuchen ging ich ins Bad, duschte und machte mich schick. Weiße hautenge Jeans, ein schwarzes Hemd mit aufgekrempelten Ärmeln, weiße Sneakers und Gel im Haar. Als ich so die Küche betrat, begutachtete mich meine Mutter von oben bis unten.

„Also wenn ich es nicht besser wüsste, würde ich sagen, du hast ein Date."

„Kein Date, Mutti. Nur ein Besuch der Theaterprobe. Das wolltest du doch. Warte mit dem Essen bitte nicht auf mich." Ich küsste sie auf die Wange und verließ das Haus.

Beim See angelangt, stieg ich über das Absperrband und näherte mich der Bühne. Die Probe war in vollem Gange. Wie ich erkannte, war Ursula, eine Freundin meiner Mutter, immer noch die Regisseurin der Truppe. Alexander spielte mit seiner Bühnenpartnerin einen Dialog am Ende des Stückes. Und er spielte grandios. Voll Lust und Leidenschaft. Dann bemerkte mich Ursula und brach ab.

„Entschuldigung, aber diese Probe ist nicht öffentlich. Wenn Sie also bitte …" Dann stockte sie, kam ein paar Schritte näher an den Bühnenrand und starrte mich mit offenem Mund an. „Jonas, um Gottes Willen! Ich habe dich erst gar nicht erkannt. Was für eine Überraschung!" Dann drehte sie sich um und sprach zum Ensemble. „Meine Lieben, was für eine Ehre. Der Autor unseres Stückes, Jonas Mertens, beehrt uns mit seiner Anwesenheit."

Es folgte ein kleiner Tumult und schließlich Applaus. Nur Alexander stand da und rührte sich nicht. Was ging ihm jetzt durch den Kopf?

„Hallo, zusammen. Und bitte, lasst euch nicht stören."

„Wir machen schnell den Schluss und dann sind wir fertig. Lust, uns zum Wirt auf ein Getränk zu begleiten?"

„Sehr gern."

Dann setzten sie die Probe fort und brachten das Stück zu Ende. Ich hatte nur Augen für Alexander. Doch meine Anwesenheit hatte ihn aus dem Konzept gebracht. Seine weitere Leistung war bestenfalls Durchschnitt. Das wollte ich wirklich nicht. Aber es war ja nur eine Probe.

Zwanzig Minuten später saßen wir dann beim Dorfwirt im Garten. Alle waren mit Getränken versorgt und Ursula hatte mich in Beschlag genommen. Alexander saß ein paar Plätze weiter, blickte aber immer wieder verstohlen zu mir herüber.

„Tolles Bühnenbild", lobte ich.

„Aber wie du sicher bemerkt hast, noch nicht fertig. Mein Mann ist eben Perfektionist, jedes Detail muss stimmen."

„Ihr zwei führt also immer noch die Geschicke der Gruppe."

„Das ist unser Leben. Ich hatte immer schon den Traum, einmal unten am See zu spielen. Und dein Stück ist gut geeignet dafür. Die Gemeinde hat uns unterstützt, hat das Fundament der Bühne finanziert und gebaut. Und das Schöne ist, sie soll bestehen bleiben, auch für andere Veranstaltungen. Und wir sind schon jetzt ausverkauft. Alle acht Aufführungen. Und das haben wir zum großen Teil dir zu verdanken. Dein Name auf dem Plakat ist eben ein Gütesiegel."

„Jetzt übertreibst du aber", erwiderte ich etwas schüchtern.

„Keineswegs", konterte Ursula. „Jonas Mertens ist nicht irgendwer. Jonas Mertens steht für gute Unterhaltung. Für Qualität. Das wissen jetzt alle, seit bekannt ist, dass du Kay West bist. Du kannst dir gar nicht vorstellen, wie groß die Freude bei uns war, als wir dich bei dieser Pressekonferenz im Fernsehen sahen. Du warst schließlich immer ein Teil von uns. Und das macht uns sehr stolz."

„Vielen Dank, Ursula. Schön, dass du das sagst. Und ich habe nicht vergessen, dass ich meinen Erfolg zum großen Teil auch euch zu verdanken habe. Ihr habt schließlich meine ersten Stücke gespielt. Du hast sie hinter meinem Rücken an sämtliche Verlage geschickt und den Stein erst ins Rollen gebracht."

„Ich erkannte eben schon früh dein Potential. Mehr war das nicht."

„Das war sogar sehr, sehr viel. Du hast etwas in mir gesehen, was für mich selbst damals noch verborgen war. Ich bin dir sehr dankbar."

„Schluss mit dem Gesülze", sagte sie scherzhaft. „Aber du kannst deiner Dankbarkeit Ausdruck verleihen, indem du uns bei der Premiere in zwei Wochen als Ehrengast mit deiner Anwesenheit beehrst."

„Sehr gern. Wirklich. Sehr gern."

„Was sagst du zu den Schauspielern?"

„Tolle Truppe. Sehr engagiert und talentiert."

„Und ich verspreche dir, in den verbleibenden zwei Wochen noch alles aus ihnen rauszuholen."

Als ich zu Alexander schaute, war sein Platz leer. War er schon gegangen? „Entschuldige mich kurz, ich hole mir schnell Zigaretten an der Bar." Ich stand auf und ging hinein. Ich blickte mich um, aber von Alexander keine Spur. Ich ging zur Bar, um mir die Zigaretten zu kaufen. Und ich hatte Lust auf einen Gin Tonic. Als das Glas vor mir stand, erschien Alexander aus der Toilette. Ich rief ihn und winkte ihn herbei. Er schien kurz zu überlegen, aber dann stellte er sich neben mich.

„Auch ein Gin Tonic? Oder etwas anderes?"

„Gern ein Gin Tonic."

Ich bestellte auch für ihn einen und zündete mir inzwischen eine Zigarette an. „Tolle Probe. Sehr gut gespielt, Alexander."

„Bis auf den Schluss. Da war ich nicht mehr in der Rolle", antwortete er.

„Das war meine Schuld und ich entschuldige mich dafür. Ich hätte euch nicht stören dürfen."

„Das war es nicht. Während einer Probe wird man ständig unterbrochen. Es war mir nur so peinlich."

Sein Gin Tonic wurde serviert und er griff hastig nach dem Glas.

„Zum Wohl, Alexander."

„Zum Wohl, Jonas Mertens." Wir stießen an und tranken einen großen Schluck. War ich so nervös wie er? Kindisch. „Und was war dir peinlich?", fragte ich ihn, obwohl ich die Antwort kannte.

„Ich spiele eine der Hauptrollen und erkenne nicht einmal den Autor, wenn er vor mir steht."

„Um ehrlich zu sein, hab ich gelegen."

„Stimmt. Gestanden hat etwas anderes", sagte er und zwinkerte mir zu.

„Dann liegt es wohl jetzt an mir, peinlich berührt zu sein."

„Warum? Es war schön anzuschauen."

Begann er tatsächlich mit mir zu flirten? Ich könnte sein Vater sein. Sollte ich mich jetzt geschmeichelt fühlen? Bevor ich etwas darauf antworten konnte, stand Ursula neben uns.

„Der Autor und der Hauptdarsteller fachsimpeln über das Stück?"

„Aber klar, liebe Ursula", antwortete Alexander schlagfertig. „Wann hat man schon die Chance, persönlich mit dem Autor über sein Stück zu sprechen."

„Diese Gelegenheit musst du nutzen. Aber nicht zu lange, du weißt, morgen um zehn ist wieder Probe. Wir gehen jetzt alle, eure Biere sind bezahlt. Schönen Abend noch."

Wir verabschiedeten sie, bedankten uns artig und waren wieder uns selbst überlassen. Wohin sollte der Abend noch führen? Nicht schon wieder zu viel denken, Jonas, ermahnte ich mich. Genieße den Moment.

„Gehen wir morgen nach der Probe wieder schwimmen?", holte er mich aus meinen Gedanken. „Sagen wir um eins?"

„Sehr gern."

Dann lehrte er sein Glas. „Dann bis morgen, Jonas Mertens."

„Bis morgen."

Und weg war er. Und mein Glas noch fast voll. Ihm jetzt zu folgen, wäre auffällig gewesen. Wir waren auf dem Land und hier wurde alles beobachtet. Aber eigentlich konnte mir egal sein, was die anderen dachten. Ich bezahlte ein paar Minuten später unsere Getränke und die Zigaretten, trank aus und ging nach draußen. Auf der Mauer, die den Parkplatz umfasste, saß Alexander und starrte in den Himmel. Als ich fast beim ihm war, senkte er seinen Kopf und lächelte mich an.

„Das hat ja lange gedauert."

„Du wartest auf mich?"

„Ich warte auf den Sonnenaufgang. Was für eine Frage, natürlich warte ich auf dich. Gehen wir zu dir? Zu mir können wir leider nicht, meine Eltern sind diesbezüglich etwas eigen." Seine Direktheit machte mich kurz sprachlos.

„Zu mir können wir auch nicht. Ich bin hier zu Besuch und obwohl meine Mutter sehr offen und tolerant ist, will ich niemanden mit nach Hause bringen."

„Kein Problem. Dann müssen wir eben zu einer Notlösung greifen." Da nahm er mich an der Hand, führte mich über den Parkplatz und zog mich ins Gebüsch. Ohne noch ein Wort zu verlieren, ging er in die Knie, öffnete meine Hose, holte meinen Schwanz heraus und blies ihn, dass mir Hören und Sehen verging. Er war nicht nur auf der Bühne ein Naturtalent. Er legte ebenfalls Hand an sein Teil und als wir beide abgespritzt hatten, stand er auf, küsste mich und knöpfte sich seine Hose zu.

„Das musste jetzt sein“, sagte er lächelnd und küsste mich ein weiteres Mal. Seine Schüchternheit war im wahrsten Sinne des Wortes wie weggeblasen.

„Ich muss sagen, ich bin sehr verblüfft. In deinem Alter hatte ich von Tuten und Blasen noch keine Ahnung.“

„Du vergisst, dass ich eine andere Generation bin“, schleuderte er mir entgegen. „Es hat sich viel geändert. Wir sind nicht mehr so verklemmt. Und jetzt gute Nacht, es ist schon spät.“ Damit trat er aus dem Gebüsch und entfernte sich. Dann packte auch ich alles in meine Hose zurück und machte mich auf den Heimweg. Das tat gut. Alexander war wie ausgewechselt. Völlig anders als beim Schwimmen. Lag es am Alkohol oder an seinen jugendlichen Trieben? Egal, ich war absolut befriedigt und mir fiel ein, den ganzen Tag nicht an Benschi, Marco und Bianca gedacht zu haben.

Am nächsten Vormittag erledigte ich mit meiner Mutter ein paar Einkäufe und nach einem schnellen Mittagessen machte ich mich auf den Weg zum See. Die Bühne war leer, keine Schauspieler, keine Ursula. Die Probe war wohl schon zu Ende. Auch von Alexander keine Spur. Ich breitete mein Badetuch aus und machte es mir gemütlich. Nach etwa einer halben Stunde war Alexander immer noch nicht hier. Egal, ich ging ins Wasser und schwamm eine große Runde um den See. Als ich zurück zu meinem Platz kam, war es schon halb drei. Alexander hatte mich versetzt. Seine Aktion am gestrigen Abend war ihm wohl etwas peinlich. Aber dafür gab es doch gar keinen Grund. Wir machten nichts Verbotenes und ihm hatte es offensichtlich genauso gefallen wie mir. Er hatte mich tatsächlich verführt. Jetzt schien mir, dass er mir aus dem Weg gehen wollte, und ich würde ihm den Gefallen tun. Keine Probenbesuche mehr, nahm ich mir vor, ihm ja nicht mehr zu nahekommen. Als mich die Sonne vollständig getrocknet hatte, packte ich meine Sachen zusammen und ging heim.

Meine Mutter machte sich zurecht. Sie würde nach Salzburg fahren und die Jedermann-Premiere besuchen. Sie hatte immer ein volles Programm, meiner Mutter wurde scheinbar nie langweilig. Und das beruhigte mich. Sie brauchte mich nicht. Sie lebte ihr Leben, und das schien äußerst abwechslungsreich zu sein. Als sie das Haus verlassen hatte, ging ich in die Küche, goss mir einen gekühlten Weißwein in ein Glas und ging raus in den Garten. Ich machte es mir wieder im Liegestuhl gemütlich, ab und zu ein Schluck Wein und die Sonne genießen. Ich liebte meine Dachterrasse in Wien, aber hier, im Garten meiner Mutter, unter dem Nussbaum, das Zirpen der Grillen und das Quaken der Frösche in Nachbars Gartenteich, das hatte eine andere Qualität. Das war Natur pur. Das Paradies. Hier konnte ich abschalten. Ich schloss die Augen und genoss meine Ruhe. Nach einiger Zeit fiel ein Schatten auf mein Gesicht. Ich öffnete die Augen und sah, dass keine Wolken am Himmel aufgezogen waren, sondern dass Alexander vor mir stand und mich anlächelte.

„Wie kommst du denn hier her", fuhr ich ihn an.

„Mit dem Fahrrad. Hallo, erst einmal."

„Und was willst du hier? Mittags um eins waren wir verabredet."

„Ich weiß. Tut mir leid. Mir ist etwas dazwischengekommen."

Ich wollte nicht wissen was.

„Störe ich?"

„Nein. Natürlich nicht. Komm, hol dir einen Sessel von dort drüben."

„Wozu?", fragte er mich verständnislos.

„Willst du dich im Stehen unterhalten?"

„Ich bin doch nicht hier, um mich mit dir zu unterhalten. Ich weiß Besseres mit meiner Zeit anzufangen", antwortete er herausfordernd.

„Ach ja?"

„Du hast doch sturmfreie Bude. Deine Mutter ist mit Ursula und Inge Wallner beim Jedermann."

„Du kennst Inge?", fragte ich ihn.

„Sie war bis vor zwei Jahren meine Deutschprofessorin. Dann ging sie leider in Pension. Ich mochte sie. Sie war trotz ihres Alters eine coole Socke. Woher kennt deine Mutter sie?"

„Inge war mein Klassenvorstand. Damals freundeten die beiden sich an, und diese Freundschaft hat bis heute Bestand."

„Schön. Genug geredet. Jetzt lass uns in dein Zimmer gehen. Ich will es mit dir treiben. So richtig. Das gestern war nur ein kleines Vorspiel, ein bisschen Kennenlernen." Seine Direktheit war umwerfend. „Wir könnten es aber auch hier im Garten tun, dann hätten die Nachbarn was zu reden.

„Besser nicht." Ich stand auf und führte ihn hinauf in mein Zimmer.

Als ich die Tür hinter uns schloss, riss er sich schon die Kleider vom Leib.

„Du verlierst wirklich keine Zeit", machte ich mich etwas über ihn lustig.

„Halt die Klappe und küss mich, Jonas Mertens."

Gesagt getan. Ich nahm ihn in den Arm, presste meine Lippen auf seine und küsste ihn. Erst zärtlich, doch allmählich immer leidenschaftlicher. Er schmeckte so gut. Der Junge trieb mich in den Wahnsinn. Dann zog er mir meine Hose aus, riss mir förmlich das T-Shirt vom Körper und zog mich aufs Bett. Und dort verbrachten wir die nächsten Stunden, trieben es in allen Stellungen und Variationen. Mal war ich aktiv, mal er. Als wir völlig erschöpft eine Pause einlegten, streichelte er mir zärtlich über den Körper. Der Junge war eine Wucht. Diese Fähigkeiten konnte er sich keinesfalls durch Porno schauen angeeignet haben.

„Du bist für dein Alter schon sehr erfahren", lobte ich ihn. „Als ich achtzehn war, hatte ich noch nicht einmal geblasen. Höchstens ein bisschen an mir selbst rumgespielt."

„Muss ja eine langweilige Jugend gewesen sein", lachte er mich aus und zwickte mich dabei in meine rechte Brustwarze. Dann kuschelte er sich an mich ran und so blieben wir schweigend liegen. Draußen war es bereits finster. Mutter würde sicher bald nach Hause kommen. Sollte ich ihn vorher nach Hause schicken? Oder ihn bitten zu bleiben. Er nahm mir die Entscheidung ab.

„Ich muss jetzt los", sagte er und wälzte sich aus dem Bett. „Ich will nicht, dass deine Mutter mich hier sieht."

„Wäre dir das peinlich?", fragte ich ihn.

„Mir nicht. Aber vielleicht ihr. Das wollen wir ihr doch ersparen, oder?

„Wie du meinst", erwiderte ich. „Aber ich glaube nicht, dass sie ein Problem damit hätte."

„Trotzdem. Ist besser so." Mittlerweile war er angezogen.

„Sehen wir uns morgen?" Ich wollte mehr Zeit mit ihm verbringen.

Er überlegte kurz. „Besser nicht. Ich muss mich jetzt voll auf das Stück konzentrieren. Und außerdem gehe ich niemals zwei Mal mit demselben Typen ins Bett."

„Das war schon unser zweites Mal. Oder hast du gestern Nacht vergessen?"

„Gestern Nacht? Das war doch nur ein schnelles Gebläse und kein Sex. Also dann, gute Nacht."

Und weg war er. Und ließ mich sprachlos zurück. Was für ein Typ! Der spielte mit mir. Kann er haben, dachte ich bei mir. Ich spiele mit. Und gehe ihm aus dem Weg, wenn er das so haben will. Aber schade, ich mochte ihn und genoss seine Nähe. Ich blieb liegen und schlief nach kurzer Zeit ein. Wann meine Mutter nach Hause kam, ging völlig an mir vorbei.

Als ich am nächsten Morgen erwachte, war es schon halb zehn. Ich stand auf und zog mir die Sachen vom Vortag an. Da bemerkte ich mein Handy in der Hosentasche. Ich nahm es heraus und sah, dass Marco gestern Abend angerufen hatte. Tja, zu der Zeit war ich mit Alexander beschäftigt und hatte es nicht gehört. Sollte ich zurückrufen? Ich entschied mich dagegen, ging stattdessen ins Bad, putzte mir die Zähne und machte mich auf den Weg nach unten.

„Guten Morgen, Jonas“, schmetterte mir gut gelaunt meine Mutter entgegen.

„Guten Morgen. Wie war es gestern? Habt ihr einen schönen Abend verbracht?“ Dabei nahm ich die Kaffeekanne, goss mir die Tasse voll und setzte mich.

„Es war wunderbar. Zuerst das gute Abendessen und dann die Premiere. Nach meiner Meinung etwas zu modern inszeniert, aber die schauspielerischen Leistungen waren formidabel. Übrigens, liebe Grüße von Inge.“

„Danke.“

„Und wie war dein Abend?“, fragte sie mich und zwinkerte mir dabei zu. Hatte sie etwa eine Ahnung, wie ich den letzten Abend verbracht hatte? Nein, das konnte nicht sein.

„Sehr entspannend.“

„Das freut mich.“ Sie schlug sich plötzlich die Hand vor den Mund. „Um Himmels Willen, beinahe hätte ich es vergessen. Du hast Besuch, mein Junge. Er sitzt draußen auf der Terrasse. Er wollte nicht hereinkommen.“

So sah bei Alexander also aus dem Weg gehen aus. Ich musste lächeln. Er war so süß. Ich nahm meine Tasse und stand auf.

„Dann gehe ich mal nach draußen.“

Bevor ich die Küche verließ, zwinkerte mir meine Mutter noch einmal zu. Was hatte sie bloß? Nervöse Zuckungen?

Als ich die Terrasse betrat und meinen Besuch sah, blieb ich augenblicklich stehen, starrte ihn an und konnte meinen Augen kaum trauen. Es war nicht Alexander.

„Hallo, Jonas!“

„Hallo, Marco. Welch eine Überraschung.“ Mir fehlten tatsächlich die Worte. Woher wusste er, wo er mich antreffen würde? Umgehend fragte ich ihn danach.

„Benschi hat es mir verraten. Ich bat ihn um die Adresse. Anfangs zierte er sich ein wenig, aber letztendlich gab er sie mir.

„Benschi.“

„Ja, Benschi. Jonas, wir müssen reden.“

„Ich wüsste nicht worüber“, konterte ich und nahm einen Schluck Kaffee.

„Du hast ein Problem mit meinem Job.“

„Habe ich nicht“, protestierte ich. „Ich will nur nicht wissen, wem du deine Dienste anbietest. Und erst recht nicht, wenn ich die Person kenne.“

„So wie Benschi, deine große Liebe.“

„Das ist vorbei“, erwiderte ich mit völliger Klarheit. „Benschi und Jonas hat keine Zukunft. Das ist mir endlich bewusst geworden. Wurde auch Zeit. Aber dass du ausgerechnet mit ihm in Paris …“

„Stopp“, unterbrach er mich. „Ich war nicht mit Benschi in Paris. Wenn ich nicht so diskret wäre, würde ich dir den Namen meines Kunden nennen. Du wärst überrascht, denn du kennst ihn. Aber meine Lippen sind diesbezüglich versiegelt.“

„Aber …“

„Benschi war vielleicht in Paris. Aber nicht mit mir. Das musst du mir glauben. Mir vertrauen.“

Und eigenartigerweise tat ich das. Endlich setzte ich mich zu ihm auf die Bank. Tausende Gedanken gingen mir durch den Kopf. Natürlich konnten zwei Männer aus Wien gleichzeitig in Paris sein, ohne gemeinsam dort zu sein. Was war ich nur für ein Idiot. Ich war eifersüchtig. Ohne Grund. Aber dieses Gefühl war eben neu für mich, ich musste erst lernen, damit umzugehen. Ich kam mir so dämlich vor. Ich schämte mich.

„Marco, es tut mir leid. Ich habe überreagiert. Völlig grundlos.“

„Ja, das hast du. Aber ich kann dich verstehen, glaube mir.“ Er fasste meine Hand und drückte sie zärtlich. „Es gibt Neuigkeiten. Ich werde den Job als Escort an den Nagel hängen.“

„Das musst du nicht. Nicht wegen mir. Ich werde schon damit klarkommen.“

„Das freut mich, aber es ist nicht wegen dir. Ich habe ein Jobangebot erhalten."

„Ja? Das ist doch großartig!"

Er atmete tief ein. „Aber jetzt kommt leider der unangenehme Teil. Benschi will mich als Chauffeur und Bodyguard engagieren."

Hatte ich richtig gehört? Nein, das konnte nicht sein.

„Wie bitte? Noch einmal, Marco. Du willst für Benschi arbeiten? Als Leibwächter?"

„Das wäre die Chance für einen beruflichen Neustart. Weg vom Schmuddelimage. Kein Sex mehr mit fremden Männern. Nur noch mit dir."

„Und Benschi. Er will dich in seiner Nähe haben, Tag und Nacht. Offiziell sollst du sein Leben schützen und durch die Gegend gondeln, aber nachts ihm im Bett zur Verfügung stehen. Glaube mir, ich kenne Benschi besser als du. Das wäre die ideale und sicherste Lösung für ihn."

„Sorry, Jonas, aber du bist paranoid. Es wird keinen Sex mit Benschi geben. Ich kann Job und Privatleben trennen. Das habe ich in den letzten Jahren gelernt."

War er so naiv? Merkte er nicht, was Benschi damit bezweckte? „Ich habe Benschi wirklich unterschätzt".

„Was meinst du damit?"

„Warum jetzt dieses Jobangebot? Ich kann es dir sagen. Ich habe abgelehnt, in Zukunft sein Betthäschen zu sein. Ich habe einen Schlussstrich gezogen. Und jetzt dreht er den Spieß um. Wenn er mich nicht haben kann, soll ich dich nicht haben. Und Bianca. Er macht dich zu seinem Beschützer und Bianca, meine beste Freundin, zu seiner Alibifrau für die Öffentlichkeit. Gut ausgedacht. Und ihr zwei fallt darauf herein. Glückwunsch, Benschi. Alles richtig gemacht."

Als ich schwieg, starrte er mich eine gefühlte Ewigkeit lang an. „Sag mal, glaubst du wirklich, was du da sagst? Das klingt nach einer Verschwörungstheorie in einem drittklassigen Film."

„Und ich scheine darin der Hauptdarsteller zu sein."

Ungläubig schüttelte er den Kopf. Dann stand er auf.

„So. Ich mache jetzt einen Spaziergang. Ihr sollt hier einen idyllischen See haben. Ich gebe dir zwei Stunden zum Nachdenken. Wenn ich zurückkomme und du immer noch an diesen Blödsinn glaubst, den du verzapft hast, dann fahre ich zurück nach Wien und wir werden uns nie wieder sehen. Jonas, ich liebe dich. Und wenn du auch so empfindest und die Geschichte mit Benschi endlich abhaken und dich für meinen neuen, seriösen Job freuen kannst, dann darfst du mich gern auf dem Rückweg begleiten und in eine gemeinsame Zukunft mit mir starten. Bis dann."

Er verließ die Terrasse und ließ mich nachdenklich zurück. Ich hatte mich absolut kindisch verhalten, das wurde mir nach und nach bewusst. Marco wirkte mit seinen einunddreißig Jahren um einiges reifer als ich mit Mitte vierzig.

„Ein charmanter junger Mann", riss mich Mutter aus meinen Gedanken. Ich hatte nicht bemerkt, dass sie zu mir auf die Terrasse kam. „Und passt besser zu dir als Alexander. Schon rein altersmäßig."

„Wie kommst du denn jetzt auf Alexander?" Hatte sie doch etwas von seinem gestrigen Besuch mitbekommen?

„Als ich heimkam, verließ er das Haus. Er hat mich nicht bemerkt, keine Sorge." Meiner Mutter konnte man nichts vormachen. „Wo ist Marco?"

„Woher weißt du ...?"

„Er hat sich natürlich vorgestellt", unterbrach sie mich. „Ein junger Mann mit guten Manieren. Du weißt, ich lege großen Wert darauf. Also?"

„Marco spaziert zum See, um mir Zeit zum Nachdenken zu geben."

„Nachdenken ist immer gut. Und worüber, wenn ich fragen darf?"

Also erzählte ich ihr von unserem Gespräch, ich ließ nichts aus. Auch nicht, dass Benschi ebenfalls ein Kunde von Marco war.

„Geschmack habt ihr zwei jedenfalls. Marco sieht zum Anbeißen aus, wenn ich das als deine Mutter so sagen darf. Und du hast ein Problem damit, wenn er diesen Job annimmt?"

„Siehst nicht einmal du, was hinter diesem Jobangebot steckt?" Ich war wirklich enttäuscht von ihr. „Benschi will einen Keil zwischen Marco und mich treiben. So wie er es schon bei Bianca gemacht hat."

„Blödsinn. Es dreht sich nicht alles nur um dich, mein Junge. Tut mir leid, wenn ich dir das so direkt ins Gesicht sagen muss. Betrachte mal die Sache aus Benschis Blickwinkel. Er hat harte Wochen vor sich. Und ist es da nicht verständlich, dass er sich mit Menschen umgeben will, die er kennt, denen er sogar vertraut? Er will sich sein Leben erleichtern und ich glaube ernsthaft, das hat mit dir überhaupt nichts tun."

Meine Mutter. Pragmatisch wie immer. Von dieser Seite hatte ich das noch nicht betrachtet. Und sie hatte Recht. Jetzt wurde mir bewusst, dass sich wirklich nicht alles nur um mich drehte.

„Warum sagst du immer das Richtige, auch wenn es im ersten Moment wehtut?"

„Weil du mein Sohn bist und ich dich liebe. Weil ich möchte, dass du glücklich wirst. Denn das hast du dir verdient. Endlich glücklich sein. Und Marco scheint mir dafür der Richtige zu sein."

Erleichtert lächelte ich sie an und nahm sie in den Arm.

„Und jetzt packst du deine Sachen?"

„Ja. Ich fahre mit ihm zurück nach Wien."

„Gott sei Dank. Ich hatte schon ein schlechtes Gewissen, weil ich keine Zeit für dich hatte. Ich bin eben immer so beschäftigt, jeder Tag ist irgendwie verplant."

„Und so soll es auch sein." Ich küsste sie auf die Wange, ging in mein Zimmer und packte.

Marco brachte mich direkt vor meine Haustür, küsste mich und war weg. Er hatte morgen seinen ersten Arbeitstag bei Benschi und wollte ausgeschlafen sein. Ich hatte Verständnis dafür. Versuchte es zumindest. In meiner Wohnung versorgte ich zuerst meine Pflanzen, sie hatten dringend Wasser nötig. Dann packte ich meinen Koffer aus, warf die Schmutzwäsche in den Korb neben der Waschmaschine, öffnete eine Flasche Rotwein und ging damit nach oben auf die Terrasse. Es war schwül, Wien hatte einen heißen Tag erlebt. Es war fünf Uhr nachmittags. Marco musste ins Bett? Um diese Zeit? Nein, ich wollte keine Zweifel aufkommen lassen, nahm einen Schluck Wein und dachte zurück an die letzten Tage in der Heimat. Alexander. Der Junge ging mir nicht aus dem Kopf. Es war ein reizendes Abenteuer. Und ein geiles dazu. Nächste Woche bei der Premiere würde ich ihn wiedersehen. Ich würde wieder nach Hause fahren, komme, was wolle. Dann klingelte mein Handy. Unterdrückte Nummer. Anrufe wie diese nahm ich normalerweise nicht entgegen. Doch ich war neugierig.

„Ja?"

„Hi, Jonas. Hier ist Benschi."

Ach nein! Musste das jetzt sein?

„Was willst du?"

„Wie geht es dir?“, fragte er mich.

„Bitte keinen Smalltalk. Sag einfach was du willst.“

„Es war hoffentlich in Ordnung, dass ich Marco die Adresse deiner Mutter gab?“

„Kein Problem, du hast nichts falsch gemacht.“

Erleichtert schnaufte er tief durch.

„Und diese Frage war der Grund deines Anrufes?“

„Nein. Es geht um Bianca und Marco.“

Das hatte ich befürchtet.

„Hör zu, Jonas. Bianca und ich spielen nicht das neue Traumpaar. Sie zeigt sich mit mir in der Öffentlichkeit. Ab und zu. Wir schüren ein paar Gerüchte, das ist alles. Es wird keine Homestory über uns geben, oder dergleichen. Nur von Zeit zu Zeit ein paar gemeinsame Auftritte. Um mehr habe ich sie nicht gebeten. Und zu mehr wäre sie nicht bereit gewesen, du kennst sie ja besser als ich. Und Marco. Ich kenne ihn schon sehr lange, vermutlich länger als du. Ich wusste nicht, dass du ebenfalls Kunde von ihm bist. Das offenbarte er mir erst, als ich ihm das Jobangebot machte. Er befürchtete, es würde ein Problem für dich sein.“

Und wie recht er mit seiner Befürchtung hatte. Das sagte ich ihm nicht. Diesen Triumph gönnte ich ihm nicht.

„Es wurde kurzfristig diese Stelle frei und ich bot sie ihm an. Von dir wusste ich nichts, wie ich schon erwähnte. Es hat also nichts mit dir zu tun. Kein Racheakt, oder dergleichen. Ob du mir glaubst oder nicht, ich könnte dir nie bewusst wehtun.“

Da ich ein paar Sekunden lang nicht sagte, fragte er, ob ich noch dran sei.

„Ja, Benschi, bin ich noch.“

Warum wurde mir plötzlich wieder so warm ums Herz? Lag es an seiner Stimme? Seinen Worten. Mein Gott, ich krieg diesen Kerl nicht aus meinem Kopf. Und nicht aus meinem Herzen.

„Benschi, es ist alles in Ordnung, mach dir bitte keine Gedanken.“

„Alles gut?“

„Alles gut.“

„Können wir uns wieder mal sehen?“

Ich wusste, dass er diese Frage stellen würde. Und ich wollte ihn auch wieder sehen, obwohl ich wusste, dass mir das überhaupt nicht guttun würde. Es würde alles wieder von vorne beginnen.

„Bring erst einmal deinen Wahlkampf zu Ende. Du weißt, ich wünsche dir nicht den Sieg, weil ich deine Ansichten für falsch halte. Aber wir leben in einer Demokratie, und in dieser darf jeder seine Meinung äußern und danach handeln. Du weißt, warum aus uns nie etwas werden wird, daher finde ich ein Treffen für verschwendete Zeit.

„Das war deutlich", erwiderte er darauf. „Danke für deine Ehrlichkeit", setzte er fort und klang etwas traurig. „Und ich wünsche dir, dass du dein Glück findest. Ich scheine es nicht zu sein. Alles Gute, Jonas." Dann legte er auf.

Tränen liefen mir über die Wange. So ehrlich und wahrhaftig hatten wir beide noch nie miteinander gesprochen. Dies schien wirklich ein Schlusspunkt zu sein.

Nur ein Freund

Am nächsten Morgen rief ich Marco an, ich wollte ihm einen erfolgreichen ersten Arbeitstag wünschen. Doch er ging nicht ran. Also schrieb ich ihm das als Nachricht. Seine Antwort sollte stundenlang auf sich warten lassen. Nach ein paar Einheiten in meinem Fitnessraum gönnte ich mir ein kleines Frühstück. Ich hatte nicht eingekauft, nur Tiefkühlbrötchen, Butter und Marmelade standen zu meiner Verfügung. Als ich damit fertig war, wusch ich die Wäsche, saugte, wischte sämtliche Böden und als meine Wohnung glänzte und funkelte, waren erst zwei Stunden vergangen. Was machte ich hier? Beschäftigungstherapie? Von Marco noch immer keine Antwort, er war wohl zu sehr damit beschäftigt, Benschis Leben zu schützen. Ich machte mir noch eine Tasse Kaffee und setzte mich ins Wohnzimmer. Was wollte ich? Wen wollte ich? Wen liebte ich? Immer wieder kam ich in meinen Gedanken zurück zu Alexander. Die letzten Tage daheim in der alten Heimat waren wunderschön. Ich habe die Zeit mit meiner Mutter genossen. Aber, und das schockierte mich etwas, vor allem die Zeit mit Alexander. Diesem frühreifen, charmanten, humorvollen, klugen, sexy und absolut geilen jungen Mann. Der hatte mir den Kopf verdreht, er erfüllte meine

Gedanken. Aber er war erst achtzehn! Welche Zukunft hätte das mit uns beiden? Wollte er das? Ich musste mir Klarheit verschaffen. Sollte ich meine Mutter anrufen und sie bitten, mir seine Telefonnummer zu organisieren? Nein, keine gute Idee, ich wollte sie da nicht mit reinziehen. Außerdem sah sie in Marco den idealen Schwiegersohn. Obwohl sie ihn so gut wie nicht kannte. Sollte ich zurückfahren und mit Alexander reden? Aber er hatte klar und deutlich den Wunsch geäußert, sich erst einmal auf die bevorstehende Premiere zu konzentrieren. Ich würde sie besuchen, das war mir klar. Ich würde begeistert sein und danach versuchen, Alexander ein paar Minuten für mich allein zu haben.

Und was machte ich in der Zwischenzeit hier in Wien? Mit Marco? Ein falsches Spiel spielen? Das tun, was ich den anderen vorwarf? Ich war mir plötzlich über meine Gefühle für ihn nicht mehr im Klaren.

Mein Leben hatte sich schlagartig geändert. Und zwar ab dem Moment, als ich der Öffentlichkeit als Kay West vorgestellt wurde. Davor war alles so einfach. Ich habe geschrieben, tagelang. Manchmal auch nachts, wenn ich im Fluss war. Was ich schrieb wurde gedruckt, verkauft in Millionenauflage und ein Vermögen kassiert. Das war mein Leben. Und freitags Sex mit Marco und tägliche Telefonate mit Bianca. Woche für Woche. Immer gleich. Für andere mag das langweilig klingen, für mich war es das Beste, was ich immer wollte. Schreiben und davon leben können. Und dann plötzlich der Medienrummel und die Weigerung des Verlages, weiterhin mit mir zusammenzuarbeiten. Was laut meinem Vertrag ein Berufsverbot für die nächsten drei Jahre bedeutete. Doch damit konnte ich leben, das war nicht das Problem. Der Ärger begann, als ich beschloss, von Benschi loszukommen und ich mich Marco gegenüber öffnete. Gefühlschaos setzte ein. Der Bruch mit Bianca, weil ich ihr Verrat an unserer Freundschaft vorwarf. Ich konnte mir ein Leben mit Marco vorstellen, aber etwas Wichtiges fehlte: Die Schmetterlinge im Bauch. Machte eine gemeinsame Zukunft mit ihm ohne diese Schmetterlinge Sinn? Nein. Ich glaubte nicht mehr daran, dass Liebe wachsen konnte, wenn schon zu Beginn die Verliebtheit fehlte. Ich musste unbedingt mit ihm reden. Ich musste ihm die Wahrheit sagen. Und ich musste ihm wehtun, so wenig ich das wollte. Stundenlang drehten sich meine Gedanken um diesen Punkt.

Am Nachmittag, kurz vor fünf, rief er mich an.

„Hi, Jonas, sorry, dass ich mich jetzt erst melde, aber wir waren den ganzen Tag unterwegs."

„Kein Problem, Marco. Wie lief es bisher?"

„Kein Attentat auf Benschi, absolut nichts Spektakuläres. Einfach nur die Augen offenhalten und die Leute nicht zu nah an ihn herankommen lassen. Mehr ist nicht zu tun."

„Bist du noch im Dienst?", fragte ich ihn.

„Er hat noch eine Besprechung in der Parteizentrale. Die sollte nicht länger als eine Stunde dauern. Danach begleite ich ihn nach Hause und übergebe ihn meinem Kollegen vom Nachtdienst. Dann bin ich fertig für heute. War anstrengend, hätte ich gar nicht gedacht."

„Also auch heute wieder früh ins Bett?", stellte ich vorsichtig meine nächste Frage.

„Wenn du willst, kann ich kurz bei dir vorbeischauen."

„Ja, das wäre schön."

„Also bis dann. Bussi." Und er legte auf.

War das jetzt fair von mir? Ihn nichtsahnend kommen zu lassen, um ihm den Laufpass zu geben? Aber sollte ich nicht endlich aufhören, es anderen leicht zu machen und meine Gefühle außen vor zu lassen? Haben mir Inge und meine Mutter nicht dazu geraten, endlich in erster Linie nur an mich zu denken? Auch, wenn man anderen damit wehtat? Ohne irgendetwas zu tun, saß ich auf der Couch und wartete auf Marco. Ich legte mir keine Worte zurecht, ich würde sagen, was mir spontan über die Lippen kam.

Die Wartezeit verkürzte mir ein Anruf von Alexander.

„Du reist einfach so ab? Ohne dich richtig von mir zu verabschieden?", giftete er mich an.

„Du wolltest dich auf die letzten Proben konzentrieren", verteidigte ich mich und freute mich gleichzeitig, seine Stimme zu hören. Das sah er ein und entschuldigte sich für seine Standpauke.

„Ich hatte die Gelegenheit, mit einem Freund zurück nach Wien zu fahren. Und die nahm ich beim Schopf."

„Ein Freund?"

„Ja."

„Nur ein Freund? Oder doch dein Freund?"

Die Antwort darauf würde länger dauern und dazu hatte ich keine Lust. „Nur ein Freund. Warum? Eifersüchtig?“, fragte ich im Scherz.

„Ha ha ha. Du bist fast so lustig wie dein Theaterstück. Ich wollte nur sagen, dass die Zeit mit dir schön war.“

„Das freut mich. Und ich empfinde genauso.“

„Das war die richtige Antwort, liebster Jonas. Und jetzt wünsche ich dir einen schönen Abend.“

„Danke, liebster Alexander, den wünsche ich dir auch.“

Was war der süß!, dachte ich, als ich mein Handy weglegte und die letzten Tage Revue passieren ließ. Von wem hatte er meine Nummer?

Um halb neun klingelte Marco und ich schickte ihm den Lift nach unten. Als er die Wohnung betrat, kam er strahlend auf mich zu und küsste mich zärtlich. „Schön, dich zu sehen, Jonas.“

„Was hast du mit deinen Haaren gemacht?“ Kahlköpfig stand er vor mir. Nicht ein Stoppel war zu sehen. Vollkommen kahlgeschoren.

„Neuer Job, neue Frisur.“

„Frisur?“

Wie leid es mir um seine kurzen schwarzen Locken war. Er sah so süß damit aus. Er war total verändert. Glatze und Dreitagesbart. Marco wirkte plötzlich viel männlicher, härter.

„Willst du von ehemaligen Kunden und Kollegen nicht erkannt werden?“

„Damit liegst du nicht mal so falsch. Ich muss vorsichtig sein, aber das war mir schon bewusst, als ich Benschis Angebot annahm. Sehe ich so schrecklich aus?“

Sah er schrecklich aus?

„Ungewohnt. Fast schon sexy. Doch, gefällt mir.“

„Das freut mich.“

Ich nahm ihn an der Hand, führte ihn ins Wohnzimmer und bat ihn, Platz zu nehmen.

„Ein Glas Wein?“

„Nein, danke“, lehnte er ab. „Ich bin mit meinem Dienstwagen hier. Ein dicker fetter Benz.“

„Marco, ich habe mich verliebt“, ließ ich die Bombe zünden.

„Ja endlich! Das freut mich.“ Er stockte. „Moment. So wie du mich anschaust, bin nicht ich der Glückliche. Habe ich recht?“

Wortlos nickte ich und bestätigte damit seine Vermutung.

„Marco, es tut mir leid. Du bist ein wunderbarer Mann, ich schätze dich sehr und ich könnte mir vorstellen, mein Leben mit dir zu teilen. Aber ich bin nicht verliebt in dich. Und das ist in meinen Augen doch eine Grundvoraussetzung für eine Beziehung, oder nicht?“ Er schwieg. „Bitte sag doch etwas!“

„Warum bist du gestern mit mir mitgekommen? Warum hast du mich in dem Glauben gelassen, wir wären ein Paar? Ist es doch der neue Job? Ist es Benschi?“

„Ich bin gestern mit dir mitgekommen, weil das, was du sagtest, so vernünftig war. Weil ich mir plötzlich sicher war, dass du der Richtige für mich bist. Und meine Mutter bestätigte mich darin. Aber ich kann nicht nach Vernunft handeln, nicht vernünftig entscheiden. Ich muss meinem Gefühl folgen. Und das sagt mir, dass wir zwei keine Zukunft haben. Es fühlt sich nicht richtig an. Und dann ist da dieser Kerl, den ich in den letzten Tagen kennengelernt habe. Es ist alles so einfach mit ihm, so schön. Ich weiß, das willst du nicht hören und ich verletze dich damit, aber ich habe mich in diesen Jungen verliebt und das will ich genießen. Auch wenn wir keine gemeinsame Zukunft haben, und davon bin ich überzeugt, will ich Zeit mit ihm verbringen. Bei ihm habe ich Schmetterlinge im Bauch, auch wenn er das nicht weiß und sicher als Blödsinn abtun wird. Aber ich will das. Ich muss das tun. Es tut mir so leid, Marco. Ich hoffte, es wäre anders gekommen. So, und jetzt kannst du mich für den Rest deines Lebens hassen.“

Er zögerte mit einer Antwort. Er musste sich meine Ansprache vermutlich erst durch den Kopf gehen lassen. Dann stand er auf.

„Ich hasse dich nicht, Jonas. Ich bin froh, dass du so ehrlich warst. Das erspart uns viel Leid und viele Probleme. Warum du schon jetzt nicht an eine gemeinsame Zukunft mit diesem Jungen glaubst, kann ich nicht verstehen. Und das geht mich auch nichts an. Trotzdem wünsche ich dir nur das Beste. Du hast es wirklich verdient.“

Er trat an mich heran und umarmte mich. Er hatte Tränen in den Augen, ich hatte ihm wehgetan. Aber besser jetzt. Besser für uns beide.

Als er gegangen war, bemächtigte mich plötzlich ein Gefühl von Einsamkeit. Ich hätte ihn gern länger im Arm gehalten. Freundschaftlich natürlich. Mich anlehnen. Ich hatte an diesem Abend nicht nur einen ausgezeichneten Masseur verloren, sondern auch einen guten Freund. Einen Menschen, der mich liebte, dem ich diese Liebe aber nicht erwidern konnte. Ich werde ihn schmerzlich vermissen.

Am nächsten Morgen ging ich nach einem schnellen Kaffee einkaufen und füllte meinen Kühlschrank auf. Danach setzte ich mich vor den Laptop und checkte meine Mails. Das hatte ich die letzten Tage vernachlässigt. Das Postfach war voll. Systematisch brachte ich Ordnung ins Chaos, löschte diverse Spams und Werbemails und konzentrierte mich zuerst auf die beruflichen Nachrichten. Das waren nicht viele. Der Lüttke-Verlag teilte mir mit, dass es viele Anfragen und Buchungen für meine Stücke gab. Die Kasse würde klingeln, die nähere Zukunft war finanziell gesichert. Darüber musste ich mir erst einmal keine Sorgen machen. Die Kammerspiele äußerten ihr Interesse an meinem Schaffen, fanden im Katalog von Frau Lüttke jedoch nicht das passende Stück. Umgehend antwortete ich ihr, dass ich ein Stück in der Schublade hätte: ‚Mary's Christmas', eine schräge Weihnachtssatire. Ich hängte die Datei meiner Mail an und wünschte ihr viel Spaß beim Lesen. Einige Buchläden luden mich ein, bei ihnen aus meinen Büchern zu lesen. Denen musste ich leider absagen. Ich durfte nicht. Was ich auch genau so schrieb, ohne näher auf die Gründe dafür einzugehen. Und der DENKqueer-Verlag teilte mir mit, dass man meinen allerersten Roman wieder auflegen würde. Der war vergriffen, aber auf Grund der neuen Situation hatte man sich zu diesem Schritt bewogen, was hoffentlich in meinem Sinne wäre. War es natürlich. Von Ursula erhielt ich offiziell die Einladung zu ihrer Premiere nächste Woche. Mit Freude sagte ich zu. Und dann noch viele Nachrichten privaten Inhalts. Glückwünsche zu meinem Erfolg, Einladungen zu Dates, und sogar zwei Heiratsanträge waren dabei. Von Männern? Nein, von Frauen. Sorry, Ladies! Nach einer Stunde war ich durch und fühlte mich gut dabei, endlich wieder etwas Produktives geleistet zu haben. Nur zum Schreiben hatte ich keine Lust. Den Politkrimi würde ich vorerst nicht weiter verfolgen. Krimi lag mir nicht. Herzschmerz war mein Revier. Aber davon hatte ich in meinem Privatleben mehr als genug.

Mittags ging ich zu Lucca. Ein Wunder, dass er noch keine Vermisstenanzeige aufgegeben hatte. Ich saß an meinem Tisch im Garten, ließ mir die Sonne ins Gesicht scheinen und genoss den Moment. Und natürlich ein Glas von Luccas wunderbarem Hauswein. Es war nicht viel los, die Urlaubszeit machte sich bemerkbar. Die Theater waren geschlossen, die Wiener auf Sommerfrische und die ausländischen Touristen verirrten sich nicht in Luccas Lokal. Da steuerten zwei bekannte Gesichter direkt auf mich zu. Benschi und Bianca. Als Pärchen sahen sie gut aus, das musste ich neidvoll anerkennen. Sie wirkten überzeugend, und das war notwendig, um die Öffentlichkeit dermaßen zu täuschen.

„Hallo, Jonas“, grüßte Bianca etwas unsicher.

„Hallo, Jonas“, tat es Benschi ihr gleich.

„Hallo, ihr zwei“, erwiderte ich freundlich. „Lucca ist wohl zu eurem Stammlokal geworden“, stichelte ich ein wenig. „Wollt ihr euch zu mir setzen?“ Meine Manieren waren vorbildhaft. Doch sie lehnten ab, sie hätten drinnen einen Tisch reserviert.

„Wann geht es denn los mit deiner Lesereise?“, fragte mich Bianca. Ich hatte sie noch nicht darüber informiert, was ich sofort nachholte.

„Aber das können die doch nicht machen!“, rief Bianca ernsthaft erbost.

„Leider schon. Steht so im Vertrag. Und den hatte ich damals unterschrieben.“

„Aber das kommt einem Berufsverbot gleich“, mischte sich Benschi ein. „Und das entspricht meines Wissens nicht europäischem Recht. Willst du sie verklagen? Ich helfe dir dabei.“

Ich war über sein Engagement beeindruckt. Doch ich lehnte dankend ab, für mich war die Sache erledigt.

„Falls du es dir anders überlegst, zögere bitte nicht und melde dich bei mir.“

„Das ist lieb von dir, Benschi. Aber meine Entscheidung steht fest. Ich lasse die Sache ruhen.“

„Wie du meinst.“ Klang da etwa leise Enttäuschung durch?

„Dann wollen wir dich nicht weiter stören“, beendete Bianca unser Gespräch. „Schönen Tag noch.“

„Vielen Dank. Wünsch ich euch auch.“

„Ciao, Jonas.“

Benschi wollte noch etwas sagen, ließ es aber bleiben. Sie wandten sich ab und betraten das Lokal. Als ich ihnen nachsah, bemerkte ich Marco an der Tür. Er sah verdammt gut aus im schwarzen Anzug. Und fast nicht wiederzuerkennen in seinem neuen äußeren Erscheinungsbild. Er würdigte mich keines Blickes. Gehörte wohl zum Job. Aber wahrscheinlich war er doch zu verletzt.

Nachdem ich meine Lieblingspizza verdrückt, die Rechnung bezahlt und mit Lucca noch einen Grappa getrunken hatte, verließ ich das Lokal und bummelte ziellos durch die Stadt. In den Schaufenstern der Buchläden wurden die Kay-West-Bücher für alle auffallend sichtbar präsentiert. Sämtliche fünf Bände der Miller-Saga. Da beschloss ich, dem Löwenherz einen Besuch abzustatten. Ich liebte diesen kleinen schwulen Buchladen in der Berggasse. Die beiden Besitzer, die seit Jahrzehnten unermüdlich und voller Elan für ihren Laden lebten, begrüßten mich überschwänglich und fragten nach einer kleinen intimen Lesung aus den ‚Stürmischen Zeiten'. Das sei zwar keine schwule Literatur, ich aber mittlerweile eine schwule Ikone. Was ich nicht so sah. Ich musste auch hier absagen, ohne näher auf die Hintergründe einzugehen, doch ich versprach, aus meinem ersten Roman zu lesen, der neu aufgelegt werden würde. Nach einem Espresso und ein bisschen Plauderei verließ ich die beiden und machte mich auf den Heimweg. Als ich fast zu Hause war, meldete sich meine Mutter.

„Wie geht es euch, mein Junge. Seid ihr glücklich, du und Marco?"

Ich musste ihr die Wahrheit sagen und sie reagierte darauf sehr enttäuscht.

„Ach das tut mir leid. Aber ich verstehe dich, Jonas. Gefühle kann man nicht erzwingen. Und wenn du diese Entscheidung getroffen hast, dann respektiere ich das. Aber Marco ist schon eine Schnitte. Unwiderstehlich. Das musste einmal gesagt werden." Sie lachte. Und ich lachte mit. „Und wie läuft es sonst? Bist du fleißig am Schreiben?"

„Ich habe schon längere Zeit nichts mehr geschrieben", antwortete ich wahrheitsgemäß. „Als Kay West darf ich nicht mehr schreiben und als Jonas Mertens fällt mir nichts ein. Und ich habe auch keine Lust dazu."

„Das wird schon wieder", munterte sie mich auf. „Außerdem hast du dir eine Pause verdient." Und da musste ich ihr zustimmen. „Also, dann sehen wir uns nächste Woche. Ich freu mich auf dich."

„Und ich mich auf dich. Bis dann."

Als wir das Gespräch beendeten, stieg ich in den Lift und fuhr nach oben. So schön die Tage in Salzburg auch waren, die vergangenen Stunden in der Wiener Innenstadt taten mir gut. Ich fühlte mich erheblich besser, trotz des Zusammentreffens mit Bianca und Benschi. Den restlichen Nachmittag und den Abend verbrachte ich, für mich völlig ungewöhnlich, vor dem Fernseher und ging früh zu Bett.

Heiße Nächte in Venedig

Da ich mich schon sehr auf die Premiere freute, fuhr ich einen Tag früher nachhause. Ich wusste, dass meine Mutter donnerstags immer mit Freundinnen Bridge spielte, war also nicht überrascht, sie nicht zu Hause anzutreffen. Ich trug meine Sachen nach oben und setzte mich danach mit einem Glas Wein auf die Terrasse. Noch zwei Stunden bis zur Generalprobe. Sollte ich aus der Ferne zusehen? Nein, entschied ich mich dagegen, ich wollte mich morgen überraschen lassen. Nach einem zweiten Glas Wein kam gegen halb neun meine Mutter heim. Gegessen hatte sie schon bei der Gastgeberin, aber sie genehmigte sich noch ein Glas Wein und leistete mir Gesellschaft.

„Wie war deine Woche, mein Junge?"

„Ruhig. Unspektakulär."

„Das kann ich von mir nicht behaupten." Und dann erzählte sie mir das gesamte Programm der vergangenen Tage. Eine Bergwanderung mit ehemaligen Arbeitskolleginnen, ein weiterer Festspielbesuch mit Inge und Ursula. Dieses Mal gab es die Zauberflöte in der Felsenreitschule. Montagabend waren Inges Sohn Lorenz und sein Mann Erik ihre Gäste. Ich wusste gar nicht, dass sie auch mit den beiden so engen Kontakt hatte.

„Wie geht's den beiden?", fragte ich sie.

„Wie soll ich sagen. Sie haben versucht, ein glückliches Paar zu geben, aber ich habe anders gefühlt. Und du kennst mich, was das betrifft, habe ich eine sehr feine Antenne. Die hatten vorher Zoff, waren aber höflich genug, meine Einladung zum Abendessen zuzusagen. Wenn sie morgen Abend zur Premiere kommen, kannst du mit ihnen reden und vielleicht helfen."

„Ich, ausgerechnet ich? Ich bin wahrlich kein Beziehungsexperte."

„Du musst sie ja nicht gleich therapieren, was du wieder denkst! Ein bisschen zuhören, herausbekommen, was los ist bei den beiden. Du weißt, ich mag die zwei."

„Ich wusste gar nicht, dass du so eng mit ihnen bist."

„Was heißt eng? Lorenz ist Inges Sohn und Inge gehört doch irgendwie zur Familie."

Ich hatte die letzten Jahre viel verpasst, wurde mir bewusst. Ich lebte ein schönes Leben in Wien und hatte meine Mutter für sich gelassen. Kaum Anteil genommen.

Empfand sie das auch so? Ich fasste mir ein Herz und sprach sie darauf an.

„Ob du ein guter Sohn bist?", fragte sie darauf entsetzt. „Was für eine dumme Frage!"

„Ich habe dich aber in den letzten Jahren vernachlässigt und habe mich nur um mich gekümmert."

„Und nichts anderes habe ich von dir erwartet. Du sollst dein Leben leben und nicht das meine. Und du hast es wunderbar hinge-kriegt. Und ich habe mein Leben. Und das ist so, wie ich es will. Eigentlich müsste ich ein schlechtes Gewissen haben. Du kommst mich besuchen und ich bin nur unterwegs."

„Und so soll es auch sein", entgegnete jetzt ich. „Also alles gut?"

„Alles gut. Sehr gut, mein Junge."

Beruhigt und schweigend tranken wir unsere Gläser aus und gingen schlafen.

Als wir am nächsten Morgen beim Frühstück saßen, schien zum ersten Mal seit Wochen nicht die Sonne. Der Himmel war bedeckt. Fette dunkle Regenwolken zogen über den Himmel. Wir hofften, dass sich das Wetter bessern würde und die Premiere am Abend wie gewohnt stattfinden konnte. Freiluftaufführungen bargen natürlich immer ein gewisses Risiko, das war allen Beteiligten bewusst. Aber es dauerte ja noch ein paar Stunden bis zum Beginn der Aufführung. ‚Heiße Nächte in Venedig'. Mein Gott, wie lange war das her, dass ich dieses Stück geschrieben hatte? Eine belanglose Komödie, mit vielen Verwechslungen, spritzigen Dialogen und zündenden Pointen. Meines Wissens wurde es erst einmal aufgeführt. In einem

Theater. Heute war also die Welturaufführung unter freiem Himmel. Das würde bestimmt ein besonderer Abend werden.

Nach dem Frühstück ging meine Mutter einkaufen und ich setzte mich in meinem alten Zimmer vor die Schreibmaschine und wartete auf Inspiration. Doch es kam nichts. Ich konnte nicht schreiben. Keine einzige Zeile. Sollte ich deswegen nervös werden? Nein. Ich hatte in den letzten Jahren genug geschrieben, wovon ich gut leben konnte. Ich akzeptierte mittlerweile diese Schreibblockade und ließ mich davon nicht unter Druck setzen.

Dann erhielt ich eine Nachricht von Marco.

„Heute ist Freitag. Massage?"

Wir spielten also Normalität. Ja wenn er das konnte, warum nicht. Trotzdem antwortete ich „Bin nicht in Wien."

Umgehend kam Antwort. „Weiß ich. Bin dienstlich in Salzburg. Komme zur Premiere. Danach Massage?"

Dann war also auch Benschi in Salzburg. Ob Bianca ihn begleitete? Egal. Interessierte mich eigentlich nicht.

Am Nachmittag kam es dann so, wie befürchtet. Blitz und Donner und es schüttete aus Kübeln. Die Premiere würde ins Wasser fallen. Im richtigen Leben stand Venedig auch oft unter Wasser. Aber man musste natürlich ans Publikum denken. Ein Blick auf mein Handy zeigte mir, dass es gegen achtzehn Uhr zu regnen aufhören würde. Hoffentlich behielten die Satellitenbilder Recht. Wir bereiteten uns auf die Premiere vor, schmissen uns in Schale. Und kurz nach sechs hörte der Regen auf, die Sonne kam durch und ein großer Regenbogen wurde sichtbar. Kurz vor sieben verließen wir das Haus, wir wollten vor Beginn der Aufführung noch ein Glas Sekt trinken und Smalltalk halten.

Als wir am See ankamen, herrschte auf der Bühne und am gesamten Gelände hektisches Treiben. Der Bühnenboden musste trocken- und die Zuschauersessel abgewischt werden. Fast achthundert Personen würden auf der Tribüne Platz finden. Die ersten Zuschauer trudelten ein, Sektkorken knallten, Gläser wurden gefüllt. Ursula flitzte hin und her, gab letzte Anweisungen.

Schweißgebadet und völlig außer Atem gesellte sie sich mit einem Glas Sekt in der Hand zu Mutter und mir.

„So, meine Lieben, es kann pünktlich losgehen."

„Du Ärmste, wochenlang Hochsommer und ausgerechnet heute dieses Gewitter."

„Aber jetzt ist alles gut, Mathilde. Jetzt können wir den Abend genießen. Na ja, ihr. Ich werde bis zum Ende der Aufführung unzählige Tode sterben. Aber das gehört dazu. Und deshalb liebe ich das alles so. Prost, ihr Lieben!"

Daraufhin stießen wir an. „Also Jonas, nach der Aufführung sage ich ein paar Worte und hole dich auf die Bühne. Okay?"

„Wenn es sein muss", antwortete ich wenig begeistert.

„Es muss! Unbedingt. Und noch etwas. Ich habe das Stück ein wenig bearbeitet. Ich hoffe, du gehst danach nicht zu streng mit mir ins Gericht."

„Keine Sorge, Ursula", beruhigte ich sie. „Ich habe zwar das Stück geschrieben, vor vielen, vielen Jahren, ich kenne es selbst nicht mehr gut. Und ich bin mir sicher, du hast es wunderbar gemacht."

„Ich hoffe. Aber jetzt nehmt bitte eure Plätze ein. Und viel Vergnügen."

„Toi, toi, toi", wünschten Mutter und ich gleichzeitig. Ursula verschwand hinter den Kulissen und wir setzten uns. Von Inge, Lorenz und Erik keine Spur, ihre Plätze neben uns blieben leer.

„Die sind nie unpünktlich, sagte meine Mutter. „Da muss etwas passiert sein."

„Die werden schon noch kommen."

„Bist du nervös?", fragte mich meine Mutter.

„Überhaupt nicht. Ich genieße das alles sehr. Es ist Jahre her, dass ich eine Aufführung meines eigenen Stückes besucht habe."

„Und sei bitte nicht zu kritisch. Das sind keine Profis. Nur Amateure. Aber sie geben bestimmt alle ihr Bestes."

„Das weiß ich, Mutter." Die letzte halbe Stunde, während wir unseren Sekt tranken, beobachtete ich die Leute um uns herum. Immer wieder trafen mich verstohlene Blicke. Sie redeten über mich. Aber niemand sprach mich an, obwohl sie mich bestimmt erkannten. Waren sie neidisch? Konnten sie mit meinem Erfolg nicht umgehen? Hatten sie ein Problem mit mir? Sollte ich meine Mutter deswegen ansprechen? Ich unterließ es, denn pünktlich um acht gingen die Scheinwerfer an und tauchten die Bühne in angenehmes Licht. Ursulas Mann hatte sich selbst übertroffen. Vor uns lag Venedig. Sogar eine Gondel hatte er detailgetreu nachgebaut. Und erhielt sogleich vom Publikum tosenden Applaus. Und dann begann das Stück. Die ersten Schauspieler betraten die Bühne und die Handlung nahm ihren Lauf. Nach etwa zehn Minuten traf Inge samt Sohn und Schwiegersohn ein. Alle drei wirkten absolut missgelaunt, ihre Blicke sprachen Bände.

Die ersten zwei Akte vergingen wie im Flug und der Pausenapplaus war grandios. In der Pause holte ich uns Sekt von der Bar. Mittlerweile war die Sonne untergegangen, über dem gesamten Gelände hingen Lichterketten. Romantik pur. Und gute Stimmung. Mein Stück kam sehr gut an. Kein Wunder, bei dem Bühnenbild und den spielfreudigen und sehr guten Schauspielern. Jede Pointe saß. Ich mochte mein Stück. Als ich mit unseren Gläsern zurück zu meiner Mutter ging, sah ich, dass sie sich mit Inge unterhielt. Von Lorenz und Erik keine Spur.

„Was für ein wunderbares Stück, Jonas", versuchte Inge ihre schlechte Laune zu überspielen. Ich gab Mutter ein Glas und wollte Inge das meine geben. Doch sie lehnte dankend ab.

„Danke, Inge. Ja, die haben was Großartiges daraus gemacht. Wo hast du Lorenz und Erik gelassen?"

„Hör mir bloß auf mit den beiden", wehrte sie energisch ab.

Als meine Mutter etwas erwidern wollte, trat Marco an uns heran.

„Guten Abend."

„Guten Abend, Marco", sagte meine Mutter freudig überrascht.

Mir kam nur ein knappes „Hi" über die Lippen.

„Ein außerordentliches Stück, muss ich schon sagen."

„Danke dir!" Sein Lob freute mich. Marco sah umwerfend aus. Ich könnte neben ihm sitzen und den Abend gemeinsam mit ihm genießen. Aber ich hatte mich ja anders entschieden. Ein Fehler? „Darf ich vorstellen, das ist Inge, eine besondere Freundin der Familie, und das ist Marco. Ein guter Freund." War er das noch?

Die beiden schüttelten sich die Hand.

„Hast du kurz?", wandte er sich an mich.

Ich entschuldigte mich und entfernte mich mit Marco ein paar Schritte.

„Ich wollte dich nur warnen, bevor du ihnen über den Weg läufst. Bianca und Benschi sind auch mitgekommen. Aber sie halten sich zurück. Er will keine Aufmerksamkeit. Das soll der Abend der Gruppe sein. Und deiner."

„Wie aufmerksam und rücksichtsvoll von den beiden", erwiderte ich daraufhin etwas sarkastisch.

„Aber sie wollten unbedingt dabei sein. Sehen wir uns nachher noch?", fragte er mich.

„Wir sind bei der Premierenfeier eingeladen, mal sehen."

„Dann noch einen schönen Abend", verabschiedete er sich und schlenderte weiter.

Ich sah ihm hinterher und bemerkte nicht, wie meine Mutter näherkam und mich dabei beobachtete.

„Ein sehr netter Kerl", holte sich mich zurück. „Ihr würdet wirklich gut zusammenpassen. Und mehr werde ich dazu nicht mehr sagen."

„Und ich danke dir dafür." Denn über Marco und mich zu sprechen, hatte ich überhaupt keine Lust.

Als sich die Pause dem Ende näherte, brachte ich unsere leeren Gläser zurück zur Bar und nahm neben meiner Mutter wieder meinen Platz ein. Inge saß schon und auch Lorenz und Erik waren wieder aufgetaucht. Doch ihr Blick war mehr als finster. Rundherum verdunkelten sich die Lichterketten, nur die Bühne war in Scheinwerferlicht getaucht. Und was man sah, war Venedig. So perfekt, so stimmungsvoll. So wie man die Lagunenstadt kennt. Der dritte Akt war der Höhepunkt. Die Zuschauer kamen aus dem Lachen nicht mehr heraus, die Schauspieler übertrafen sich. Allen voran Alexander. Der Junge war ein Riesentalent. Als der letzte Satz gesprochen war und die Scheinwerfer ausgingen, herrschte für zwei drei Sekunden absolute Stille. Doch danach brandete tosender Applaus auf. Die Scheinwerfer gingen wieder an und das gesamte Ensemble verbeugte sich. Danach gingen alle von der Bühne ab und die Schauspieler holten sich einzeln ihren verdienten Applaus ab. Beginnend mit der kleinsten Nebenrolle. Der Jubel steigerte sich, bis Alexander als letzter die Bühne betrat und sich verbeugte. Er war der Star des Abends. Verdienter Maßen. Danach kamen Ursula und ihr Kreativteam auf die Bühne. Sie hatten großartige Arbeit geleistet. Ein paar Mal mussten sich alle verbeugen, bis Ursula an die Rampe trat und um Ruhe bat. Sie begrüßte das Publikum, ein paar Ehrengäste, vom Bürgermeister samt Gattin abwärts, Sponsoren, und bedankte sich beim Ensemble und allen Helferinnen und Helfern.

„Aber jetzt darf ich einen Menschen auf die Bühne bitten, dem wir das alles zu verdanken haben. Er ist ein Sohn dieser Gemeinde und er ist vor vielen Jahren weggegangen, um erfolgreich zu werden. Ich kannte ihn schon, als er ein kleiner Junge war, als er mit dem Schreiben begann. Bereits sein erstes Stück haben wir aufgeführt und sämtliche weiteren waren gefolgt. Jeder kennt ihn und es ist mir eine große Ehre, dass er die heutige Premiere besucht. Lieber Jonas Mertens, vielen Dank und bitte komm zu uns auf die Bühne."

Ich erhob mich und alle applaudierten. Über eine kleine Treppe und einen Steg betrat ich die Bühne. Ursula umarmte mich und überreichte mir einen großen Blumenstrauß. Gemeinsam mit dem Ensemble verbeugte ich mich und nach und nach standen die Leute auf. Es gab tatsächlich Standing Ovations. Ich war überwältigt. Und überglücklich.

Hinter den Kulissen fielen sich die Mitwirkenden in die Arme. Es wurde gejubelt, gelacht, Freudentränen vergossen. Sekt war vorbereitet und jeder stürzte sich auf ein Glas. Etwas verloren beobachtete ich die Szenerie. Ich gehörte nicht wirklich dazu. Da tippte mir jemand auf die Schulter und ich drehte mich um. Alexander.

„Zufrieden?", fragte er mich in ernsthaftem Ton.

„Mehr als zufrieden. Ihr wart großartig. Du warst großartig. Du warst unglaublich. Du hast gespielt wie ein Vollprofi. Als hättest du die letzten Jahre nichts anderes gemacht."

„Schluss mit der Lobhudelei, Sex kriegst du auch so von mir", flüsterte er mir ins Ohr und grinste mich lüstern an.

„Ich habe das wirklich ernst gemeint."

„Ich auch", erwiderte er lachend und zog weiter.

Was für ein frecher Kerl. Wäre ich nur auch so gewesen in diesem Alter, das hätte vieles erleichtert. Da ich hier nichts zu tun hatte, ging ich zurück auf die Bühne. Als ich aus den Kulissen trat, wurde ich mit Applaus begrüßt. Unsicher drehte ich mich um, ob ich gemeint war. Aber ja, sie klatschten für mich. Ich winkte, um mich dafür zu bedanken. Nach dem Ende der Aufführung hatten Bedienstete einer Cateringfirma Tische und Stühle herangetragen und auf der Bühne platziert. Die Zuschauertribüne hatte sich geleert. Nur die geladenen Gäste waren geblieben und hatten sich ebenfalls auf die Bretter, die die Welt bedeuten, begeben. Darunter natürlich meine Mutter. Und Inge, dieses Mal wieder in Begleitung ihres Sohnes Lorenz und dessen Gatten, als Freunde der Theaterchefin. Ich gesellte mich zu ihnen und nahm ihre Glückwünsche entgegen. Den Blumenstrauß überreichte ich meiner Mutter, schließlich hatte ich ihr alles zu verdanken. Sie war zu Tränen gerührt.

„Es gibt keine Sitzordnung", sagte Inge. „Wollen wir uns einen Tisch suchen?"

Gesagt, getan. Als wir saßen, wurden wir auch schon mit Getränken versorgt. Es herrschte gute Stimmung unter den Anwesenden, und die wurde noch besser, als Ursula, gefolgt von den anderen Mitwirkenden, zurück auf die Bühne kam und, wie ich schon davor, mit tosendem Applaus begrüßt wurde.

„Liebe Gäste, liebe Freunde. Gesprochen wurde heute schon sehr viel, daher fasse ich mich kurz. Herzlich willkommen auf unserer Premierenfeier, danke für euer Kommen, danke allen Mitwirkenden vor und hinter den Kulissen und jetzt bleibt mir nur, das Buffet für eröffnet zu erklären und uns allen von Herzen einen schönen Abend zu wünschen!", verkündete Ursula und die Premierenfeier nahm ihren Lauf.

Nachdem wir uns mit ein paar Leckereien versorgt hatten, plauderten wir über das Stück, die Inszenierung und die schauspielerischen Leistungen. Alle waren begeistert. Vor allem von Alexander.

„Der Junge muss auf die Bühne", konstatierte Inge. „So ein Talent muss gefördert werden." Wir alle stimmten ihr zu. „Aber erst muss er den Schulabschluss im Frühling machen."

„Du könntest ihm doch danach etwas unter die Arme greifen, Jonas", setzte meine Mutter fort. „Du hast doch sicher Kontakte in Wien."

Die hatte ich, wie ich ihr bestätigte und sicherte natürlich meine Unterstützung zu. Lorenz und Erik schwiegen die ganze Zeit. Da stimmte etwas nicht. Aber vor allen anderen am Tisch wollte ich das Thema nicht anschneiden. Vielleicht ergab sich später die Gelegenheit.

Nach dem Essen verließ ich die Bühne und spazierte durchs Aufführungsgelände. Dabei rauchte ich genüsslich meine erste Zigarette seit Stunden. Als ich mich auf den Weg zurückmachen wollte, erkannte ich plötzlich Lorenz Stimme hinter einem Strauch.

„Und du meinst, ich frag ihn jetzt einfach so?"

„Warum nicht? Wir sind erwachsen. Und es ist ja nur eine Frage."

„Ich kann nicht verstehen, warum du so scharf darauf bist. Genüge ich dir nicht mehr?"

„Das hat doch damit nichts zu tun. Ich habe Lust auf Abwechslung. Alle Paare holen sich irgendwann einen Dritten ins Bett. Lass es uns doch wenigstens mal versuchen."

„Aber ausgerechnet mit ihm?"

Ich wollte mich unerkannt entfernen, als sie hinter dem Strauch hervortraten.

„Hallo, Jonas", sagte Lorenz etwas überrascht. Er fragte sich bestimmt, ob ich etwas von ihrer Unterhaltung gehört hätte. Diese Begegnung war ihm sicher etwas unangenehm.

„Alles klar bei euch?", fragte ich sie.

„Alles gut", wollte Lorenz beruhigen. Erik hatte immer noch kein Wort mit mir gesprochen.

„Hört mal", legte ich los, ich würde jetzt Mutters Auftrag erledigen und herausfinden, was zwischen den beiden nicht stimmte. Eine Ahnung hatte ich nach dem soeben belauschten Gespräch ja schon.

„Es geht mich nichts an und ich tue das nur, weil mich meine Mutter darum bat. Sie hatte bei eurem gemeinsamen Abendessen das Gefühl, dass zwischen euch beiden etwas nicht stimmt. Und ob ich helfen könnte. Und euer Verhalten heute Abend bestätigt mir ihre Vorahnung. Also, wenn ihr reden wollt, nur zu."

Verblüfft schauten sie sich an. Dann ergriff, zu meiner Überraschung, Erik das Wort. „Da gibt es nicht viel zu reden. Ich will einen Dreier, Lorenz nicht. Liegt wohl an seiner guten Erziehung."

„Moment, ich habe kein Problem mit einem Dreier", erwiderte Lorenz. „Aber deine Wahl des Auserwählten ist für mich nicht so einfach."

„Wer soll es denn sein?", fragte ich direkt.

„Du."

Lorenz' Antwort verschlug mir erst einmal die Sprache.

„Normalerweise holen sich doch alle etwas Jüngeres ins Bett." Ich verstand ihre Wahl nicht wirklich. „Warum ich?"

„Weil wir dich scharf finden", antwortete Erik. „Und das hat nichts damit zu tun, dass du berühmt bist. Wirklich nicht."

Ein Dreier mit den beiden? Darüber hatte ich noch nie nachgedacht. Die Frage stellte sich bisher nicht. Sie sahen beide unbestritten nicht schlecht aus, aber als Sexpartner hatte ich sie bisher nicht auf dem Schirm.

„Wenn ihr zwei euch einig seid, warum nicht?“ Meine Antwort überraschte mich selbst. „Aber nur, wenn ihr beide es wollt. Und nicht hier. Kommt mich mal in Wien besuchen und dann sehen wir weiter.“

Damit drehte ich mich um und ging zurück zur Bühne. Als ich an der Zuschauertribüne vorbeikam, sah ich dort Marco sitzen.

„Was machst du denn hier so mutterseelenallein?“, fragte ich ihn.

„Ich warte auf dich.“

„Und Bianca und Benschi?“

„Sind mit dem Wagen zurück nach Salzburg. Und der letzte Zug ist weg. Also musst du mir Obdach gewähren“, grinste er mich an.

„Marco, ich war mein Leben lang auf Benschi fixiert und habe alles andere um mich ausgeblendet. Mach bitte nicht denselben Fehler, was mich betrifft.“

„Keine Sorge, Jonas. Du hast mir schon zum zweiten Mal zu verstehen gegeben, dass wir zwei keine gemeinsame Zukunft haben werden. Das habe ich kapiert, wirklich. Aber was spricht gegen ein bisschen Spaß? So wie bisher.“ So locker sah er das also.

„Ich habe kein Problem damit“, antwortete ich ihm, während ich mein Handy aus der Sakkotasche zog. Gleich halb zwölf. Gute Zeit, um die Premierenfeier zu verlassen.

„Warte kurz, ich muss mich noch verabschieden.“ Auf dem Weg zur Bühne las ich die Nachricht, die ich vor einer guten Stunde erhalten hatte. „Glückwunsch zu diesem Erfolg. B und B“. Bianca schrieb mir jetzt also schon als Paar. Ich konnte mich nur wundern.

Nachdem ich mich höflich von allen verabschiedet und mich für diesen großartigen Abend bedankt hatte, ging ich zurück zu Marco, nahm seine Hand in meine und wir spazierten heim.

In meinem alten Kinderzimmer rissen wir uns die Kleidung vom Körper, küssten und liebten uns.

Ein Geräusch ließ mich erwachen. Hatte ich geträumt? Nein, da war es wieder. Ich drehte die Nachttischlampe an und horchte. Da erkannte ich das Geräusch, kleine Steinchen flogen gegen die Fensterscheibe. Ich stand auf, ging zum Fenster und schaute hinaus. Ich traute meinen Augen nicht, Alexander war unten und suchte gerade auf dem Kiesweg nach weiteren Steinen. Ich öffnete die Fensterflügel.

„Bist du verrückt?“, zischte ich ihn an. „Was willst du hier?“

Alexander erhob sich und schaute nach oben. Sein Hemd hing aus der Hose, seine Haare standen wirr vom Kopf.

„Ich will zu dir, lass mich rein“, lallte er zurück. Der hatte wohl ordentlich gefeiert. Verdienter Maßen, wie ich zugeben musste.

„Verschwinde. Es ist mitten in der Nacht.“ Ich schloss die Flügel und ging zurück ins Bett. Marco schlief. Doch die Steine flogen weiter gegen die Scheibe.

„Lass. Mich. Rein“, brüllte Alexander.

Ich ging zurück und öffnete das Fenster. „Halt endlich den Mund! Du weckst alle auf.“

„Dann lass mich endlich rein. Bitte. Ich will heute nicht allein schlafen.“ Wie süß er war.

„Also gut. Aber sei ruhig. Ich komme runter.“

Ich ging nach unten und holte ihn mit rauf. Als er Marco im Bett erblickte, starrte er mich an.

„Wer ist das, verdammt noch mal?“

„Das ist Marco.“

Plötzlich wirkte Alexander sehr traurig. „Marco ist nur ein guter Freund.“

Und in Alexander erschien ein umwerfendes Lächeln.

„Cool. Weck ihn auf und wir treiben es zu dritt.“

Und schon begann Alexander sich auszuziehen. So ein versautes Luder. Der kannte keine Hemmungen. Und schon war er bei Marco im Bett und rüttelte ihn wach.

„Lass ihn schlafen und komm aus dem Bett“, brachte ich endlich heraus. Mittlerweile war Marco aufgewacht und schaute mich fragend an. „Darf ich vorstellen. Alexander. Marco.“ So viel Höflichkeit musste sein.

„Was will dieses Kind?“, fragte Marco.

„Ich bin achtzehn. Und ich will Sex. Mit euch beiden. Was dagegen?“

„Ja. Nicht im Haus meiner Mutter“, schaltete ich mich ein.

„Als ob deine Mutter ein Problem damit hätte. Die ist bestimmt nicht so verklemmt wie du.“

Und da hatte Alexander vermutlich Recht. Trotzdem, das ging zu weit. Aber ich konnte nichts mehr sagen. Marco und Alexander küssten sich bereits leidenschaftlich. Und ich stand da, beobachtete sie und dachte nach. Nein. Nicht in diesem Haus. Ich drehte mich um und verließ das Zimmer.

Ich verbrachte die Nacht im Wohnzimmer auf der Couch. Geschirrgeklapper aus der Küche weckte mich. Es war halb neun. Ich stand auf und ging hinüber.

„Guten Morgen!“, strahlte meine Mutter mich an.

„Guten Morgen“, erwiderte ich verschlafen. Ein Blick auf den Tisch ließ mich verstummen. Er war für vier Personen gedeckt. „Du erwartest Besuch zum Frühstück?“, fragte ich sie unschuldig.

Sie lachte und schüttelte den Kopf. „Ja, ich erwarte Besuch zum Frühstück. Nämlich deinen. Sollen wir auf Marco und Alexander warten, oder fangen wir an?“

Meiner Mutter entging wirklich nichts. Sie verhielt sich völlig normal, doch mir war die Situation etwas peinlich.

„Setz dich, mein Junge, der Kaffee ist fertig.“

Also tat ich wie gefordert und setzte mich. Während uns meine Mutter Kaffee eingoss und sich setzte, schnitt ich eine Semmel auf und bestrich beide Hälften mit Butter und ihrer selbstgemachten Erdbeermarmelade. Schweigend aßen wir. Ich, weil mir das Ganze unangenehm war, sie, weil es offenbar nichts zu sagen gab. Für sie schien das normal zu sein.

„Keine Sorge, Jonas“, sagte sie schließlich. „Ich hab nichts gehört, nachdem du Alexander endlich hereingelassen und mit nach oben genommen hast.

„Es hätte auch nichts von uns dreien zu hören gegeben, ich habe umgehend das Zimmer verlassen und mich ins Wohnzimmer begeben.“

„Warum?“, fragte sie verständnislos.

„Nicht unter deinem Dach.“

„Ach, Jonas. Warum verdirbst du dir selbst immer den Spaß?“

Ich traute meinen Ohren nicht. Meine Mutter. Sie war offenbar fortschrittlicher als ich. „Aber wir holen das vielleicht nach“.

„Das wünsche ich dir.“

Schweigend frühstückten wir weiter. Sollte ich ihr von Lorenz und Erik erzählen? Von Eriks Wunsch und Lorenz‘ Zweifeln? Besser nicht. Sie würde mit Inge darüber reden und das wäre Lorenz vermutlich peinlich. Ich würde mich zu diesem Thema nicht äußern, solange sie nicht davon sprach.

Bei meiner zweiten Tasse Kaffee klopfte es an der Tür und Marco betrat den Raum.

„Guten Morgen!“, rief meine Mutter gut gelaunt und stand auf.

„Guten Morgen, Frau Mertens. Jonas.“

Ich antwortete nur mit einem eisigen Lächeln.

„Setzen Sie sich und greifen Sie zu.“ Marco kam ihrer Aufforderung nach und Mutter schenkte ihm Kaffee ein. „Schläft unser Schauspielstar noch?“

Entsetzt schaute Marco mich an. „Miss Marple entgeht nichts“, sagte ich lachend. „Alexander hatte Recht. Meine Mutter ist fortschrittlicher als ich.“

„Daran hattest du gezweifelt?“, erwiderte sie und zwinkerte uns zu.

Der Humor meiner Mutter vertrieb meine schlechte Laune ein wenig. In gelöster Stimmung frühstückten wir weiter und unterhielten uns über die gestrige Premiere. Beide waren sehr glücklich, an diesem Abend dabei gewesen zu sein. Da saßen wir, wie eine richtige Familie. Unterbrochen wurden wir schließlich vom Kind. Alexander kam in die Küche und er sah wahrlich nicht gut aus. Er hatte einen mächtigen Kater. Seine Haare standen wirr vom Kopf, und mir schien, als hätte er noch etwas Schminke im Gesicht. Er setzte sich an den Tisch und starrte in die leere Tasse. Da stand meine Mutter auf, holte ein Glas Wasser, aus dem Schrank eine Kopfwehtablette und stellte beides vor ihm hin. Dankbar schaute er sie an und lächelte schließlich.

„Tut mir leid, wegen letzter Nacht. Der Alkohol. Und das Adrenalin.“

„Jetzt nimm erst mal die Tablette“, lächelte meine Mutter ihn milde an. „Und dann frühstücke ordentlich. Und ich lasse euch allein und kümmere mich um die Schnecken im Garten. Die sind dieses Jahr eine Plage.“

Nachdem sie die Küche verlassen hatte, herrschte erst einmal Ruhe.

„Du hast nichts verpasst“, beendete Marco das Schweigen. „Fünf Minuten, nachdem du uns verlassen hast, ist Alexander eingeschlafen.“

Wollte er mich beruhigen? Glaubte er, ich sei eifersüchtig?

„An Schlaf war trotzdem nicht zu denken, er schnarchte die ganze Nacht.“

„Sorry“, mehr war von Alexander nicht zu hören.

Irgendwie war ich beruhigt. Mehr als eine Tasse Kaffee brachte Alexander nicht hinunter und verabschiedete sich nach kurzer Zeit. Schweigend frühstückten wir weiter.

„Fährst du mit dem Zug nach Salzburg?“, unterbrach ich schließlich die Stille.

„Benschi holt mich gleich ab. Ist hoffentlich kein Problem für dich, wenn er hier auftaucht.“

War es ein Problem für mich? Benschi war noch nie hier. Ich wollte ihm trotzdem nicht begegnen. Ich verabschiedete mich von Marco und ging nach oben.

Nach einigen Minuten hörte ich ein Auto in der Einfahrt, stand auf und ging zum Fenster. Ich sah, wie Bianca und Benschi aus dem Wagen stiegen und meine Mutter um die Hausecke bog. Sie zog ihre Gummihandschuhe aus und begrüßte die beiden auf ihre typisch freundliche Art. Ich konnte den Anblick nicht ertragen und ging zum Schreibtisch. Ein paar Augenblicke danach klopfte es an der Tür.

„Ja?“

Die Tür ging auf und Bianca trat zögernd ins Zimmer.

„Hallo, Jonas.“

„Hi, Bianca.“

Sie blickte sich um. „Hier sieht es aus wie früher. Es hat sich nichts verändert.“

„Nur wir zwei“, erwiderte ich.

„Da hast du Recht. Benschi ist unten.“

„Ich weiß. Aber ich komme nicht runter.“

„Kann ich verstehen.“ Wir schauten uns an. Es gab so viel zu sagen. Aber irgendwie hatte ich nicht die Kraft dazu.

„Ein wunderbarer Abend gestern“, wechselte sie das Thema. „Ein tolles Stück. Gut gemacht, Jonas.“

„Danke.“

„Bleibst du noch länger hier? Oder willst du mit uns zurück nach Wien fahren?“

Das war das Letzte, was ich wollte. Behielt das aber für mich. „Nein danke, ich bleibe noch.“

Auch wenn das nicht stimmte. Ich würde später den Zug nehmen.

„Na dann, schön, dich gesehen zu haben. Mach es gut." Sie wollte noch etwas sagen, das spürte ich, ließ es aber bleiben.

„Tschüss, Jonas."

„Ciao", verabschiedete ich mich und Bianca ging. Ich blieb noch ein paar Minuten in meinem Zimmer, bevor ich nach unten ging und nach meiner Mutter schaute.

„Alles in Ordnung, mein Sohn?"

„Ja", antwortete ich kurz. Ich wollte sie mit meinem Gefühlschaos nicht belästigen.

„Ich weiß zwar, dass es nicht so ist", durchschaute sie mich. „Aber wenn du nicht darüber reden willst, verstehe ich das."

Ich ließ sie weiter nach den Schnecken jagen und setzte mich auf die Terrasse. Dort hing ich weiter meinen Gedanken nach. Nach dem Mittagessen spazierte ich zum Bahnhof und kehrte zurück nach Wien.

Sommerliebe im Herbst

Ende August verabschiedete sich langsam der Sommer aus der Stadt. Es regnete immer öfter, die Abende waren kühl. Nur in eine Kuscheldecke gewickelt verbrachte ich abends Zeit auf meiner Terrasse. Daheim war mein Stück abgespielt, aufgrund des großen Erfolges mussten sogar zwei Zusatzvorstellungen eingeschoben werden. Gut für mich, mit jeder Aufführung verdiente ich Geld. Etwas Neues geschrieben hatte ich nicht, aber die Kammerspiele würden „Mary's Christmas" herausbringen. Frau Lüttke war begeistert von dem Stück und hatte den Text umgehend an die Kammerspiele weitergeleitet. Der Spielplan stand zwar schon seit Monaten fest, aber man wollte offenbar auf meiner Welle des Erfolges mitschwimmen. Die Proben würden in wenigen Tagen beginnen, die Premiere war für Ende November angesetzt. Ein Stück von mir, von Profis auf die Bühne gebracht. Für mich begann scheinbar ein neues Kapitel. Marco hatte ich seither nicht mehr getroffen. Keine Massage, kein Sex. Auch zu Bianca kein Kontakt. Sie tourte mit Benschi durch die Bundesländer. Wenn das die Erfüllung ihres Lebens war, dann tat sie mir leid. Ihren Job in der Werbeagentur, der ihr immer so wichtig war, hatte sie tatsächlich für Benschi gekündigt. Er zahlte wohl besser. Ich fühlte mich einsamer denn je. Ich verbrachte Stunden in meinem

Fitnessraum, was sich deutlich bemerkbar machte, wenn ich mich im Spiegel betrachtete. Das Haus verließ ich nur zum Einkaufen oder um mal kurz bei Lucca vorbeizuschauen. Meine Mutter tourte mit Inge durch Spanien. Sie genoss ihr Leben. Und das freute mich für sie.

Eines Tages klingelte mein Handy. Unterdrückte Nummer.

„Hallo?"

„Hi, Jonas."

„Alexander!" Ich freute mich, seine Stimme zu hören.

„Du bist nach der Premiere und dieser blöden Nacht gleich abgereist."

„Ja."

„Ich hätte dich gern noch einmal gesehen." Er klang sehr traurig.

„Es ging nicht anders, tut mir leid. Aber es hatte nichts mit dir zu tun, keine Sorge. Warum rufst du an?"

„Ich habe noch eine gute Woche Ferien, bevor mein letztes Schuljahr beginnt."

„Die solltest du unbedingt genießen."

„Deswegen rufe ich ja an. Kann ich zu dir kommen?"

„Ja klar", antwortete ich wie aus der Pistole geschossen.

„Wirklich?"

„Sicher. Wann willst du denn kommen?"

„Heute?", fragte er unsicher.

Das war sehr spontan. „Klar. Setz dich in den Zug, ich freu mich auf dich."

Nachdem ich ihm meine Adresse gegeben hatte, legte ich auf. Das kam etwas überraschend. Aber ich freute mich wirklich auf Alexander. Wir hatten bisher keine Gelegenheit, uns ausführlich über die Premiere zu unterhalten. Aber das war es nicht allein. Ich wollte ihn wieder im Arm halten, ihn küssen, ihn fühlen. Und ihn trösten. Denn irgendetwas bedrückte ihn, das konnte ich bei unserem Gespräch eben deutlich spüren.

Am frühen Abend traf er ein, völlig durchnässt, einen großen Koffer in der Hand und einen fetten Bluterguss unter dem rechten Auge.

„Bist du zu Fuß gekommen?"

Er beantwortete meine Frage mit einem Nicken. Was stimmte hier nicht?

„Tut mir leid, Alexander, ich hätte dich doch mit dem Taxi abholen können."

„Kein Problem".

Bevor die Pfütze auf dem Boden noch größer wurde, schob ich ihn ins Bad und forderte ihn auf, erst einmal heiß zu duschen. Währenddessen ging ich in die Küche und machte uns Tee. Nach einer gefühlten Ewigkeit kam er mit meinem Bademantel bekleidet aus dem Bad und zu mir in die Küche.

„Setz dich doch."

Da er nicht reagierte, drückte ich ihn auf einen Stuhl und setzte mich ihm gegenüber.

„Was ist los, Alexander? Raus mit der Sprache. Ist etwas passiert? Hast du was ausgefressen?"

Doch er schwieg. Ich stellte eine Tasse mit dampfendem Tee vor ihn auf den Tisch und wartete. Nach zwei zögerlichen Schlucken schien er endlich bereit zu sprechen. Doch es schien nur so, er verharrte weiter in Schweigen. Ich schenkte auch mir eine Tasse ein und er starrte weiterhin vor sich hin. Also fing ich an zu reden.

„Hast du dich geprügelt?", fragte ich ihn und zeigte auf sein rechtes Auge.

Doch er schüttelte nur den Kopf. Er wollte offenbar nicht darüber reden. Anderes Thema.

„Wie ich hörte, liefen die weiteren Aufführungen noch sehr gut. Ich war sehr von dir beeindruckt. Bin es nach wie vor. Du hast Talent. Du bist ein Rohdiamant, den man noch schleifen muss. Ich werde dich dabei unterstützen. Beende die Schule im Frühling und dann komm nach Wien und beginne eine Schauspielausbildung. Denn du gehörst auf die Bühne, das steht fest."

Doch anstatt ihn aufzumuntern, bewirkten meine Worte nur das Gegenteil. Tränen liefen über sein Gesicht. So zerbrechlich kannte ich ihn gar nicht. Er, der immer so forsch war, direkt, sich holte, was er wollte, saß hier vor mir wie ein Häufchen Elend. Am liebsten hätte ich mit geheult. Aber ich musste stark bleiben. Reden führte zu nichts, das wurde mir klar. Also nahm ich ihn zärtlich an der Hand, führte ihn ins Schlafzimmer, zog ihn aufs Bett und kuschelte mich dicht an ihn heran. Mit einer Hand streichelte ich ihm über den Kopf, mit der anderen hielt ich seine Hand. So lagen wir da, bis uns schließlich die Augen zufielen.

Als ich am nächsten Morgen aufwachte, war das Bett neben mir leer. Verwirrt stand ich auf und suchte nach ihm. Er saß, in meinem Bademantel, auf der Terrasse und schaute Richtung Sonnenaufgang.

„Guten Morgen", sagte ich, ging zu ihm und küsste ihn auf den Kopf. „Gut geschlafen?"

„Guten Morgen. Ja", erwiderte er und küsste mich auf den Mund. „Die Aussicht ist fabelhaft."

Ich setzte mich neben ihn und zog ihn an mich heran. „Willst du mir nicht erzählen, was passiert ist?", versuchte ich es erneut.

„Später. Lass uns nur hier sitzen und den Augenblick genießen, okay?"

Mehr als nur okay. Alexander hier bei mir in Wien. Ich war glücklich. Und so saßen wir nur da, schwiegen und schauten in den Himmel. Unterbrochen wurden wir nach einiger Zeit von meinem Handy, das unten in der Küche lag und nicht aufhören wollte zu klingeln. Also stand ich auf, ging nach unten und nahm ab.

„Ja?"

„Jonas! Guten Morgen, entschuldige die Störung. Hier ist Ursula."

„Ursula! Schön, dich zu hören. Und du störst nicht." Ursula hatte mich noch nie angerufen. „Was kann ich für dich tun?"

„Wundere dich nicht über meine Frage, aber, ist Alexander zufällig bei dir?"

Warum fragte Ursula mich nach Alexander? „Warum willst du das denn wissen?", fragte ich sie.

„Alexander hatte einen bösen Streit mit seinem Vater und ist daraufhin verschwunden. Er war die ganze Nacht weg und ist bis jetzt noch nicht nach Hause gekommen. Und jetzt rufen wir jeden an, den er kennt. Aber natürlich, warum sollte er ausgerechnet zu dir nach Wien fahren."

Sollte ich sie aufklären? Andererseits brachte ich es nicht übers Herz, Ursula im Ungewissen zu lassen. „Er ist bei mir. Er hat mich gestern angerufen und gefragt, ob er kommen könne."

Ich hörte Ursula erleichtert durchatmen.

„Er hat ein blaues Auge. Der Streit mit seinem Vater wurde wohl nicht nur verbal geführt, oder?"

„Nein. Aber mach dir keine Sorgen wegen des blauen Auges. Alexanders Vater schaut schlimmer aus. Alexander ist völlig ausgerastet und hat ihn tätlich angegriffen. Zwei erwachsene Männer waren notwendig, um die beiden voneinander zu trennen."

Konnte das sein? Das traute ich Alexander nicht zu. „Und jetzt? Was soll ich tun?", fragte ich unsicher.

„Kann er ein paar Tage bei dir bleiben? Kümmerst du dich um ihn? Ich sage seinen Eltern nicht, wo er ist. Nur dass er in guten Händen ist und sie sich keine Sorgen machen müssen. Einverstanden?"

„Einverstanden." Wir verabschiedeten uns und ich ging wieder nach oben.

„War das wegen mir?", fragte er mich direkt.

„Ja. Ursula hat nach dir gefragt. Sie weiß, dass du hier bist."

„Dann dauert es nicht lange, und meine Eltern stehen vor der Tür", erwiderte er traurig.

„Das werden sie nicht. Ursula verrät nichts. Nur dass es dir gut geht, dort wo du bist."

„Auf Ursula ist Verlass", meinte er daraufhin.

„So sehe ich das auch. Also keine Angst, Alexander." Langsam entspannte er sich wieder und schmiegte sich an mich. „Willst du mir nicht erzählen, wie es zu dieser Auseinandersetzung kam?"

„Später. Versprochen."

Als wir dann beim Frühstück saßen, schüttete er mir endlich sein Herz aus. Die Premiere wäre der schönste Tag seines Lebens gewesen. Natürlich bis auf den missglückten Auftritt unter meinem Fenster, für den er sich entschuldigte. Er genoss die weiteren Aufführungen, den Applaus, seinen Erfolg. Und in dieser Hochstimmung teilte er seinem Vater mit, dass er nach der Schule nach Wien ziehen und eine Schauspielausbildung machen wolle. Doch sein Vater tat dies nur als dumme Spinnerei ab. Machte sich nur lustig über ihn. Dann ergab ein Wort das andere. Sein Vater beschimpfte ihn als Schwuchtel, als Weichei, der es nie zu etwas in seinem Leben bringen würde. Er verspottete ihn und da sah Alexander plötzlich rot und schlug auf seinen Vater ein. Der revanchierte sich mit einem rechten Haken und verpasste seinem Sohn ein Veilchen. Dann gab es für Alexander keine Halten mehr, sprang seinen Vater an, schlug und würgte ihn, bis ihn zwei

Nachbarn von seinem Vater los zerrten. Ein befreundeter Sanitäter wurde gerufen, der die beiden verarztete.

„Danach ging ich auf mein Zimmer und verließ es die folgenden drei Tage nicht mehr. Meine Mutter versorgte mich mit Essen und Getränken. Ich wartete, bis die Polizei mich holen würde. Aber nichts passierte. Da wusste ich, dass ich von zu Hause wegmusste. Und rief dich an."

„Das ist heftig. Wenn es dich beruhigt, dein Vater war schon in jungen Jahren ein Trottel. Der hatte immer ein Problem mit mir. In dir sieht er wohl eine junge Ausgabe von mir."

„Was soll ich denn jetzt tun? Ich kann nicht mehr zurück."

„Jetzt bleibst du erst einmal ein paar Tage hier. Und dann werden wir eine Lösung finden."

„Kann ich nicht bei dir bleiben?"

„Das werden wir jetzt nicht entscheiden, okay."

„Okay."

Als wir das Frühstück beendet hatten, gingen wir duschen, zogen uns an und verließen die Wohnung. Es hatte aufgehört zu regnen, aber es war relativ kühl. Die Stadt war überfüllt mit Touristen, aber die Schule hatte bereits wieder begonnen und die Stadt kehrte zum Alltag zurück. Wir spazierten die Kärntner Straße hinunter zur Oper und dann über den Ring an der Hofburg vorbei zum Burgtheater. Dort blieben wir stehen.

„Eines Tages wirst du hier auf der Bühne stehen."

Als Antwort lachte er nur.

„Ich meine das ernst. Du hast das Zeug dazu."

„Wenigstens einer, der an mich glaubt."

„Ich bin nicht der Einzige", erwiderte ich und zog ihn weiter. „Was willst du machen? Sisi-Museum? Schatzkammer? Wozu hast du Lust?"

Er blieb stehen und grinste mich lüsternd an. „Als ob du das nicht wüsstest." Und mit einem Schlag war er wieder so, wie ich ihn vor ein paar Wochen kennengelernt hatte, alles andere als traurig und zerbrechlich und am Boden zerstört.

„Alles zu seiner Zeit", antwortete ich ihm. Wir spazierten weiter, ich erzählte ihm ein paar Geschichten aus der Zeit, als ich neu in Wien war. Unseren Bummel beendeten wir bei Lucca, wo wir eine Kleinigkeit zu uns nahmen.

„Auch nicht schlecht, der Kerl", bemerkte Alexander, als Lucca unsere Teller abräumte und unseren Tisch verließ.

„Finger weg. Absolut hetero."

„Das sagen sie alle. Aber ich krieg ihn rum, lass mich nur machen."

„Beiß dir nur die Zähne an ihm aus." Nach einem Grappa verließen wir das Lokal und spazierten weiter.

„Noch mehr Sightseeing?", fragte Alexander gelangweilt.

„Eine Station noch. Aber die wird dir gefallen, das verspreche ich dir."

Also führte ich ihn in die Weihburggasse zum Kaiserbründl, Wiens ältester Schwulensauna. Wie nicht anders zu erwarten, war Alexander begeistert. Wir verstauten unsere Sachen in einem Schließfach, banden uns ein Handtuch um die Hüften und meine Führung begann. Alexander hatte leuchtende Augen. So viele geile Männer, schon zu dieser frühen Stunde. Wir verbrachten zehn Minuten in der finnischen Sauna, duschten uns kalt ab und setzten uns für ein Bier an die Bar.

„Das ist das Paradies", kam es Alexander über die Lippen und stellte zufrieden fest, dass wir Aufmerksamkeit erregten. Wir waren ein geiles Paar. „Ich schau mich noch ein bisschen um. Kommst du mit?"

„Ich kenne hier jeden Winkel. Viel Spaß, aber ich bleibe hier bei meinem Bier."

„Okay. Bis dann." Er trank noch einen Schluck, küsste mich leidenschaftlich auf den Mund und ward die nächsten zwei Stunden nicht mehr gesehen. Ich unterhielt mich in der Zwischenzeit mit Barkeeper Oleg, den ich schon seit Jahren kannte. Als Alexander wieder auftauchte, hatte ich mein zweites Glas geleert. Er setzte sich neben mich und grinste mich an.

„Geil", kommentierte er offenbar die letzten zwei Stunden und bestellte sich ein Bier. „Ich gehe nie wieder zurück nach Hause."

Oh doch, dachte ich. Das wirst du. Aber das mussten wir nicht hier im Kaiserbründl besprechen. „Wie viele waren es?"

„Was meinst du?"

„Mit wie vielen hast du es getrieben?"

„Was soll die Frage?" Alexander schien plötzlich ernsthaft entrüstet. „Ich hatte keinen Sex. Ehrlich nicht!"

„Und was war dann so geil in den letzten zwei Stunden?"

„Na, das Ambiente. Die Stimmung. Die Männer. Der Sex, den ich beobachtete. Aber ich blieb brav."

„Warum?"

„Ich habe doch dich!", antwortete er und nahm einen großen Schluck von seinem Bier. „Hast du wirklich geglaubt, ich würde es hier mit anderen treiben, wo ich doch in Gesellschaft des geilsten Typen bin?"

Es schien, als würde er das ernst meinen. Ich fühlte mich geschmeichelt. „Ich sollte aber kein Hindernis sein", erwiderte ich. „Du sollst Spaß haben. Dich ein wenig ablenken."

„Willst du mich loswerden?"

„Natürlich nicht. Ich will nur, dass es dir gut geht."

„Es geht mir nicht gut, es geht mir fabelhaft. Und das habe ich dir zu verdanken. Und jetzt gehen wir ins Dampfbad, ein bisschen gemeinsam schwitzen", grinste er mich schmutzig an.

Er nahm mich an der Hand, zog mich vom Barhocker und in Richtung Dampfbad. Dort herrschte hektisches Treiben. Wir verzogen uns in eine ruhigere Ecke, umarmten und küssten uns. Doch dabei blieb es natürlich nicht.

Nach einer gefühlten Ewigkeit und völlig außer Atem verließen wir das Dampfbad und gönnten uns eine kalte Dusche. Das tat gut. Nach einem weiteren Bier an der Bar beschlossen wir, das Bründl zu verlassen. Doch nachhause wollten wir auch noch nicht. Also gingen wir noch einmal zu Lucca, aßen eine leckere Pizza und zogen danach durch die Szene. An einem Sonntagabend war zwar nicht so viel los, aber wir hatten trotzdem unseren Spaß.

Um zwei Uhr früh und ziemlich angeschickert betraten wir meine Wohnung, zogen uns aus und fielen erschöpft ins Bett.

Als ich am nächsten Morgen erwachte, lag Alexander dicht an mich gekuschelt neben mir. Wie gut sich das anfühlte! So könnte ich jeden Morgen aufwachen, ging es mir durch den Kopf. Aber das war natürlich nicht möglich, so realistisch musste ich sein. Vorsichtig, um ihn ja nicht zu wecken, schlich ich mich aus dem Schlafzimmer. In der Küche machte ich mir schnell einen Espresso und setzte mich damit auf die Terrasse. Es war halb neun und die Sonne lachte vom wolkenlosen Himmel. Der Sommer schien sich nicht vom Herbst verdrängen zu lassen. Plötzlich klingelte mein Handy. Meine Mutter.

„Guten Morgen, Mutti."

„Guten Morgen, Jonas. Ich habe dich hoffentlich nicht geweckt?"

„Hast du nicht, keine Sorge. Ist was passiert?"

„Es gibt Neuigkeiten. Hör zu."

Sie hatte, gemeinsam mit Inge, am Sonntagnachmittag Alexanders Eltern einen Besuch abgestattet und ein ausführliches Gespräch geführt. Alexanders Vater tat die ganze Geschichte sehr leid. Er versprach in Zukunft zu versuchen, mit der Homosexualität seines Sohnes klarzukommen. Sie und Inge würden ihn dabei unterstützen. Sie beide hätten schließlich eine Menge Erfahrung damit.

„Und du glaubst, das wird Früchte tragen?", unterbrach ich sie. „Das Verhältnis der beiden ist gestört. Ich kann mir nicht vorstellen, dass das so problemlos funktionieren wird."

„Wird es auch nicht", erwiderte meine Mutter. „Das Verhältnis ist vergiftet und ich will nicht, dass Alexander nach Hause zurückkehrt." Da horchte ich auf. „Wenn Alexander einverstanden ist, wird er bei mir einziehen. In dein altes Zimmer, falls du dem zustimmst. Er soll die Schule abschließen und danach kann er selbst entscheiden, wie seine beruflichen Ziele aussehen sollen. Und falls er bei der Schauspielerei landen sollte, könntest du ihm bei seinem Start in Wien behilflich sein."

Da war ich baff. Meine Mutter hatte alles durchgeplant. „Und seine Eltern wären damit einverstanden?"

„Sie wären sogar dankbar dafür", schob sie meine Zweifel zur Seite. „Sein Vater brauchte etwas länger für seine Zustimmung. Kannst du mit Alexander darüber reden? Und es wäre für dich okay, wenn er in dein altes Zimmer zieht?"

„Ja, klar." Mehr kam mir nicht über die Lippen. Ich war mehr als beeindruckt vom Engagement meiner Mutter. „Warum machst du das alles?"

„Weil ich Alexander mag. Und ich weiß, wie wichtig er dir ist. Also, machen wir das so?"

„Ja, wir machen das so. Ich rede mit ihm."

„Sehr schön. Ich wusste, dass du so reagieren würdest."

„Ich bin dein Sohn!"

„Ja, ich glaube, dein Vater und ich haben einiges richtig gemacht", sagte sie bescheiden.

„Alles. Absolut alles." Am liebsten hätte ich sie fest gedrückt. Aber das würden wir nachholen.

Nachdem wir unser Telefonat beendet hatten, ging ich nach unten, um nach Alexander zu schauen. Er war im Bad und duschte. Also ging ich in die Küche und bereitete alles fürs Frühstück vor. Als ich die Badezimmertür hörte, goss ich den Kaffee in die Tassen. Alexander betrat die Küche, kam zu mir, nahm mich in den Arm und küsste mich zärtlich.

„Guten Morgen“, hauchte er mir ins Ohr.

„Guten Morgen. Gut geschlafen?“

„So gut, wie schon lange nicht mehr.“

„Das freut mich.“

Wir setzten uns und frühstückten. Ich musste ihm von Mutters Vorschlag berichten. Aber wann war der richtige Zeitpunkt dafür? Wie würde er reagieren? Ich beobachtete ihn dabei, wie er Butter und Marmelade auf den Toast schmierte und herzhaft zubiss. Er sah glücklich aus. Anders, als zwei Tage zuvor, als er plötzlich mit seinem Koffer aus dem Lift stieg. Trotzdem musste ich Klarheit schaffen. Am besten sofort.

„Alexander, wir müssen reden“, begann ich.

„Ich weiß“, antwortete er. „So schön es hier bei dir ist, ist mir bewusst, dass dies in wenigen Tagen vorbei sein wird.“

Wie vernünftig er war. So erwachsen. Also erzählte ich ihm vom Telefonat mit meiner Mutter.

„Wow“, sagte er, nachdem ich geendet hatte. „Deine Mutter ist der Wahnsinn.“ Das traf es auf den Punkt. „Das würde sie wirklich für mich tun? Warum?“

„Weil sie dich sehr mag. Und sie weiß, wie wichtig du mir bist.“

Dann schluckte er einen Bissen Toast hinunter und starrte mich an. „Bist du in mich verliebt?“

Diese Frage hatte ich befürchtet.

„Jonas?“

„Um ehrlich zu sein, ich war in dich verliebt.“

Erleichtert atmete er durch.

„Aber mittlerweile liebe ich dich.“

Jetzt war es raus. War gar nicht so schwer. Und nicht gelogen. Ja, ich liebte Alexander.

„Mensch, Jonas“, erwiderte er auf mein Geständnis. „Puh“, er suchte sichtlich nach den richtigen Worten.

„Alexander, du musst jetzt nichts darauf erwidern", half ich ihm über die Situation hinweg. „Das ist jetzt auch nicht das Thema. Was sagst du zum Vorschlag meiner Mutter? Kannst du dich damit an-freunden? Kannst du dir vorstellen, bei ihr zu leben, bis sich die Situation bei euch zu Hause gebessert hat? Du musst das jetzt nicht entscheiden. Wir haben Zeit."

„Ich werde darüber nachdenken", versprach er mir.

Nach dem Frühstück verzog sich Alexander mit einem Buch auf die Terrasse und ich setzte mich an den Computer, um meine Mails zu checken. Frau Lüttke gab mir Bescheid, dass einige Theatergruppen Stücke von mir aufführen würden und fragte vorsichtig an, wann sie mit etwas Neuem rechnen könne. Ja, da war ich selbst überfragt. Die letzten Wochen war ich faul. Aber wenn ich darüber nachdachte, was zuletzt alles passiert war, war das doch kein Wunder. Trotzdem musste ich langsam wieder in die Gänge kommen, das war mir selbst bewusst. Nach Alexanders Abreise würde ich mir wieder Gedanken um neue Geschichten machen müssen. Ich konnte zwar wunderbar von meinem bisher Geschriebenen leben, aber weiterhin so tatenlos dahin zu leben, war nicht meine Sache. Schreiben war meine große Leidenschaft, auch wenn ich diese in letzter Zeit etwas vernachlässigt hatte. Das würde sich ändern, davon war ich felsenfest überzeugt.

Um Alexander nicht beim Lesen oder Nachdenken zu stören, zog ich mir meine Sportbekleidung an und lief ein paar Kilometer auf dem Laufband. Doch abschalten konnte ich nicht wirklich. Meine Gedanken kreisten um Alexander, um seine Zukunft, seine Probleme und mein schlechtes Gewissen begann an mir zu nagen. Warum musste ich ihn jetzt mit meinen Gefühlen konfrontieren? Warum musste er aber auch die Frage stellen, ob ich in ihn verliebt sei? Hätte ich lügen sollen?

Ich stieg vom Band, wischte mir mit einem Handtuch den Schweiß von der Stirn und setzte mich auf die Hantelbank. Da betrat Alexander den Raum, in der Hand das Buch. Mein erster Roman, der Schwulenroman, wie ich erkannte.

„Wie viel von dir persönlich steckt in diesem Buch?"

Diese Frage überraschte mich. Denn danach wurde ich noch nie gefragt. „Nichts in diesem Buch habe ich selbst erlebt. Nur erträumt. Ich habe mir meine Träume von damals von der Seele geschrieben."

„Ich habe zwar erst ein gutes Drittel davon gelesen, aber dieses Buch sollte in jeder Schule auf dem Lehrplan stehen. Es würde den Jugendlichen, egal ob schwul oder hetero, helfen, zu ihren Gefühlen zu stehen, mutig zu sein, sich nicht unterbuttern zu lassen."

So eine gute Kritik hatte ich nach Erscheinen des Buches nicht erhalten. Ich war überwältigt. Alexander, mit seinen achtzehn Jahren, hatte die Geschichte verstanden. Das machte mich glücklich. Und das sagte ich ihm.

„Und nun zu dem anderen Thema. Ich nehme den Vorschlag deiner Mutter an."

„Das freut mich, Alexander. Wirklich. Du wirst sehen, alles wird gut."

„Schlimmer kann es ja nicht mehr werden. Und ich hoffe, du kommst mich oft in deinem alten Zimmer besuchen. Das hoffe ich sehr. Und damit bin ich bei dem anderen Thema."

„Hör zu, Alexander", unterbrach ich ihn. „Vergiss, was ich vorhin gesagt habe. Ich hätte dich mit meinen Gefühlen dir gegenüber nicht so überfahren dürfen."

„Aber ich habe dich doch danach gefragt", versuchte er mich zu beruhigen. „Und du hast darauf, wie ich vermute, ehrlich geantwortet. Und dafür bin ich dir dankbar."

Jetzt kommt das Aber, dachte ich bei mir.

„Ob ich in dich verliebt bin, weiß ich nicht. Und ob ich dich liebe, erst recht nicht. Denn ich habe so etwas noch nie erlebt. Ich weiß nicht, was Liebe ist. Und ich weiß nicht, wie sich verliebt sein anfühlt. Aber ich mag dich unheimlich gern. Ich genieße die Zeit mit dir. Jeden Moment. Es geht mir gut mit dir. Ist das Liebe? Ich weiß nur, dass ich keine Minute mit dir missen möchte und ich weiß, dass ich noch sehr viel Zeit mit dir verbringen möchte. Können wir es dabei belassen, ohne eine Definition dafür zu finden?"

Hübsch, humorvoll und vor allem klug. Er hörte sich so erfahren an, trotz seiner Unerfahrenheit. Und er hatte mit allem Recht. Der Junge war bemerkenswert.

„Danke für deine ehrlichen Worte", antwortete ich. Ich stand auf und nahm ihn in den Arm. Dass ich völlig verschwitzt war, schien ihn nicht zu stören. Dann sahen wir uns tief in die Augen. Wie werde ich ihn vermissen, wenn er mich in ein paar Tagen wieder verlassen musste.

Die nächsten zwei Tage verbrachten wir mit Sightseeing. Alexander wollte alles von Wien sehen und wir hatten ein dicht gedrängtes Programm. Die Abende verbrachten wir daheim, die Wiener Schwulenszene schien ihn nicht mehr zu interessieren. Alexander las das Buch zu Ende und wir unterhielten uns ausführlich darüber.

Am Tag seiner Abreise brachte ich ihn mit dem Taxi zum Westbahnhof. Als wir vor dem Gebäude hielten, gab er mir einen flüchtigen Kuss und bedankte sich für alles. Dann stieg er aus dem Wagen, holte sein Gepäck aus dem Kofferraum, winkte mir noch einmal kurz zu und betrat das Bahnhofsgebäude. Ich durfte ihn nicht zum Bahnsteig begleiten, er hasste dramatische Abschiede. Als er in der Halle verschwand, drehte sich die Taxifahrerin zu mir um und grinste mich an.

„Einen netten Sohn haben Sie. Was die Haarfarbe betrifft, kommt er wohl ganz nach der Frau Mama. Aber sonst ist er Ihnen wie aus dem Gesicht geschnitten, wenn ich das so sagen darf."

Und damit holte sie mich auf den Boden der Tatsachen zurück. Und die Landung tat weh. Die Fahrt zurück gingen mir ihre Worte nicht mehr aus dem Kopf. Sie lag nicht falsch. Ich könnte Alexanders Vater sein. Was erwartete ich also? Die große Liebe? Ich ließ mich nicht nach Hause fahren, sondern zu Lucca. Ich brauchte Abwechslung. Und gutes Essen.

„Wo hast du deinen hübschen jungen Begleiter der letzten Tage?", fragte Lucca, als er ein Glas Weißwein vor mich auf den Tisch stellte.

„Auf dem Weg zurück nach Hause. War nur ein Besuch."

„Schade. Ich dachte, das wäre was Festes."

„Lucca, ich könnte sein Vater sein."

„Ja und? Wenn man sich liebt, spielt doch das Alter keine Rolle", antwortete er und ließ mich mit meinem Wein allein. Lucca sah das offenbar pragmatisch. Seltsam, hier wieder allein zu sitzen. Alexander war noch keine Stunde weg, und ich vermisste ihn schon. Aber ich musste wieder zurück in den Alltag finden. Und schreiben. Aber was? Vielleicht sollte ich doch mit dem Politkrimi weiter machen, ich hatte ja einige Kapitel geschrieben und mit dem Ergebnis war ich bisher mehr als zufrieden. Nach einem Teller Spaghetti und einer Portion Panna Cotta machte ich mich wieder auf den Weg und spazierte etwas durch die Stadt. Alle paar Meter standen Wahlplakate. Der Wahlkampf war auf der Zielgerade, in gut zwei Wochen würde gewählt werden. Und da wurde mir plötzlich klar, dass ich die letzten paar Tage kein einziges Mal an Benschi gedacht hatte. Und nicht an Bianca. Es gab für mich also auch ein Leben ohne den beiden. Ein beruhigendes Gefühl. Auch wenn ich Bianca etwas vermisste. So eine gute Freundin, mit der man alles bereden konnte. Aber so war es nun einmal im Leben. Man geht eine gewisse Strecke gemeinsam mit einem anderen Menschen, bis sich der Weg teilt und man verschiedene Richtungen einschlägt. Sollte man traurig darüber sein? Den Verlust bedauern? Oder nur dankbar für das gemeinsam Erlebte sein und sich mit einem Lächeln erinnern? Dieser Gedanke beruhigte mich etwas. Nach vorne schauen, ja, das würde ich in Angriff nehmen.

Am Abend rief mich meine Mutter an und teilte mir mit, dass Inge Alexander am Bahnhof in Salzburg abgeholt und ihn anschließend zu ihr gebracht hatte. Seine Sachen hatte meine Mutter schon die Tage zuvor von seinen Eltern abgeholt und mein altes Zimmer für ihn wohnlich gemacht. Was machte er jetzt? Dachte er an mich? Wahrscheinlich nicht, es gab Wichtigeres, worüber er sich Gedanken machen musste. Einmal in der Woche würde er sich gemeinsam mit seinen Eltern und einer Familienberaterin treffen. Das hatten meine Mutter und Inge organisiert. Die beiden waren ein unschlagbares Team. Alexander war in den besten Händen, darüber musste ich mir zum Glück keine Sorgen machen.

Als ich am späten Abend im Bett lag, meldete sich Alexander. Kein Anruf, nur eine Textnachricht. „Danke für alles. Bussi Alexander."

Umgehend schrieb ich zurück „Gern geschehen. Bussi Jonas." Sollte ich noch schreiben, dass ich ihn vermisse? Ich unterließ es. Fünf Minuten später kam eine weitere Nachricht. „Wäre schön, wenn du jetzt bei mir wärst." Er vermisste mich also genau so, wie ich ihn. Und das schrieb ich ihm dann auch. „Dito" kam umgehend zurück. Und „Gute Nacht." Auch ich wünschte ihm noch eine gute Nacht, löschte das Licht und drückte meinen Kopf fest in das Kissen, das noch nach Alexander roch. Ich fühlte mich einsam in meinem Bett. Ich spürte eine große Leere. Noch einmal rief ich mir die letzten Tage ins Bewusstsein. Wie glücklich ich war, gemeinsam mit Alexander. Mit einem Lächeln im Gesicht schlief ich ein.

Die Wahl und andere Katastrophen

Den Tag der Nationalratswahl begann ich mit ein paar Kilometern auf dem Laufband, einem schnellen Frühstück und einem Spaziergang durch die Stadt. Meine staatsbürgerliche Pflicht hatte ich schon mittels Wahlkarte erfüllt, Benschi bekam natürlich nicht meine Stimme. Ich war und blieb eben ein echter Sozi. Zwar ein Sozi mit einer luxuriösen Dachwohnung und einem Vermögen auf dem Bankkonto, aber da war ich bestimmt nicht der Einzige. In wenigen Stunden würde das Ergebnis feststehen, und dann war der ganze Zirkus endlich vorüber. Der Wahlkampf entwickelte sich zuletzt noch zu einer richtigen Schlammschlacht. Das Wahlergebnis würde knapp ausfallen, die Prognosen der Meinungsforscher waren nicht eindeutig. Der Wahlkampf hatte polarisiert. Und mittendrin Benschi und seine Partei. Erzkonservativ. Reaktionär. Und zum Teil äußerst rassistisch. Ausgerechnet Benschi. Das war doch nicht er. Er war nur eine Marionette seines Vaters und der Partei. Wann würden ihm endlich die Augen aufgehen? Wann würde er endlich erkennen, welch erbärmliches, verlogenes Spiel er spielte? Aber würde es je dazu kommen? Benschi, Bianca und Marco. Drei wichtige Menschen in meinem Leben hatte ich dadurch verloren. Aber ich trauerte ihnen nicht mehr nach.

Kurz vor siebzehn Uhr setzte ich mich auf die Couch und schaltete den Fernseher ein. Pünktlich um fünf würde es die erste Hochrechnung geben. Ich war gespannt darauf und hatte ein ungutes Gefühl. Und dieses Gefühl täuschte mich nicht. Als die Balken der Grafik auf dem Bildschirm hochfuhren, stockte mir der Atem. Benschis christlich-soziale Partei hatte gewonnen. Sie lag sogar deutlich vorn. Vor der konservativen Zentrumspartei. Meine Sozis abgeschlagen auf dem dritten Platz, auf dem vierten Platz die radikalen Rechten. Es gab noch radikalere als Benschis Partei? Die Ökos und kleinere Wahlgruppierungen unter ferner liefen. Wie konnten die Österreicher nur so wählen? Wir waren ein reiches Land, den Leuten ging es gut. Den allermeisten zumindest. Wie konnten die nur vergessen, wer ihnen diesen Wohlstand, diese soziale Sicherheit brachte? Wie konnte eine Partei, die nur Ängste schürte, auf Schwächere hinhaute, diese Wahl gewinnen? Es war mir unbegreiflich. Darüber sollte ich schreiben, meinen ganzen Frust und meinen Zorn zu Papier bringen. Aber das würde Elfriede

Jelinek schon erledigen. Und zwar hundertmal besser als ich. Angeekelt schaltete ich den Fernseher aus. Mit einem Glas Wein spülte ich meine Enttäuschung hinunter. Ich verstand die Menschen in diesem Land nicht. Aber das ist Demokratie. Die Macht geht vom Volk aus. Und das ist gut so, auch wenn mir das im Moment nicht schmeckte. Ich hoffte nur, dass meine Linken Benschi nicht den Steigbügelhalter zur Kanzlerschaft machten.

„Was sagst du zur Wahl?", fragte meine Mutter, nachdem ich ihren Anruf entgegennahm.

„Erschreckend. Mehr fällt mir dazu nicht ein."

„Mir geht es genauso, mein Junge." Politik war schon seit meiner Kindheit ein wichtiges Thema in meiner Familie. „Aber auch diese Regierung, wie immer sie aussehen wird, wird eines Tages wieder abgewählt werden. Das ist der einzige Trost."

„Nur der Schaden, den sie dabei anrichten werden, wird uns lange begleiten", erwiderte ich. „Und wie geht es dir sonst? Alles in Ordnung? Wie lebt es sich mit Alexander?"

„Sehr gut. Wir kommen gut miteinander zurecht. Er geht zur Schule, lernt fleißig und das erste Treffen mit seinen Eltern und der Psychologin soll gut verlaufen sein. Und er spricht viel über dich."

Das zauberte ein Lächeln auf meine Lippen. „Grüß ihn lieb von mir."

„Das mach ich gern, mein Junge. Wann sehen wir uns wieder?"

„Um ehrlich zu sein, ich weiß es nicht. Ich sollte langsam wieder in die Gänge kommen und produktiv werden."

„Das ist eine gute Idee. Schreiben hält dich vom Grübeln ab."

Wie recht meine Mutter damit hatte.

Am nächsten Tag waren die Zeitungen voll von Benschis Wahlsieg. Auf jedem Foto, dicht an seiner Seite, Bianca. Über mögliche Koalitionen wurde spekuliert, aber dass Benschi der nächste Bundeskanzler sein würde, darüber gab es keine Zweifel. Er war an seinem Ziel angelangt. Glückwunsch. Wenn er etwas wollte, dann hatte er alles dafür getan, um es zu erreichen. So war er immer schon. Ich kannte ihn nicht anders. Und das würde sich in Zukunft nicht ändern. Auch international erregte das Wahlergebnis Aufmerksamkeit. Man war besorgt darüber, wohin sich unser Land entwickeln würde. Und Demonstrationen waren angekündigt. Das

Volk protestierte. Zumindest der Teil, der Benschis Partei nicht gewählt hatte. Spannende Zeiten standen uns bevor. Doch ich wollte mich nicht länger davon ablenken lassen. Die intensiven Gespräche mit Alexander über meinen Schwulenroman machten mir deutlich, dass das Thema Jugend und Homosexualität nach wie vor aktuell war, der Konflikt mit seinem Vater war dafür das beste Beispiel. Darüber wollte ich schreiben. Informieren, aufrütteln. Endlich ein Thema mit Gehalt. Ich machte mich unverzüglich an die Arbeit. Mein erster Roman sollte Grundlage für mein neues Theaterstück sein. Frau Lüttke würde zwar nicht begeistert darüber sein, dieses Thema eignete sich nicht für Amateurtheater, das war mir bewusst. Aber wenn schon die Kammerspiele an meinem Werk interessiert waren, würde sich auch für das neue Stück ein Theater finden, davon war ich überzeugt.

Und so tat ich, was ich die letzten Jahre unermüdlich tat, schreiben, schreiben, schreiben. Jede Minute nutzte ich und füllte Seite um Seite mit meinen Gedanken. Ich schrieb parallel am Theaterstück und am Politkrimi.

Die ganze Woche verging wie im Flug. Ich hatte mich daheim eingeigelt und schrieb mit einem Elan wie schon lange nicht mehr. Nur zum Einkaufen ging ich kurz raus. Am Samstag schrieb ich nichts, aber Korrekturlesen stand auf meiner To-Do-Liste. Gegen Mittag war ich damit fertig. Mit dem Geschriebenen war ich sehr zufrieden. Ich machte mir ein Gemüseomelette und setzte mich damit an den Küchentisch. Ich war mit mir zufrieden und fühlte mich pudelwohl in meiner Haut. Als ich das Geschirr in die Spülmaschine stellte, rief meine Mutter an.

„Hallo Mutti, wie geht's?“

„Hallo, Jonas. Danke gut. Und dir?“

„Sehr gut. Ich habe die ganze Woche geschrieben und fühle mich wunderbar.“

„Das freut mich, mein Junge. Ich wollte nur nachfragen, ob du etwas von Lorenz gehört hast.“

„Habe ich nicht. Sollte ich? Ist etwas passiert?“, fragte ich nach.

„Sie haben sich getrennt. Für eine gewisse Zeit. Eine Auszeit, wie sie das nennen.“

„Das tut mir leid.“

„Sie haben den Sinn der Ehe nicht verstanden. Da trennt man sich nicht beim ersten Gegenwind. Man kämpft es aus, steht es durch, findet Lösungen und schließt Kompromisse. Man gibt nicht einfach auf."

„Da kann ich leider nicht mitreden, Mutti."

„Aber du könntest vielleicht mit ihnen reden. Herausfinden, wo das Problem liegt. Würdest du das tun? Inge ist verzweifelt."

„Mutti, das muss ich nicht tun. Ich weiß, wo das Problem bei den beiden liegt."

„Ach ja?", meine Mutter schien überrascht. „Und wo liegt es?"

„Ich glaube, es wäre Lorenz nicht recht, wenn ich mit dir darüber spreche. Aber ich werde mit ihm reden. Vielleicht kann ich ja etwas bewirken."

„Das wäre großartig", erwiderte sie erleichtert. „Ich danke dir, Jonas. Tu es für Inge."

Ich hatte Inge viel zu verdanken. Das wurde mir erst nach meiner Schulzeit bewusst. Und daraus ist diese enge Freundschaft entstanden. Lorenz und Erik hatten sich seit der Premiere nicht mehr bei mir gemeldet, dabei hatte ich ihnen ja angeboten, für einen Dreier zur Verfügung zu stehen. Es musste also noch andere Gründe für ihre Trennung geben.

Spontan entschied ich mich, rauszugehen. Ich spazierte das kurze Stück zu Lucca und setzte mich auf meinen Stammplatz im kleinen Garten. Es war recht kühl, die letzte Nacht hatte es durchgeregnet. Der Herbst war da. Aber Lucca war vorbereitet, zwischen den Tischen standen Heizpilze, die eine angenehme Wärme verbreiteten.

„Bei dir scheint es ja erfolgreich weiterzugehen", meinte Lucca, als er mir eine Tasse Cappuccino hinstellte. „Ein Stück in den Kammerspielen. Jetzt werden deine Stücke von Profischauspielern gespielt. Das freut mich für dich."

„Danke, Lucca. Du bist ja bestens informiert." Er zwinkerte mir zu, bevor er andere Gäste bediente.

Plötzlich bog Benschi um die Ecke. Als ich hoffte, er möge mich nicht sehen, steuerte er schon auf mich zu.

„Hi Jonas", begrüßte er mich mit einem umwerfenden Lächeln.

„Hallo Benschi. Allein unterwegs? Ohne Bianca? Und vor allem ohne deinen Bodyguard Marco? Fühlst du dich so sicher in diesem ach so unsicheren Land, wie deinen Wahlkampfparolen zu entnehmen war?"

„Freut mich, dich zu sehen“, entgegnete er mit etwas weniger Lächeln im Gesicht.

„Du erwartest hoffentlich nicht, dass ich dir zu deinem Sieg gratuliere.“

„Können wir, trotz allem, nicht normal miteinander umgehen?“, fragte er leicht aufgebracht.

„Benschi, wir müssen überhaupt nicht miteinander umgehen.“

„Natürlich nicht. Aber schade, dass du das so siehst. Schönen Tag noch.“

Ohne Lächeln im Gesicht drehte er sich um und betrat das Lokal. Ich hatte ihm einen Stich versetzt. Aber komischerweise schmerzte es auch mich. Mein Verhalten war nicht angebracht. Jetzt taten mir meine Worte fast leid. Aber er würde es verkraften. Er war schließlich auch hart im Austeilen. Nachdem ich meinen Kaffee getrunken hatte, zahlte ich und wollte zurück in meine Wohnung. Doch auf dem Weg dorthin überlegte ich es mir anders und steuerte das Kaiserbründl an. Ich liebte Alexander, doch jetzt brauchte ich unbedingt Sex. Oder auch nur die Möglichkeit, ihn zu haben. Das kühle Wetter sorgte für ordentlichen Besuch, es war sehr viel los an diesem Nachmittag. Wie immer zuerst schwitzen in der finnischen Sauna, duschen und danach ein Bier an der Bar. Ich ließ meinen Blick durch die Runde schweifen, es waren einige heiße Kerle anwesend. Doch mit meinen Gedanken war ich bei Lucca und dem Gespräch mit Benschi. Eiskalt lächelnd hatte ich ihm eine Abfuhr erteilt. Benschi war freundlich, ehrlich freundlich. Und ich ein Arsch. So kannte ich mich gar nicht. Ich musste auf andere Gedanken kommen, nahm noch einen Schluck Bier und steuerte das Dampfbad an. Ich setzte mich auf die Bank in der hintersten und finstersten Ecke. In der Mitte der Dampfsauna trieben es drei heiße Typen miteinander. Ihnen zuzusehen machte mich geil. Mit einer deutlichen Handbewegung forderte mich einer von ihnen auf mitzumachen. Ich wollte mich erheben, da setzte sich ein Kerl neben mich. Vorsichtig fasste er an mein Knie. Langsam fuhr er mit seiner Hand meinen Oberschenkel entlang und griff sich meinen Schwanz. Ich hatte bereits einen mächtigen Ständer. Dann beugte er sich mit dem Kopf darüber und nahm ihn in den Mund. Zögerlich, fast schüchtern. Doch es schien ihm Spaß zu machen, wurde immer fordernder, schob sich schließlich meinen Schwanz zur Gänze in den Rachen. Kompliment. Ein Könner. Er machte seine Sache so gut, dass ich es nicht mehr länger aushielt und ihm eine fette Ladung in den

Mund spritzte. Für ihn schien das nicht das Ende zu sehen, sondern blies weiter. Meinen Saft hatte er offenbar geschluckt. Ich lehnte mich entspannt nach hinten und ließ ihn weiter gewähren, während ich die drei Typen weiter beobachtete, zu denen sich mittlerweile noch zwei andere gesellt hatten. Es war geil hier drin. Ich war mittlerweile wieder steif und bereitete mich auf einen zweiten Abschuss vor. Nachdem ich dem Kerl wieder den Mund vollgespritzt hatte, klopfte ich ihm dankbar auf die Schulter, stand auf und verließ die Dampfsauna. Als ich die Tür schließen wollte, wurde sie von innen aufgedrückt. Und da traute ich meinen Augen kaum, Lorenz stand vor mir.

„Lorenz!"

„Jonas!"

„Das warst du?", fragten wir gleichzeitig. Sollte mir das jetzt peinlich sein? Ihm war es das, wie ich an seinem Blick erkennen konnte. Ohne ein weiteres Wort zu sagen, ging er zu den Duschen. Ich folgte ihm. Nebeneinander seiften wir uns ein und schwiegen. Als wir uns die Seife abgewaschen hatten, trockneten wir uns ab. Schweigend. Als ich fertig war, band ich mir das nasse Badetuch um die Hüften und schaute ihn demonstrativ an. Lorenz sah gut aus. Schöner Körper. Sexy.

„Ich hab noch ein Bier an der Bar stehen. Kommst du mit?", fragte ich ihn, als auch er sich endlich das Badetuch umgewickelt hatte.

„Warum nicht", antwortete er und folgte mir an die Bar im Keller. Er bestellte sich ein kleines Bier und gemeinsam setzten wir uns an einen Tisch.

„Das war geil eben", begann ich das Gespräch.

Doch Lorenz schwieg und trank von seinem Bier. Ihm schien unsere Begegnung unangenehm zu sein.

„Sag jetzt bitte nicht, für dich wäre es furchtbar gewesen", lachte ich ihn an.

Jetzt endlich lächelte er ein wenig. „Nein. Es war nicht furchtbar."

„Puh, jetzt bin ich aber beruhigt", erwiderte ich gespielt übertrieben. „Was machst du in Wien?"

„Sex mit dir. Nein, Blödsinn. Ich musste mal raus. Es läuft im Moment nicht so gut bei mir."

„Ich weiß." Überrascht schaute er mich an. „Ihr habt euch getrennt."

„Der Buschfunk."

„Ja, meine Mutter hat es mir gesagt. Sie weiß es von deiner. Und ich wurde gebeten zu vermitteln."

Lorenz trank von seinem Bier. „Da gibt es nichts zu vermitteln."

„Willst du darüber reden?"

„Ich will dich nicht mit unseren Problemen belästigen."

„Ich bin ein guter Zuhörer. Also?"

„Vielleicht nicht unbedingt hier?"

Lorenz hatte recht. Dies hier war nicht der richtige Ort, um Beziehungsprobleme zu besprechen. „Willst du vorher noch eine Runde drehen und Spaß haben?", fragte ich ihn.

„Du?"

Ich verneinte und so tranken wir unser Bier aus und verließen das Kaiserbründl. „Gehen wir zu mir? Ist gleich um die Ecke."

„Gleich um die Ecke?"

„Keine fünf Minuten."

Als ich Lorenz die erste Etage meiner Wohnung zeigte, kam er aus dem Staunen gar nicht mehr heraus. „Also meine Mutter hat mir ja von dieser Wohnung schon vorgeschwärmt, aber, dass sie so überwältigend ist, hatte ich nicht gedacht. Hier lässt es sich leben."

„Kaffee? Oder etwas anderes? Bier?"

„Bier wäre cool."

Ich holte zwei Flaschen aus dem Kühlschrank und öffnete sie. „Noch Lust auf Sauna?"

„Da waren wir doch."

„Ich habe eine eigene."

„Jetzt bin ich geflasht. Ja, sehr gern."

„Na, dann komm." Ich gab ihm sein Bier und führte ihn ins Dachgeschoss. Auch hier kam er aus dem Staunen nicht heraus. Ich schaltete die Sauna ein und führte ihn danach auf die Terrasse. „Mach es dir bequem."

„Mensch, Jonas, das hier ist ein Traum."

Nachdem ich die Infrarotlampe über der Sitzgarnitur eingeschaltet hatte, setzte ich mich zu ihm. „Diese Wohnung war ein Glücksgriff. Der Vorbesitzer hatte sich finanziell übernommen und wollte oder musste sie so schnell wie möglich loswerden. Da schlug ich zu."

„Gut gemacht. Prost."

Wir tranken und schauten über die Dächer von Wien. „Aber jetzt zu euch. Was ist los?“

Vor vier Jahren war es Liebe auf den ersten Blick.

„Als wir zwei Jahre später zusammenzogen, war alles perfekt. Ich fühlte mich angekommen. Einen festen Partner, den ich über alles liebte, erfolgreich im Job, ein wunderschönes Haus im Grünen. Was will man mehr.“

Ein Jahr später beschlossen sie, den Schritt vor den Traualtar zu machen. Aber schon kurz danach kamen die Probleme.

„Weißt du, Jonas, für mich war alles gut, es war so, wie ich es mir immer erträumt hatte. Und dann holte uns der Alltag ein.“

Der eheliche Sex wurde weniger, man lebte mehr nebeneinanderher als miteinander.

„Und dann kam ich dahinter, dass er ein Profil auf PlanetRomeo hatte und fleißig datete. Anfangs ließ ich mir nichts anmerken, aber es schmerzte schon sehr. Vor allem diese ständigen Lügen. Ich sprach ihn darauf an. Erst stritt er alles ab, aber ich konfrontierte ihn mit den Profilnamen seiner Sexpartner. Ich habe ihm nicht nachspioniert. Er hat nur den Fehler gemacht, seinen Laptop und die Seite offenzulassen. Dann gestand er mir seine Untreue und versprach, das Profil zu löschen und es nie wieder mit anderen zu treiben.“

Aber das hielt nicht lange, wie Lorenz durch einen Zufall erfuhr und es kam zu einem heftigen Streit. Erik gab zu, das Sexleben mit Lorenz sei ihm zu langweilig geworden. Er würde nicht mehr fremdgehen, wenn sie ihr Sexleben spannender gestalten und sich ab und zu einen Dritten mit ins Bett holen würden.

„Zuerst war ich geschockt, denn mir reichte der Sex mit Erik, auch wenn er mit der Zeit immer seltener wurde. Aber ihm zuliebe würde ich darüber nachdenken. Und eines Tages, du hast es ja live mitbekommen, machte er den Vorschlag, mit dir anzufangen.“

„Welch eine Ehre“, sagte ich etwas verschmitzt. „Aber du hattest ein Problem damit.“

„Jonas, wir kennen uns schon lange. Mit dir Sex zu haben, habe ich mir vor Jahren schon gewünscht, aber unsere Freundschaft, die Freundschaft unserer Mütter, irgendwie passte das für mich nicht. Und außerdem, ich hatte noch nie einen Dreier. Eine Schande eigentlich, ich werde bald vierzig.“

„Bist eben ein braver Junge“, scherzte ich. „Obwohl, so brav auch wieder nicht, wenn ich an vorhin denke.“

„Jetzt bin ich tatsächlich fremdgegangen.“

„Ihr seid getrennt, Lorenz. Und vor ein paar Wochen hat mir ein geiler junger Mann gesagt, Blasen ist kein Sex. Also, es ist nichts passiert.“

Wollte ich damit Lorenz beruhigen, oder eher mich selbst? „Aber jetzt los, die Sauna ist aufgeheizt.“

Wir gingen in den Fitnessraum und zogen uns aus. Aus dem Regal nahm ich zwei Badetücher und dann machten wir es uns in der Sauna gemütlich. Die ersten Minuten redeten wir kein Wort, ich dachte zuerst an Alexander, und dann machte ich mir Gedanken über Lorenz und Erik. Hatten die beiden noch eine Chance? Wenn ja, müsste Lorenz über seinen Schatten springen. Aber war es das wirklich wert?

„Würdest du immer noch zur Verfügung stehen?“, beendete Lorenz das Schweigen.

„Wenn du es wirklich willst?“

„Ich könnte es probieren. Der Anfang ist gemacht. Mensch, Jonas, warum bin ich nur so verklemmt?“

„Du und verklemmt? Im Kaiserbründl hatte ich nicht den Eindruck.“

„Das war anonym, weit weg von daheim, weg vom Alltag.“

„Glaubst du, dass dieser Punkt euer einziges Problem ist?“

„Ich glaub schon, bisher drehte es sich bei unseren Diskussionen und Streitereien immer nur darum. Dass ich mich öffnen sollte für Neues.“

„Und du willst es ernsthaft probieren?“

„Wenn ich dadurch Erik zurückbekomme, ja.“

„Na, dann.“ Mehr sagte ich nicht mehr, sondern stand auf, verließ die Saunakabine und duschte mich kalt ab. Lorenz blieb sitzen, er hatte wohl noch Nachdenkbedarf.

Ich schlüpfte in einen Bademantel, ging zurück auf die Terrasse und trank vom Bier.

Auf dem Handydisplay sah ich einen verpassten Anruf. Bianca. Hatte ihr Benschi von meinem unhöflichen Benehmen erzählt? Wahrscheinlich. Doch ich würde sie nicht zurückrufen, keine Lust. Außerdem kam Lorenz, eingewickelt in ein frisches Badetuch, zurück auf die Terrasse und setzte sich neben mich.

„Das hat jetzt gutgetan." Er nahm seine Flasche und trank. „Die Sauna und das Reden. Danke dir."

„Nichts zu danken. Ich hab ja nur zugehört. Für Beziehungstipps bin ich ungeeignet. Das weiß auch meine Mutter."

„Was hat deine Mutter damit zu tun?"

„Sie hat mich im Auftrag deiner Mutter darum gebeten, mich um euch zu kümmern. Herauszufinden, was bei euch beiden schiefläuft."

„Meine Mutter. Ja warum wundert mich das nicht", sagte er lachend. „Und warum bist du für Beziehungstipps ungeeignet, wenn ich fragen darf?"

„Ich hatte nie eine Beziehung."

Mit offenem Mund starrte er mich an. „Nicht dein Ernst."

„Doch. Diesbezüglich bin ich Jungfrau."

„Das wusste ich nicht. Um ehrlich zu sein, überrascht mich das. So wie du aussiehst. So wie du lebst."

„Hat Inge nie etwas erzählt?"

„Meine Mutter? Warum sollte sie?"

„Sie kennt meine ganze Geschichte."

„Meine Mutter? Sie hat nie ein Wort gesagt. Natürlich haben wir uns oft über dich unterhalten. Vor allem in letzter Zeit. Aber da ging es nur um deine Theaterstücke, deinen Erfolg als Kay West. Meine Mutter kennt dein Privatleben?"

Und dann erzählte ich ihm alles. Meine Schulzeit, die Sache mit Benschi und Bianca und Marco. Und von Alexander.

„Benjamin Gruber ist schwul? Ich hatte ja keine Ahnung!" Lorenz war wirklich überrascht. „Und er ist deine große Liebe? Und deine beste Freundin spielt jetzt seine Alibi-Freundin? Das ist krass."

„Wie du siehst, mein Leben ist Chaos. Aber erst seit unserem Klassentreffen im Mai. Davor war mein Leben sehr einfach. Ich schrieb meine Theaterstücke, die Miller-Saga, verdiente eine Menge Geld und führte ansonsten ein beschauliches Leben, wenn man von den regelmäßigen Treffen mit Bianca und Marco einmal absah. Doch dann das Wiedersehen mit Benschi, der Sex mit ihm, das Aufwallen meiner Gefühle für ihn. Schließlich der Bruch mit ihm, das Entfremden von Bianca und der Verlust von Marco, der mir jahrelang ein guter Freund war. Und dann trat Alexander in mein

Leben und stellte es völlig auf den Kopf. Mein Leben ist seither nicht mehr wie zuvor."

„Das solltest du alles in ein Buch packen. Würde ein Bestseller werden."

„Da magst du recht haben." Ich bat Lorenz um Diskretion, was für ihn selbstverständlich sei, wie er mir versicherte.

Dann trank er sein Bier aus und stand auf. „Ich werde mich dann mal anziehen und gehen. Ich habe schon zu viel deiner Zeit in An-spruch genommen." Er ging in den Fitnessraum und begann sich anzuziehen.

„Ich bitte dich. Es war schön, mal wieder über alles zu reden. Wo schläfst du denn?"

„In einem Motel am Westbahnhof."

„Du kannst gern hierbleiben. Ich habe Platz genug."

„Das ist lieb von dir, danke. Aber ich muss jetzt erst mal für mich allein sein und nachdenken."

„Das kann ich verstehen."

„Hier würdest du mich nur in Versuchung führen."

„Ist das so?"

„Definitiv."

„Und das wäre schlimm? Hast du gegenüber Erik nicht einiges nachzuholen?"

„Da hast du recht", lachte er. Ein entzückendes Lachen. „Aber danke für die Einladung."

„Wie lange bleibst du in Wien?"

„Mal sehen. Es gibt hier viel zu entdecken", zwinkerte er mir zu.

„Allerdings. Aber falls du morgen Lust auf Mittagessen hast, komm vorbei und wir gehen zu meinem Lieblingsitaliener."

„Sehr gern."

Als er fertig angezogen war, nahm er mich kurz in den Arm und küsste mich flüchtig auf den Mund. Ich nahm ihn an der Hand, führte ihn zum Lift und winkte ihm zum Abschied zu, bevor sich die Lift Tür schloss.

Lorenz war wirklich schnuckelig. Ich konnte nicht verstehen, dass er Erik nicht genügte. Aber gut, das müssen sich die beiden selbst ausmachen und vielleicht kamen sie ja auf mein Angebot einer gemeinsamen Nacht zurück. Ich holte mir noch eine Flasche Bier aus dem Kühlschrank und ging wieder nach oben, nahm mein Handy vom Tisch und wählte Biancas Nummer.

„Hallo, Bianca."

„Hallo, Jonas. Wie geht es dir?"

„Danke, gut, ich kann nicht klagen."

„Das freut mich. Jonas, wir müssen reden. Hast du Zeit? Kann ich vorbeikommen?"

„Worüber müssen wir denn reden?"

„Nicht am Telefon. Bitte. Kann ich kommen?"

Zwanzig Minuten später saß sie mir mit einem Glas Prosecco in der Hand auf meiner Dachterrasse gegenüber, ich war beim Bier geblieben.

„Schieß los", forderte ich sie auf. „Ich dachte, wir hätten uns alles gesagt."

Nachdem sie noch einen Schluck genommen und tief durchgeatmet hatte, legte sie los: „Die Dinge haben sich geändert. Benschi wird Bundeskanzler, daran gibt es keinen Zweifel. Sein Leben ändert sich komplett. Und ich habe eine Entscheidung zu treffen."

„Der Bundeskanzler braucht eine Frau, und die sollst du werden."

Verblüfft starrte sie mich an.

„Ich bin nicht blöd, Bianca. Du warst die letzten Wochen ständig an seiner Seite und jetzt kommt eben der nächste Schritt. Alles muss ins Bild passen. Das muss dir doch schon vorher bewusst gewesen sein."

Einen Augenblick lang schwieg sie. „Ich will ja nicht altmodisch klingen, aber meinen ersten Ehemann habe ich mir anders vorgestellt. Ich weiß nicht, ob ich das kann."

„Hat er dir schon einen Antrag gemacht?", machte ich mich etwas lustig über sie. „Ist er auf die Knie gegangen? Das macht er normalerweise nur, wenn er …".

„Schon gut", unterbrach sie mich. „Es war alles ein Fehler."

„Hierher zu kommen?"

„Nein, ich freu mich, dich zu sehen. Die Sache mit Benschi. Ich hätte mich nicht darauf einlassen sollen. Aber ich will ihn jetzt nicht im Stich lassen. Nur, es fühlt sich alles so falsch an. Ich bin nicht glücklich."

„Das kann ich mir vorstellen." Mein Mitleid hielt sich in Grenzen.

„Wir hätten im Mai nicht nach Salzburg fahren sollen. Mit dem Treffen fing das Unglück an."

„Wer hat mich dazu überredet?“

„Ich weiß. Jonas, ich vermisse dich.“

Als ich nichts darauf erwiderte, wurde sie unsicher.

„Ich denke oft daran, wie es vorher war. Unsere Gespräche, der Spaß. Wir waren ein unschlagbares Team. Ich habe eine Entscheidung getroffen, die ich heute bereue. Aber ich wollte Benschi nur helfen, denn in Wirklichkeit ist er eine arme Sau. Das wissen wir beide.“

Und sie redete und redete. Fast so wie früher. Ich kam nicht zu Wort. Aber um ehrlich zu sein, hatte ich keine Lust dazu, irgendetwas zu sagen.

„Und bei dir? Alles okay?“

„Alles gut. Ich bin verliebt.“ Das konnte sie ruhig wissen und Benschi weitererzählen.

„Das ist ja großartig!“, rief sie voll Begeisterung. „Das freut mich für dich. Ehrlich.“

„Danke.“ Sollte ich ihr von Alexander erzählen? Besser nicht. Geht sie nichts mehr an.

„Und was soll ich jetzt tun?“

„Du willst einen Rat von mir? Du hast dich auf diese Sache eingelassen, weil du Benschi unterstützen wolltest und um ihn auch positiv zu beeinflussen, wie du einmal gesagt hast. Nun, in diesem Punkt bist du wohl gescheitert. Rede ihm diese Heiratsgeschichte aus. Nicht jede Beziehung führt automatisch vor den Traualtar. Und dann trete langsam den Rückzug an. Gib ihm Zeit, einen Plan B zu entwickeln.“

Nachdenklich nickte sie mit ihrem Kopf. „Du hast Recht. Ja, das ist gut. Das ist sehr gut. Ich danke dir, Jonas.“ Dankbar lächelte sie mich an. „Und kann dann zwischen uns alles wieder so werden wie früher?“

„Das kann schon sein“, antwortete ich nach einem kurzen Zögern trocken.

Dankbar lächelte sie mich an. „Das würde mich wirklich freuen.“ Sie leerte ihr Glas und stand auf. „Und jetzt lasse ich dich wieder allein. Du bist verliebt und willst diesen Abend sicher mit ihm verbringen.“

Ich klärte sie nicht darüber auf, dass dies nicht der Fall sein würde.

„Danke fürs Zuhören. Und deinen Ratschlag.“

„Gern geschehen. Grüße Benschi von mir und sag ihm bitte, dass mir mein Verhalten von vorhin leidtut.“

„Wovon sprichst du?“

„Wir sind uns heute begegnet und ich war ziemlich ruppig."

„Davon hat er kein Wort gesagt. War wohl nicht so schlimm."

„Vermutlich."

Als sie weg war, setzte ich mich wieder auf die Terrasse und dachte nach. Nicht über Bianca und Benschi. An die zwei wollte ich keinen einzigen Gedanken mehr verschwenden. Wie schön wäre es, wenn Alexander jetzt hier wäre, ging mir durch den Kopf. Ich vermisste ihn. Trotz des Intermezzos mit Lorenz.

Als ich am nächsten Morgen beim Frühstück saß, rief meine Mutter an. „Stell dir vor, mein Junge", schnatterte sie los, nachdem wir uns einen guten Morgen gewünscht hatten, „Lorenz ist in Wien."

„Ich weiß, Mutti, wir haben uns gestern zufällig getroffen." Wo genau, das sagte ich ihr nicht.

„Und? Konntest du mit ihm reden?"

„Ja sicher. Auftrag erledigt."

„Und? Wird das wieder etwas mit den beiden?", fragte sie ungeduldig.

„Ich bin vorsichtig optimistisch."

„Das ist schön. Inge wird ein Stein vom Herzen fallen. Ich danke dir."

„Nichts zu danken. Wir haben einen schönen Abend verbracht."

„Das freut mich. Und bei dir ist auch alles gut?"

„Aber sicher. Bei dir hoffentlich auch?"

„Ja ja. Liebe Grüße von Alexander. Er freut sich schon sehr auf die Herbstferien und ein paar Tage in Wien, soll ich dir sagen."

„Liebe Grüße zurück. Und, ja, ich freu mich auch."

Nach unserem Telefonat radelte ich ein paar Kilometer auf dem Heimtrainer und schwitzte ein paar Runden in meiner Sauna. Gegen halb eins holte mich Lorenz ab und ich führte ihn zu Lucca, wo wir ein köstliches Mittagessen genossen. Da erzählte er mir, dass er am Abend noch mit Erik telefoniert hätte und heute wieder zurück nach Salzburg fahren würde, um mit Erik ein intensives Gespräch zu führen. Ich genoss die Gesellschaft von Lorenz, er war hübsch, humorvoll, klug. Warum hatte ich mich vor Jahren nicht von seiner Mutter mit ihm verkuppeln lassen? Ach ja, Benschi stand im Weg.

Ende einer Liebe

Die nächsten drei Wochen verliefen unspektakulär. Ich schrieb fleißig, fühlte mich endlich wieder in meinem Element. An der Bianca-Benschi-Front gab es nichts Neues. Mir fiel nur auf, aber vielleicht täuschte mich mein Eindruck, dass die gemeinsamen Auftritte etwas seltener wurden. Vielleicht beherzigte sie meinen Ratschlag. Ich hoffte es für sie. Und der Wahlsieger verhandelte tatsächlich mit den Rechten über die Bildung einer Koalition. Das Klima im Lande dürfte sich in Zukunft spürbar verändern.

Ein Wochenende verbrachte ich bei meiner Mutter und Alexander. Es war sehr schön, endlich wieder ein bisschen Zeit mit ihm zu verbringen. Trotzdem spürte ich eine gewisse Distanz. Wir schliefen nicht in einem Bett, Mutter hatte die Couch im Wohnzimmer für mich vorbereitet. Bei den Mahlzeiten sah ich ihn, ansonsten verkroch er sich in seinem/meinem Zimmer. Ich schrieb es dem Schulstress zu. Trotzdem erläuterte ich am Sonntagvormittag meiner Mutter einen Plan, der in den letzten Tagen in mir reifte.

„Was hältst du davon, wenn ich mir eine Wohnung in Salzburg nehme, und so lange mit Alexander dort lebe, bis er im Frühjahr die Schule abgeschlossen hat und er danach mit mir nach Wien geht?"

„Davon halte ich gar nichts. Tut mir leid, mein Junge." Ihre Direktheit verschlug mir die Sprache. „Alexander hat turbulente Wochen hinter sich. Er braucht Ruhe. Und die findet er hier bei mir. Er muss sich auf die Schule konzentrieren und daran arbeiten, sein Verhältnis zu seinen Eltern zu verbessern. Außerdem ..."

„Aber das eine schließt doch das andere nicht aus", unterbrach ich sie.

„Alexander mag dich sehr, das weiß ich, das sehe ich in seinen Augen, wenn er über dich spricht. Und ich weiß auch, wie sehr du ihn magst."

„Ich liebe ihn."

„Das habe ich befürchtet", antwortete sie mit einem kräftigen Seufzer. „Und das glaube ich dir sogar. Aber das alles kommt zu einem falschen Zeitpunkt. In Alexanders Leben gibt es jetzt Wichtigeres. Und wenn du ihn wirklich liebst, dann verstehst du, dass du ihn loslassen musst. Er muss sich auf sich konzentrieren. Verstehst du das?"

Verstand ich es? Ja. Meine Mutter hatte recht. Wie immer. Dabei hatte ich mir das alles so schön ausgedacht. Ich hatte in meinem Leben nie eine

Beziehung geführt. Warum wollte ich das jetzt? Hatte ich Torschusspanik? O Gott, wie erbärmlich. Ich machte mich lächerlich.

„Aber es hat natürlich niemand etwas dagegen, wenn er dich in den Herbstferien für ein paar Tage besuchen kommt“, holte sie mich aus meinen Gedanken. „Wien gefällt ihm sehr.“

„Ich weiß. Wir hatten eine schöne Zeit.“ Meine Stimmung war im Keller. Ich hatte mich da in etwas verrannt. Und da traf ich eine Entscheidung. „Ich hole meine Sachen und verabschiede mich von Alexander.“

„Warum das denn?“

„Weil es wirklich besser ist, wenn Alexander sich in nächster Zeit auf das Wesentliche konzentriert. Und das bin definitiv nicht ich.“ Daraufhin stand ich auf und ging ins Haus. Als ich mein altes Zimmer betrat, saß Alexander auf dem Bett und blätterte in einem Schulbuch.

„Entschuldige die Störung.“

„Du störst nicht. Komm, setz dich zu mir.“

Ich folgte seiner Aufforderung. Als ich neben ihm saß, legte er das Buch zur Seite und zog mich an sich.

„Alles in Ordnung bei dir?“ Er ließ mich los und sah mich an. „Jonas, du hast doch etwas. Das kann ich in deinen Augen lesen.“

„Ich hab mich so gefreut, dich zu sehen, aber ich muss zurück nach Wien.“

„Du bist doch eben erst gekommen!“

„Ich weiß. Aber ich habe einen wichtigen Termin morgen Vormittag vergessen, und deshalb muss ich schon wieder los.“ Ich hoffte, er würde meine Lüge nicht durchschauen.

„Das ist aber schade. Auf der anderen Seite, ich habe nächste Woche zwei Schularbeiten und zwei Tests. Da heißt es lernen, und ich hätte leider nur wenig Zeit für dich gehabt.“

„Na siehst du.“

„Aber in den Herbstferien würde ich gern zu dir nach Wien kommen, falls dein Angebot noch steht.“

„Unbedingt. Ich würde mich wirklich sehr freuen.“

„Perfekt“, antwortete er lächelnd und küsste mich zärtlich auf den Mund.

Schweren Herzens verabschiedete ich mich von ihm und ging zurück auf die Terrasse.

„Das ging aber schnell."

„Hast du ernsthaft geglaubt, wir schieben noch eine Abschiedsnummer?"

Mit ernstem Gesicht schaute mich meine Mutter an. Was lag ihr wohl auf der Zunge?

„Jonas. Ich weiß, meine Worte haben deiner Stimmung einen Dämpfer verpasst. Es tut mir leid, aber glaube mir, irgendwann wirst du wissen, dass ich damit Recht hatte."

„Das weiß ich schon jetzt, Mutti, kein schlechtes Gewissen bitte. Aber was soll ich noch hier? Du hast hier ein Projekt mit Alexander laufen, und da passe ich nicht dazu. Das verstehe ich. Ich würde nur stören. Und das muss nicht sein. Also fahr ich wieder heim. Das ist alles kein Problem."

„Mein Herz sagt mir zwar etwas anderes, mein Junge, aber belassen wir es dabei."

Und damit beließen wir es auch. Auf meiner Zugfahrt zurück nach Wien hatte ich viel Zeit zum Nachdenken. Als ich einige Stunden zuvor in die Gegenrichtung fuhr, war ich voller Euphorie. Ich freute mich darauf, Alexander meinen Vorschlag zu unterbreiten, mit ihm in Salzburg zusammen zu wohnen. Doch meine Mutter holte mich in die Realität zurück. Meine Idee war absolut egoistisch. Das sah ich ein. Ich erkannte mich selbst nicht wieder. Während sich mein Leben in den letzten Jahren nur ums Schreiben drehte, standen seit einigen Monaten nur Männer im Mittelpunkt meines Denkens und Handelns. Und das tat mir nicht gut. Also würde auch ich mich in der nächsten Zeit wieder auf das Wesentliche konzentrieren. Ich wollte weiter an der Bühnenfassung meines ersten Romans arbeiten und meinen Krimi weiterschreiben. Damit war ich beschäftigt genug.

Und das tat ich in den nächsten Tagen. Ich war sehr produktiv, ließ mich durch nichts und niemanden ablenken. Nur schreiben, Sport und Sauna in meinen vier Wänden und ab und zu Essen bei Lucca.

Als die Herbstferien begannen, wurde ich nervös, denn ich hatte noch nichts von Alexander gehört. Er wollte ja ein paar Tage bei mir in Wien verbringen. Sollte ich ihm schreiben? Ich rief meine Mutter an, schließlich stand Allerheiligen vor der Tür und diesen Tag verbrachte ich meistens bei ihr und wir besuchten das Grab meines Vaters und meiner Großeltern.

„Hallo Jonas, schön, dass du dich meldest", begann sie das Gespräch.

„Wie geht es dir, Mutti?"

„Sehr gut, danke. Dir hoffentlich auch?"

„Alles bestens, danke."

„Du bist mir nicht mehr böse?"

„Warum sollte ich? Für deine ehrlichen Worte?"

Und dann ließ sie die Bombe platzen. Alexander würde nicht nach Wien kommen.

„Ich hatte schon so etwas im Gefühl", beruhigte ich sie. „Er hat wohl viel für die Schule zu tun."

„Ja, mein Junge, das auch, aber ..."

„Was ist los?", fragte ich, nachdem sie nicht weitersprach. Ich spürte doch, dass ihr noch etwas auf der Zunge lag.

„Das soll er dir selbst sagen, da will ich mich nicht einmischen. Ich wundere mich, dass er es noch nicht getan hat. Ich hatte ihn darum gebeten."

„Er will nicht nach Wien kommen", bohrte ich weiter. „Aber das kann er doch sagen. Ich ruf ihn gleich mal an. Tschüss, Mutti."

Umgehend wählte ich Alexanders Nummer. Doch er ging nicht ran. Irgendetwas war da faul.

Als ich Stunden später mit einem Glas Wein unter der Wärmelampe auf der Terrasse saß, klingelte mein Handy. Alexander.

„Hi, Alexander, schön, dass du anrufst."

„Hi, Jonas. Wie geht es dir?"

„Sehr gut, danke. Und selbst?"

„Naja, eigentlich gut, aber ... Weißt du, ich ... Da ist etwas, das ich ..."

„Ich weiß, dass du nicht nach Wien kommst", beendete ich sein Gestammle. „Du hast eben viel zu tun."

„Das ist es nicht. Ich habe dir einmal gesagt, dass ich nicht weiß, wie sich verliebt sein anfühlt. Aber ich glaube, ich habe mich verliebt. In einen Jungen aus der Parallelklasse. Wenn ich mit ihm zusammen bin, ist es anders als mit dir. Irgendwie vollkommener."

Dann machte er eine Pause. Vermutlich wollte er mir Gelegenheit einer Reaktion geben. Doch da kam nichts. Es schmerzte. Obwohl ich schon die paar Wochen vorher ein komisches Gefühl hatte, Alexander wirkte distanziert bei meinem letzten Besuch. Jetzt hatte ich die Begründung dazu.

„Es tut mir so leid, Jonas“, unterbrach Alexander mein Schweigen. „Ich weiß, was du für mich empfindest. Aber ich kann halt nicht anders, es ist …“

„Schon gut“, unterbrach ich ihn. „Ich kann dich verstehen. Ich freue mich für dich. Wirklich. Mach dir keinen Kopf, genieße die Zeit.“

Ich sagte das emotionslos, aber in Wirklichkeit zerbrach es mir das Herz und Tränen rannen über meine Wangen. Doch dies alles ließ ich Alexander nicht merken. Ich fragte ihn noch ein paar belanglose Sachen und beendete das Telefonat, nachdem ich ihm nochmals versichert hatte, dass ich ihm nicht böse sei und ihm alles Glück der Welt wünschte.

Nun hatte ich auch Alexander verloren. Ich leerte das Glas und schließlich noch die ganze Flasche. Benschi, Marco und Alexander. Alle weg. Ich und die Männer. Warum konnte das bei mir nie funktionieren? Ich war ratlos. Mit verweinten Augen zog ich mich aus, legte mich ins Bett und schlief augenblicklich ein.

Allerheiligen fuhr ich nicht nach Hause, ich wollte Alexander nicht über den Weg laufen. Und meine Mutter hatte volles Verständnis dafür. Ich blieb in Wien und schrieb. Täglich, stundenlang. So wie früher. Ich kam gut voran. Doch ich fühlte mich einsam in der Hauptstadt. Keine Bianca, kein Benschi und freitags kein Marco. Ich sollte mir Ersatz für ihn suchen. Eine wöchentliche Massage und anschließend ein bisschen schweißtreibenden Sex könnte ich mir als Belohnung für meine harte Arbeit schon leisten. Also fläzte ich mich mit meinem Handy auf die Couch und ging auf die Escort-Seite. Das Angebot war groß. Alle möglichen Typen, Österreicher, Latinos, Südeuropäer, niedliche Tschechen. Als ich eine engere Auswahl traf, rief meine Mutter an.

„Hallo, Mutti!“

„Hallo, mein Junge. Wie geht es dir?“

„Alles gut. Und bei dir?“

„Kann nicht klagen. Ich wollte nur deine Stimme hören. Dir scheint es wirklich gut zu gehen.“

„Ja.“

„Ich soll dich von Alexander grüßen.“

„Wie geht es ihm?“

„Es geht ihm gut. Er lernt fleißig. Die Noten sind ausgezeichnet.“

„Und sonst?“ Seine schulischen Leistungen wollte ich mit meiner Frage nicht ansprechen.

„Willst du das wirklich hören?“

„Klar.“

„Er ist verliebt. Thomas ist sehr herzig. Die beiden verbringen viel Zeit miteinander. Sie lernen zusammen, machen Sport, alles, was verliebte Jungs ebenso machen.“

„Das freut mich. Wirklich. Ich war zu alt für ihn, das wissen wir ja.“

„Schön, dass du das selbst so siehst. Und jetzt will ich dich nicht mehr länger stören, wir sehen uns ja ohnehin nächste Woche. Ich freue mich schon.“

Als wir unser Gespräch beendeten, hatte ich keine Lust mehr auf Massage. Und das hatte nichts mit Alexander zu tun.

Mitte November war es dann so weit, der neugewählte Nationalrat konstituierte sich und die Koalitionsverhandlungen wurden abgeschlossen. Nur zwei Monate nach der Wahl, das ging schnell. Da wurde wohl im Vorfeld schon fleißig über eine Zusammenarbeit nach der Wahl verhandelt. Eine rechtsgerichtete Regierung, wieder einmal. Die Reaktionen aus dem Ausland waren verhalten, man war ja schon einiges gewohnt, auch in Europa. Die neue Regierung wurde angelobt, die zukünftigen Minister und Staatssekretäre gingen nicht unterirdisch, wie schon einmal, zum benachbarten Bundespräsidenten, sondern hoch erhobenen Hauptes quer über den Platz. Flankiert von zahlreichen Demonstranten gegen diesen erneuten Rechtsruck in unserem Land. Mich ließ das alles mittlerweile kalt. Wir hatten es damals überstanden, wir werden auch diese Regierung überstehen. Nur kurz sah ich mir die Liveübertragung im Fernsehen an. Um ehrlich zu sein, nur um einen kurzen Blick auf Benschi zu erhaschen. Und er sah zum Anbeißen aus. Aber auch sehr staatsmännisch.

Erfolg und Enttäuschung

Eine Woche später kamen meine Mutter und Inge nach Wien, um mit mir gemeinsam die Uraufführung meiner Weihnachtskomödie in den Kammerspielen zu besuchen. Ich würde das Stück zum ersten Mal auf der Bühne sehen. Ich wurde zwar vom Intendanten zu einer Probe eingeladen, aber ich lehnte dankend ab. Ich hatte volles Vertrauen, dass ‚Mary's Christmas' so inszeniert wurde, wie ich es vor Jahren geschrieben hatte. Trotzdem war ich nervös, als ich mit Mutter und Inge das Theater betrat. Zum ersten Mal würden Profischauspieler ein Stück von mir spielen. Plötzlich wurde ich als Bühnenautor ernst genommen. Auf meinen Wunsch hin kamen wir kurz vor Beginn der Aufführung. Im Foyer wurden wir von einem sichtlich nervösen Intendanten herzlich begrüßt.

„Herr Mertens, es ist mir eine so große Freude. Ihr Stück ist so wunderbar und wir sind dankbar, es als erste Bühne aufführen zu dürfen. Wenn Sie erlauben, zeige ich Ihnen Ihre Plätze. Wenn am Ende der Vorhang fällt, wird eine Mitarbeiterin Sie abholen und hinter die Bühne führen. Und anschließend hoffe ich, Sie auch auf der Premierenfeier begrüßen zu dürfen. Natürlich mit Ihrer charmanten Begleitung."

„Ohne die zwei würde ich auch nicht kommen", antwortete ich scherzhaft, war allerdings ziemlich ernst gemeint. Nachdem wir unsere Plätze eingenommen hatten, ging das Saallicht aus und der Vorhang öffnete sich. Titelfigur Maria, von allen Mary genannt, war genau nach meinen Vorstellungen, auch Bühnenbild und Ausstattung nach meinem Geschmack. Der witzige Text sorgte für die ersten Lacher. Ich amüsierte mich köstlich, so wie alle anderen im Saal. Die Zeit bis zur Pause verging wie im Flug, der Applaus war mehr als nur höflich.

Im Foyer gönnten wir uns ein Glas Sekt und Mutti und Inge überhäuften mich mit Komplimenten.

„So einen Schatz jahrelang in der Schublade zu verstecken!", rief meine Mutter nach einem ersten Schluck.

„Dieses Stück könnte Kult werden", setzte Inge fort. „Mary's Christmas jedes Jahr zu Weihnachten auf der Bühne. So wie Single Bells im Fernsehen."

„Wir werden sehen", antwortete ich etwas skeptisch.

„Hat man dich schon nach einem Interview gefragt?"

„Nein. Und um ehrlich zu sein, lege ich auch keinen Wert darauf. Du weißt, dass ich den Rummel nicht will." Auch das Verbeugen nach der Aufführung war mir ein Dorn im Auge. Aber da musste ich wohl durch.

Im zweiten Teil nach der Pause ging wie erwartet die Post auf der Bühne ab. Meine geschriebenen Pointen zündeten und ernteten Lachstürme und der Regisseur, von dem ich vorher noch nie gehört hatte, hatte sie wunderbar in Szene gesetzt und durch zahlreiche Regieeinfälle für noch mehr Lacher gesorgt. Als sich am Ende der Aufführung der Vorhang schloss, brandete begeisterter Applaus und Jubel auf. Und dann stand auch schon eine junge Frau neben mir, die mich dezent hinter die Bühne führte. Nachdem sich zuerst die Schauspieler einzeln verbeugten und danach das gesamte Ensemble gemeinsam – es bestand ja nur aus sieben Personen – betrat ich zusammen mit dem Regisseur, dem Bühnenbildner und der Kostümbildnerin die Bühne und wurde ebenfalls mit Jubel überschüttet.

Danach ging es in die Kantine, wo Mutter und Inge warteten. Glücklich und zufrieden fielen sie mir um den Hals.

„Ein Erfolg, mein Sohn, ein riesengroßer Erfolg!", rief meine Mutter mit Tränen in den Augen.

Als ich am nächsten Tag aufwachte, dröhnte mir der Schädel. Vorsichtig öffnete ich die Augen, um sie an das Tageslicht zu gewöhnen. Behutsam drehte ich mich zur Seite, um mein Handy vom Nachtkästchen zu greifen. Doch da war ein Hindernis. Ein Mann lag im Weg. O Gott, was war gestern passiert? Mit einem Stöhnen drückte ich mich zurück in die Kissen. Gestern. Premiere. Großer Erfolg. Premierenfeier. Mutti und Inge begeistert. Ansprache des Intendanten. Ein paar Worte meinerseits. Und dann Sekt. Viel Sekt. Und Gespräche mit den Mitwirkenden. Dann verabschiedeten sich meine Mutter und Inge. Wie spät war es da? Und noch mehr Sekt. Und dann? Filmriss. Ich setzte mich auf und betrachtete den Mann neben mir. Hübsch. Mitte dreißig. Ungefähr. Keiner der Darsteller. Aber war da nicht... Natürlich. Der Maskenbildner. Name. Name. Name. Oliver? Nein. Egal, ich würde es schon noch erfahren. O Gott! Da war doch auch noch etwas mit den Seitenblicken! War ich da noch nüchtern? Heute Abend im Fernsehen würde ich es sehen. Ich brauchte erst einmal einen starken Kaffee. Vorsichtig kroch ich aus dem Bett, schlüpfte in meinen Morgenmantel und ging hinunter in die Küche. Keine Spur von meinen beiden Gästinnen. Aber ein Zettel auf dem Tisch. ‚Sind in der Stadt unterwegs. Bussi Mutti.' Sehr gut, ungestört. Ich machte mir einen Espresso und setzte mich. Mann, so abgestürzt war ich schon lange nicht mehr. Wann sind wir nach Hause? Und was ist passiert? Hatten wir Sex? Nackt war ich. Oliver, oder wie auch immer, vermutlich auch.

Als ich meine Tasse leerte, hörte ich Geräusche von oben. Da war wohl jemand erwacht. Ein paar Augenblicke später stand er schon in der Küche. Nur mit einer rosafarbenen Unterhose bekleidet.

„Guten Morgen, Jonas."

„Guten Morgen, äh ..."

„Toni."

Doch kein Oliver. „Kaffee?"

„Sehr gern."

Ich stand auf und ließ Toni Kaffee in eine Tasse. „Setz dich doch. Milch? Zucker?"

„Schwarz und bitter."

Ich stellte ihm die Tasse hin und setzte mich ihm gegenüber.

„Das tut gut", stöhnte er nach dem ersten Schluck. „Ich hätte nicht gedacht, heute nicht in meinem Bett aufzuwachen. Aber als du mich eingeladen hast, den erfolgreichen Abend bei dir ausklingen zu lassen, konnte ich nicht nein sagen."

„Wie spät war es denn?"

„Knapp halb drei."

„Um ehrlich zu sein, ich kann mich nicht erinnern. Absoluter Filmriss. War ich sehr peinlich?"

„Überhaupt nicht. In der Kantine warst du sehr charmant. Und im Bett fordernd und ausdauernd."

Und das, obwohl ich stockbesoffen gewesen sein muss. Sonst könnte ich mich an alles erinnern. Das machte mich richtig stolz.

„Dann bin ich ja beruhigt. Und als wir hier ankamen? War da alles normal? Keine alten Frauen in Nachthemden?"

„Wie bitte?"

Ich klärte ihn über meinen Besuch auf und er bestätigte, keiner der beiden begegnet zu sein. Zum Glück.

„Noch Kaffee?", fragte ich ihn, als er seine Tasse ausgetrunken hatte. Doch er verneinte. „Dusche?"

„Wäre mir jetzt ganz recht."

„Na dann komm."

Wir gingen nach oben und gönnten uns eine angenehme Dusche. Natürlich seiften wir uns gegenseitig ein, küssten uns und waren nicht schüchtern. Wir hatten Sex, und ich würde mich danach auch daran erinnern können.

Nach einer weiteren Tasse Kaffee und Austausch der Telefonnummern verließ mich Toni schließlich.

Am Nachmittag traf ich mich mit Mutter und Inge auf dem Christkindlmarkt. Sie waren bis dahin nicht nach Hause gekommen, sondern hatten bei Lucca zu Mittag gegessen. Da standen wir mit Glühwein und heißen Maroni und beobachteten das Treiben um uns herum.

„Ich hoffe, zu Weihnachten können wir das alles mit ein bisschen Schnee genießen", sagte ich und stöhnte über die zu milden Temperaturen, zu denen besser Prosecco als Glühwein passte. Meine Mutter und Inge wechselten einen verstohlenen Blick. „Ist etwas?", fragte ich.

„Mathilde, ich denke, du solltest es Jonas jetzt sagen."

„Was denn sagen? Ist etwas passiert? Mutti?"

„Ich werde Weihnachten nicht in Wien sein."

„Warum nicht? Letztes Jahr haben wir bei dir gefeiert, jetzt ist wieder Wien an der Reihe."

Da schaltete sich Inge ein. „Mathilde, du bist doch sonst so direkt. Sag es ihm, er wird dir schon nicht den Kopf abreißen."

„Also gut", begann meine Mutter und schnaufte noch einmal tief durch. „Inge und ich werden Weihnachten und Silvester in New York verbringen. So, jetzt ist es raus." Sie war sichtlich erleichtert.

Und ich erst einmal baff. Meine Mutter zu den Feiertagen in New York. Das hatte ich bisher nie geschafft, denn ich wollte sie zu diesen Tagen nicht allein lassen.

„Bist du mir böse, Jonas?"

„Nein", fand ich endlich meine Sprache wieder. „Überhaupt nicht. Ich bin nur überrascht. Ich dachte immer, Traditionen seien dir sehr wichtig."

„Sind sie ja auch. Aber das war immer schon ein Traum von mir. Auch von Inge. Und dieser Traum soll jetzt wahr werden."

Ich freute mich natürlich für sie. Und das sagte ich ihr auch. Aber das war plötzlich etwas völlig Neues. Seit dem Tod meines Vaters hatten wir immer die Feiertage zusammen verbracht. So wie Ostern, Muttertag und ihren Geburtstag. Weihnachten allein. An den Gedanken musste ich mich erst einmal gewöhnen. Auf eine zweite Tasse Glühwein verzichteten wir, uns war schon heiß genug. Wir machten uns auf den Weg zurück zu meiner Wohnung. Dabei erzählten sie mir, dass sie am Vormittag beim Flohmarkt am Naschmarkt waren und sich danach ein Glas Prosecco im Savoy gegönnt hätten.

„Wir hatten ja Bedenken, ob die uns überhaupt rein lassen würden."

„Warum denn nicht?", fragte ich.

„Weil wir doch zwei Frauen sind", antwortete Inge.

„Unsereins ist tolerant. Meistens jedenfalls. Vermutlich haben sie euch für zwei Lesben gehalten."

„Jonas!", rief meine Mutter daraufhin, aber fiel in mein Lachen mit ein. „Außerdem, mein Sohn, haben wir sämtliche österreichischen Tageszeitungen gekauft und im Savoy die Kritiken gelesen."

Ach, die Kritiken von gestern Abend. Daran hatte ich noch gar nicht gedacht. Erst der Kater, dann der Sex mit Toni unter der Dusche und letztendlich Mutters Geständnis.

„Und, wie sind sie?", fragte ich, obwohl es mir relativ egal war, was Kritiker über mich schrieben.

„Brillant! Und das war jetzt ein Zitat", beantwortete Mutter meine Frage. „Durchweg positiv bis überschwänglich."

„Herzlichen Glückwunsch, Jonas. Und danke, dass ich dabei sein durfte. Das ist ein neues Kapitel in deinem Leben."

„Danke, und gern geschehen", antwortete ich darauf. Der Rummel um mich war mir immer noch etwas peinlich.

„Hattest du noch Spaß gestern auf der Premierenfeier?", fragte meine Mutter und zwinkerte mir zu.

O Gott, sind wir ihr etwa doch im Suff in der Wohnung über den Weg gelaufen und hatten es nicht bemerkt?

„Es war sehr nett." Mehr sagte ich nicht, auch die beiden blieben stumm. So spazierten wir zurück, wo sie ihre Sachen packten und die Heimreise antraten.

Wenige Tage später meldete sich Anita Bernsdorf, was mich überraschte, denn was hatte ich noch mit ihr zu tun?

„Sie haben einflussreiche Freunde, Herr Mertens“, kam sie nach der Begrüßung umgehend zum Thema. Klang sie etwas böse?

„Ich verstehe nicht, Frau Bernsdorf. Bitte klären Sie mich auf.“

„Wir erhielten einen Anruf. Vom neuen österreichischen Bundeskanzler höchst persönlich. Es gefiele ihm nicht, wie wir seine Staatsbürger behandeln, im speziellen Falle Sie, Herr Mertens.“

Benschi hatte sich eingemischt. Nicht mit juristischem Rat, sondern als Bundeskanzler.

„Benjamin Gruber ist ein ehemaliger Schulkollege von mir“, klärte ich sie auf. „Aber ich habe ihn nicht gebeten, sich einzumischen, das müssen Sie mir glauben.“

„Das glaube ich Ihnen in der Tat, Herr Mertens. Das Problem sind die Herren in der Chefetage. Sie fühlen sich mehr als nur auf den Schlips getreten, aber, und das wird Sie freuen, sie verzichten auf jene Vertragspunkte, die man als negativ für Sie, Herr Mertens, auslegen könnte.“

„Aha“, mehr fiel mir dazu nicht ein.

„Sie dürfen als Kay West oder Jonas Mertens tun und lassen was Sie wollen. Schreiben Sie an etwas?“

„Ein schwuler Krimi, der im DENKqueer-Verlag erscheinen wird und ein Theaterstück, das ist alles“, gab ich ehrlich zu.

„Das ist ja schön. Und sollten Sie trotz allem den Wunsch verspüren, weiterhin mit uns zusammen zu arbeiten, scheuen Sie sich bitte nicht, mich zu kontaktieren. Sie wissen, ich stehe auf Ihrer Seite.“

„Vielen Dank, Frau Bernsdorf. Ich werde daran denken. Wiederhören.“

Das Blatt hatte sich gewendet. Sollte ich Benschi anrufen und mich bei ihm bedanken? Ein anderes Mal. Schließlich hatte er sich unaufgefordert eingemischt. Aber insgeheim freute mich seine Tat. Er hatte unser kurzes Gespräch bei Lucca nicht vergessen, auch wenn ich damals mehr als deutlich machte, dass ich die Sache mit dem quasi Berufsverbot für die nächsten drei Jahre auf sich beruhen lassen wollte. Aber ihm schien es wichtig zu sein. Ich schien ihm wichtig zu sein. Warum ist nur alles so kompliziert. Warum kann ich nicht mit ihm zusammen sein und glücklich werden. Scheiß Politik. Die ist an allem schuld. Seine Politik. Alle, die mir wichtig waren, natürlich ausgenommen meine Mutter, hat sie mir genommen. Aber ich musste damit klarkommen, Frieden schließen mit dieser Situation. Und da kam mir die Idee. Ist Weihnachten nicht das Fest des Friedens und der Versöhnung? Ich griff nach meinem Handy und wählte Biancas Nummer.

„Jonas! Hi! Was für eine Überraschung!", dröhnte sie erfreut. „Mit deinem Anruf habe ich wirklich nicht gerechnet. Da kann ich dir gleich gratulieren. Wir haben ‚Mary's Christmas' gesehen, nicht die Premiere, da war Benschi verhindert. Wir haben uns köstlich amüsiert. Das Stück ist so völlig anders. Es war herrlich!"

Bianca, die Alte. Redete ohne Punkt und Komma. Wie in früheren Zeiten. Wie in den guten Zeiten.

„Warum ich dich anrufe", nutzte ich die Pause, als sie endlich mal Luft holen musste. „Ich wollte fragen, was du am Heiligen Abend machst. Fährst du zu deinen Eltern nach Salzburg?"

„Nein." Sie schien ein bisschen perplex über diese Frage. „Ich fahr erst am Fünfundzwanzigsten heim. Benschi muss am Heiligen Abend zu Licht ins Dunkel. Ich werde ihn begleiten. Warum fragst du?"

„Und danach?"

„Danach fahre ich zu mir und Benschi zu sich. Wir feiern Weihnachten nicht gemeinsam. Ich meine, für die Medien natürlich schon, aber in Wirklichkeit verbringt jeder den Abend für sich allein."

„Da habe ich eine bessere Idee. Ihr kommt nach dem ORF zu mir zum Essen. Und bringt Marco mit, der soll auch nicht allein sein." Schweigen. Langes Schweigen. Ist sie tot umgefallen? „Bianca?"

„Ja?"

„Alles okay?"

„Ja, schon, mir hat es nur die Sprache verschlagen. Und wie du weißt, kommt das nur selten vor."

„Also kommt ihr?"

„Wenn du das alles ernst meinst?"

„Tu ich", versicherte ich ihr. „Du leitest meine Einladung an die beiden weiter?"

„Mache ich. Ich danke dir. Ich komme gern. Wie Benschi und Marco sich entscheiden, weiß ich natürlich nicht. Aber ich freue mich. Ich weiß aber nicht genau, wann wir bei dir sein werden. Oder ich allein."

„Kein Stress, ich bin daheim."

„Schön. Also dann, bis bald."

„Ciao, Bianca."

Ich legte auf und es ging mir spürbar besser. Der erste Schritt zur Normalität war getan. Und am Abend holte ich nach, was ich schon vor Tagen machen wollte, einen neuen Masseur suchen. Ich buchte Pavel, einen blonden muskulösen und gutaussehenden Tschechen.

Eine Stunde später trat er aus dem Lift. Die Fotos auf seinem Escort-Profil waren nicht durch Photoshop verändert, vor mir stand tatsächlich ein Adonis. Mit einem entwaffnenden Lächeln begrüßte er mich. Sein Gesicht kam mir bekannt vor, aber ich konnte mich täuschen. Ich ging mit ihm ins Schlafzimmer, zog mich aus und legte mich aufs Bett. Sein Geld lag auf dem Nachtkästchen bereit. Auch Pavel entledigte sich seiner Kleidung, holte ein Fläschchen Massageöl aus seiner Sporttasche, kniete sich über mich und ließ etwas vom Öl auf meinen Rücken tropfen. Zu meiner Überraschung war es angenehm vorgewärmt.

„Du hast einen sehr schönen Körper", sagte er fast akzentfrei, während er mit seinen Händen das Öl auf meiner Schulter verteilte und zu massieren begann. „Viel Sport?"

„Täglich."

„Das sieht man".

Schweigend bearbeitete er meinen Körper. Nicht zu sanft und nicht zu fest. Perfekt. Beim Massieren meiner Beine stieß er immer vorsichtig gegen mein Loch und mein Schwanz reagierte augenblicklich und fuhr zu seiner stattlichen Größe aus. Dies wäre eigentlich der Punkt, die Massage in Sex übergehen zu lassen. Doch ich hatte dazu keine Lust. Ich ließ meine Arme neben mir liegen und revanchierte mich nicht mit Berührungen seiner Beine oder anderer Körperstellen. Ich genoss nur seine Hände auf meinem Körper. Und er versuchte auch nicht mehr, ließ es bei der Massage bewenden.

„Und jetzt umdrehen", forderte er mich auf. Nun ja, das tat ich und präsentierte ihm somit meinen harten Schwanz.

„Nicht schlecht", kommentierte er meinen Prügel und ich bedankte mich mit einem Lächeln. Und einem Blick auf sein Teil. Und das war unglaublich. Jetzt hatte ich Gelegenheit, seinen Körper zu betrachten. Sehr muskulös und tätowiert. Ein echter Hingucker. Meine Lust war groß, ihn zu berühren. Aber ich hielt mich zurück, schloss die Augen und war bereit für die Massage meiner Vorderseite. Und der widmete er sich ebenso gekonnt wie zuvor meinem Rücken. Auch hier strich er vorsichtig und sanft immer wieder über meinen Schwanz. Sex oder nicht Sex, das war hier die Frage. Immer öfter strich er wie zufällig über meinen Penis. Und dann griff er zu, umfasste ihn mit der ganzen Hand.

„Pavel, danke für die ausgezeichnete Massage", sagte ich und setzte mich auf.

„Du willst nicht mehr?", fragte er mich. „Gefalle ich dir nicht?" Setzte er mit leicht enttäuschtem Unterton fort.

„Im Gegenteil, Pavel", beruhigte ich ihn. „Aber ich wollte heute wirklich nur eine Massage."

„Dann ist das Geld dort aber zu viel."

„Der Abend muss ja noch nicht zu Ende sein. Duschen und danach ein Glas Wein?"

Er war einverstanden und schenkte mir ein dankbares Lächeln.

Angezogen und mit einem Glas Wein saßen wir unter der Wärmelampe auf der Terrasse.

„Das ist eine fantastische Wohnung und der Ausblick sensationell."

„Du sprichst ausgezeichnet Deutsch."

„Ich bin in Prag zweisprachig aufgewachsen. Mein Vater ist Tscheche, meine Mutter war Österreicherin."

„War?"

Traurig sah er mich an und dann blickte er in sein Weinglas. „Sie starb vor neun Jahren. Da war ich sechzehn."

„Das tut mir leid."

„Es war eine Erlösung für sie. Sie war schwer krank. Hat jahrelang gegen den Krebs gekämpft und doch verloren. Von da an veränderte sich mein Leben. Aber warum erzähle ich dir das alles. Das interessiert dich doch gar nicht."

„Ich bin Schriftsteller. Ich interessiere mich von Berufs wegen für Menschen und ihre Geschichten", beruhigte ich ihn.

„Du musst sehr erfolgreich sein, wenn du dir so eine Wohnung leisten kannst."

„Ich kann nicht klagen." Und dann erzählte mir Pavel seine Geschichte, wie er mit sechzehn seinen Vater verließ, der mit dem Tod seiner Frau überhaupt nicht zu Recht kam. Er kam bei einem Kumpel unter, der sich als Stricher seinen Unterhalt verdiente. Und Pavel tat es ihm gleich. Doch auf der Straße, das war ihm zu billig. Er wollte mehr, bot sich übers Internet an, baute sich einen Stammkundenkreis auf. Und dann bekam er das Angebot, in einem Schwulenporno mitzuspielen, das war der Beginn seiner Karriere.

„Jetzt weiß ich, woher ich dein Gesicht kenne“, unterbrach ich ihn erregt. Ich muss ein paar deiner Filme in meiner Sammlung haben.“

„Das freut mich“, entgegnete er lächelnd. „Du hättest mich heute live haben können, aber du wolltest ja nicht“, grinste er mich lüstern an.

„Das holen wir nach. Nur heute nicht.“ Sah ich da eine kleine Enttäuschung in seinen Augen? „Lebst du Wien?“

„Nein. In Prag. Nur einmal im Monat komme ich für ein paar Tage hierher. Ich habe in Wien einige Stammkunden. Vielleicht wirst du ja auch einer?“

„Die Möglichkeit besteht. Du hast jetzt meine Nummer. Melde dich, wenn du wieder in der Stadt bist.“

„Sehr gern“, erwiderte er, trank sein Glas leer und stand auf. „Ich bin noch bis Donnerstag in Wien, solltest du spontan das Bedürfnis haben.“

„Gut zu wissen.“ Zum Abschluss küssten wir uns freundschaftlich und ich beendete den Abend mit einem weiteren Glas Wein und fühlte mich großartig entspannt.

Am nächsten Morgen erhielt ich zwei schlechte Nachrichten: Benschi und Marco konnten – oder wollten – meine Einladung für den Heiligabend nicht annehmen. Und irgendwie konnte ich das auch verstehen. Beide hatte ich von mir gestoßen, mein Friedensangebot kam wohl zu früh. Egal, ich würde mir einen schönen Abend mit Bianca machen. Aber ob der so verkrampft sein würde wie unsere letzten Begegnungen? So viel war passiert, so viel stand zwischen uns. Aber ich wollte mein Bestes versuchen. Brücken bauen, sagt man doch so schön.

Zwei Tage später hatte ich dann doch Lust auf Pavel. Zur Einstimmung auf den Abend sah ich mir einen seiner Filme an. Pavel war eine geile Sau. Ob er das nur vor der Kamera war? Nein, war er nicht. Die zwei Stunden, die ich ihn gebucht hatte, waren geil und schweißtreibend. Wir besorgten es uns in allen Stellungen und Variationen. Das musste für die nächsten Tage reichen, denn ich wollte die Tage bis Weihnachten eher besinnlich als sinnlich gestalten. Ich dekorierte die Wohnung, zündete Duftkerzen an und hörte Weihnachtsmusik. Mann, langsam wurde ich wirklich alt. Und ich schrieb fleißig, kam mit meinen beiden Projekten gut voran.

Am dreiundzwanzigsten rief mich meine Mutter an. Sie war bei Inge und gemeinsam warteten sie auf den Shuttlebus, der sie zum Münchener Flughafen bringen würde.

„Glaube mir, Jonas, ich habe immer noch ein schlechtes Gewissen.

„Musst du nicht haben", besänftigte ich sie.

„Aber wie wirst du den morgigen Abend verbringen? Allein?"

„Bianca wird am Abend bei mir sein, ich habe sie eingeladen."

„Das freut mich, mein Junge. Vielleicht wird doch wieder alles so, wie es einmal war, zwischen euch beiden. Ich hoffe das so."

„Wir werden sehen. Aber ein Anfang ist zumindest gemacht." Dass ich auch Benschi und Marco eingeladen hatte und beide absagten, erzählte ich ihr nicht. Dann wünschte ich ihr und Inge einen guten Flug und eine schöne Zeit in New York.

Den nächsten Morgen begann ich mit einer Tasse Kaffee und machte mich früh auf den Weg in die Stadt, um die letzten Besorgungen zu erledigen. Ich legte einen Zwischenstopp bei Lucca ein, um ihm und seiner Familie ein schönes Weihnachtsfest zu wünschen. Wieder daheim verstaute ich die Lebensmittel im Kühlschrank, machte mein Bett und unterzog die gesamte Wohnung einer gründlichen Reinigung. Danach gab es ein paar Einheiten in meiner privaten Muckibude und erst dann ein ausgiebiges spätes Frühstück. Das Mittagessen ließ ich ausfallen, ich schmückte stattdessen den Baum. Eine zwei Meter hohe Silbertanne, deren Heimtransport mir am Vortag einige Mühe bereitete. Nach zwei Stunden betrachtete ich mein Werk und war äußerst zufrieden damit. Dann begann ich mit den ersten Vorbereitungen in der Küche. Schweinsbraten mit Kartoffeln, Semmelknödel und Blaukraut sollte es dieses Jahr geben. So wie beim Klassentreffen, wo das ganze Chaos der vergangenen Monate begann. Wir hatten zu Hause nie ein festes Weihnachtsessen, meine Mutter kochte immer, wonach uns der Appetit stand und das behielt ich in den letzten Jahren so bei. Nachdem alles vorbereitet war, gönnte ich mir eine entspannende Zeit in meiner Sauna. Als ich nach zwanzig Minuten aus der Kabine trat und zur

Dusche abbiegen wollte, piepste mein Handy. Eine Nachricht. Wahrscheinlich von meiner Mutter. Weit gefehlt. Fassungslos starrte ich auf das Display. Bianca sagte ab. Sie fühle sich nicht gut und entschuldigte sich dafür. Ich antwortete mit einem ‚Schade und gute Besserung'. Nun war es tatsächlich dazu gekommen, ich war allein. Jonas allein zu Haus. Doch ich ließ mir die Stimmung nicht verderben. Nach der Dusche zog ich mich schick an, ging in die Küche, öffnete eine Flasche Wein, band mir eine Schürze um und begann mit der Kocherei. Ich musste auf niemanden warten und konnte früher essen. Ich würzte den ganzen Braten, auch wenn ich die nächsten drei Tage davon essen musste. Als er im Rohr war, nahm ich mein Glas und setzte mich auf die Terrasse. Es war bereits finster und über die Stadt hatte sich eine unglaubliche Ruhe gelegt. Vom Weihnachtstrubel der letzten Stunden war nichts mehr zu hören oder spüren. Die Weihnachtsbeleuchtung auf der Terrasse sorgte für eine angenehme friedliche Stimmung, die weihnachtliche Musik aus den Boxen tat ihr Übriges. So gemütlich es war, durfte ich den Braten im Rohr nicht vergessen. Ich ging nach unten, übergoss ihn mit Brühe und stellte einen Topf Wasser auf die Herdplatte, um die vorbereiteten Knödel zu kochen. Pünktlich um halb sieben war alles fertig. Ich gönnte mir eine große Portion, nahm meinen Teller und setzte mich ins Esszimmer an den festlich gedeckten Tisch. Es schmeckte herrlich, aber nicht so, wie bei meiner Mutter. Irgendwann musste sie mir ihr Geheimnis verraten. Bianca, Benschi und Marco verpassten etwas. Mutter hatte sich nicht gemeldet. Der große Apfel nahm sie wohl sehr in Anspruch. Gleich nach dem Essen schickte ich eine Nachricht und wünschte ihr und Inge Frohe Weihnachten. Ihre Antwort kam umgehend. Bescherung gab es keine. Die zwei Karten für die Silvestervorstellung der Fledermaus in der Staatsoper, die ich meiner Mutter geschenkt hätte, konnte ich mir in die Haare schmieren. Allein wollte ich nicht gehen und wer sollte mich schon begleiten. Um acht saß ich im Wohnzimmer auf der Couch. Fernsehen? Lesen? Schreiben? Oder gar Sex? Irgendwie war ich antriebslos. Ich entschied mich für einen Porno. Mit Pavel. Als ich auf die Starttaste drückte, klingelte mein Handy. Benschi! Konnte das sein?

„Hallo, Benschi. Ich bin überrascht."

„Hi, Jonas, ich störe hoffentlich nicht."

Es war so schön, seine Stimme zu hören. „Überhaupt nicht. Frohe Weihnachten!"

„Frohe Weihnachten, Jonas. Ich habe eben von Bianca gehört, dass sie dir auch absagen musste. Sie war schon die letzten Tage etwas kränklich. Und jetzt plagt mich eben das schlechte Gewissen."

„Kein Grund dazu, Benschi, es ist alles gut."

„Dann verbringst du den heutigen Abend allein?", fragte er mich.

„So sieht es aus."

„Ich stehe vor deinem Haus."

Was? Das überraschte mich jetzt sehr. Ich dachte, er hätte anderweitige Verpflichtungen. „Zufällig?"

„Um ehrlich zu sein, nein."

Mir schien, als würde mein Herz aufhören zu schlagen. Benschi wollte tatsächlich zu mir? An einem so besonderen Abend?

„Bis gleich."

Ich schickte ihm den Lift nach unten und erwartete ihn. Als er aus dem Lift trat, lächelte er mich an. Und ich schmolz dahin. Wie sehr ich mich freute, ihn zu sehen.

„Dann noch einmal Frohe Weihnachten", sagte er und überreichte mir ein großes Paket. „Vorsicht, schwer."

Und das war es tatsächlich. „Hast du ein paar Ziegel eingepackt?", fragte ich scherzhaft.

„Das wirst du gleich sehen."

„Komm erst mal mit." Ich ging ins Wohnzimmer und Benschi folgte mir. Dort fickte Pavel einen geilen Latino, während er einem anderen dessen fettes Rohr blies. Der Porno lief noch. Wie peinlich.

„Du hast ja nette Gesellschaft", grinste Benschi mich an.

„Setz dich, ich mach das aus."

„Lass nur, das stört mich nicht."

Ich ließ also den Film laufen, nur den Ton schaltete ich aus. Das Gestöhne störte dann doch etwas die feierliche Stimmung. „Auch ein Glas Wein?"

„Sehr gern", antwortete er, immer noch auf den Fernseher starrend. „Pavel in Action."

„Du kennst ihn?"

„Einmal im Monat gastiert er in Wien", antwortete er mit einem Augenzwinkern.

„Benschi, du bist Bundeskanzler."

„Ja und. Aber um dich zu beruhigen, das letzte Mal hatte ich ihn irgendwann im Frühjahr."

Beruhigt ging ich in die Küche, holte ein Glas und füllte es für Benschi. Wir stießen an und tranken. Als ich mein Glas wieder auf dem Tisch abstellte, gab ich mir einen Ruck und bedankte mich bei Benschi für seinen Anruf beim Holtmann Verlag, das war längst fällig.

„Gern geschehen", antwortete er. „Es tut mir leid, dass ich mich da eingemischt habe, aber ich konnte nicht anders. Ich hoffe, du bist mir nicht böse."

„Würdest du sonst hier sitzen?"

„Ich weiß ja nicht, was du vor hast. Vielleicht werde ich gefesselt und gefoltert. Spaß beiseite, ich hoffe, es hat etwas gebracht."

„Hat es tatsächlich. Ich danke dir dafür. Obwohl ich ohnedies nicht vorgehabt habe, für diesen Verlag noch einmal zu schreiben. Aber dass jemand diese Herren in ihre Schranken wies, war höchste Zeit. Und wenn das der Kanzler von Österreich ist, dann hat das schon was zu bedeuten. Und was das Fesseln und Foltern betrifft, ich stehe nicht auf Bondage und SM."

„Schade", grinste er als Antwort.

Ich wollte dringend das Thema wechseln und da fiel mir ein, dass ich ja Benschi das Geschenk noch nicht gegeben hatte. Ich ging also zum Christbaum, nahm ein Päckchen und reichte es ihm. „Ich hoffe, es gefällt."

„Du wusstest doch, dass ich nicht kommen würde."

„Ich hätte es Bianca für dich mitgegeben. Auspacken."

Gleichzeitig packten wir unsere Geschenke aus. Benschi war zuerst fertig. Socken, Krawatte, Stecktuch – alles farblich abgestimmt, in violetten Tönen. „Ich hoffe, nicht zu gewagt für dich?"

„Wunderschön", beruhigte mich Benschi. „Vielen Dank."

Dann hatte ich endlich das Geschenkpapier gelöst und öffnete vorsichtig den Karton. Ich traute meinen Augen kaum. Es waren natürlich keine Ziegel, sondern verschiedene Gin-Sorten und Tonic Water.

„Hast du nicht mal gesagt, du hättest selten beides gleichzeitig zu Hause?"

„Das hast du dir gemerkt? Ich bin beeindruckt. Wirklich. Vielen Dank." Ich war ehrlich gerührt. Benschi hatte sich Gedanken gemacht. Und sich an unser Gespräch in Salzburg erinnert.

„Übrigens, von Marco liebe Grüße."

„Warum hast du ihn nicht mitgebracht? Wollte er nicht?"

„Marco ist gestern zu seinen Eltern nach Barcelona geflogen."

„Schön." Das beruhigte mich. Ich hatte das Gefühl, er wollte mich vielleicht gar nicht sehen. Ich war ja nicht nett zu ihm.

„Wann fährst du nach Hause? Fährst du überhaupt nach Hause?"

„Morgen im Lauf des Tages. Ich nehm Bianca mit, da kann sie sich von ihrer Mutter gesund pflegen lassen. Silvester verbringen wir dann in Salzburg und Neujahr geht's wieder retour. Neujahrskonzert. Da wäre ich auch hingegangen, wenn ich die Wahl nicht gewonnen hätte. Ist Tradition bei mir. Ich mache das jedes Jahr."

„Schön. Habe ich leider noch nie geschafft."

„Das holen wir nach."

Ja genau, als ob er sich mit mir in der Öffentlichkeit zeigen würde. Ich ließ seinen Satz unkommentiert und starrte auf den Bildschirm. Pavel war immer noch in schweißtreibender Action.

„Ist schon eine geile Schnitte", kommentierte Benschi das Geschehen auf dem Bildschirm.

„Ein Star der Szene. Der hat seinen Weg gemacht. Bewundernswert, bei der Lebensgeschichte."

„Was meinst du?", fragte Benschi und sah mich an.

„Naja, die Mutter so früh verloren, die Probleme mit dem Vater, das Leben auf der Straße."

Benschi fing an zu lachen, dass ihm die Tränen kamen. „Woher hast du denn diesen Blödsinn?"

„Das hat Pavel mir erzählt", verteidigte ich mich.

„Da hat er dir aber einen schönen Schmarrn aufgetischt."

Pavels Mutter lebte noch. Und sein Vater war Diplomat. Und Pavel lebte in seiner Jugend keinesfalls auf der Straße, sondern wohlbehütet in einer Villa am Rande von Prag. Er führte ein privilegiertes Leben. Und um dagegen zu rebellieren, drehte er diese Pornos.

„Es ist seine eigene Produktionsfirma. Ein Skandal in Tschechien. Zumindest in den besseren Kreisen."

„Na, wenn der das nächste Mal kommt ..."

„Er kommt wieder?" Klang da leichte Enttäuschung in Benschis Stimme durch?

„Er ist ein wunderbarer Masseur. Wie der Sex mit ihm ist, weiß ich nicht. Dazu ließ ich es bei seinem Besuch nicht kommen."

„Dann hast du was verpasst", sagte er mit Begeisterung und schenkte mir einen wissenden Blick.

So saßen wir eine Zeit lang da und hingen unseren Gedanken nach.

„Hast du überhaupt schon etwas gegessen?", fielen mir plötzlich meine Gastgeberpflichten ein. „Ich hätte Schweinsbraten anzubieten."

„Danke, das ist lieb, aber ich habe in der ORF-Kantine eine Kleinigkeit gegessen. Wenn ich gewusst hätte, dass du dich so ins Zeug legst, hätte ich besser darauf verzichtet."

„Hättest du wirklich sollen. Er ist mir gut gelungen."

„Also nicht nur ein erfolgreicher Schriftsteller, sondern auch noch ein ausgezeichneter Koch? Ich bin beeindruckt."

„Man bemüht sich."

„Ich habe dich völlig unterschätzt, Jonas."

„Du hast meinen Braten doch gar nicht probiert", reagierte ich auf sein Lob.

„Den meine ich doch gar nicht, du Trottel", erwiderte er scherzhaft. „Nach unserer Schulzeit haben wir uns aus den Augen verloren. Ich studierte in Salzburg Jus, verbrachte vier Jahre in London und zwei in New York, stieg dann in die Kanzlei meines Vaters ein und engagierte mich in der Politik, aber was aus dir wurde, darüber hatte ich mir nur selten Gedanken gemacht. Aber als die Einladung zum Klassentreffen kam, wurde ich neugierig und hoffte, du würdest auch kommen. Ich wusste nur, dass du ein paar Theaterstücke geschrieben hast, die von Amateuren aufgeführt werden. Als ich dich dann sah, war ich völlig perplex. Du warst anders als damals in der Schule. Natürlich, wir haben uns alle verändert, sind älter geworden, aber du warst komplett anders. Auch wenn wir uns noch nicht gekannt hätten, ich hätte mich wieder in dich verliebt."

Stunde der Wahrheiten und Geständnisse. Ich nahm einen großen Schluck und leerte mein Glas.

„Bist du sicher, dass du heute dieses Gespräch mit mir führen willst, Benschi?"

Bis eben war alles locker flockig. Eine Leichtigkeit beherrschte unser Gespräch, das aber plötzlich in eine ernste Richtung zu führen drohte. Wollte ich das? Ich schenkte mir nach.

„Ich habe dich nie gesehen, wie du bist. Beim Klassentreffen war ich geblendet von deinem Aussehen und ich wusste immer noch nicht, was in dir steckt. Als dann Wochen später die Kay-West-Bombe platzte, wurde mir bewusst, dass wir dich alle unterschätzt haben. Du hast Weltbestseller geschrieben und keiner wusste es. Weil es dir keiner zugetraut hat. Ich am allerwenigsten. Ich habe letztens mal gegoogelt und habe herausgefunden, dass du der am meisten gespielte österreichische Autor der Gegenwart bist. Aber davon liest man nicht groß in den Zeitungen. Du lässt das nicht raushängen. Und jetzt das Stück in den Kammerspielen. Beeindruckend. Wirklich. Und trotz allem lebst du nach wie vor sehr zurückgezogen. Bist bescheiden, wenn man einmal von dieser Wohnung absieht, die ein Traum ist. Aber du bist immer noch du. Echt und wahrhaftig."

Dann nahm auch er einen großen Schluck und gab mir dadurch die Gelegenheit, das eben Gesagte zu verdauen. Mit diesen Worten hatte ich nicht gerechnet. Schon gar nicht von Benschi. Und ich spürte, dass er das ernst meinte, er wollte nicht schleimen, wie ein typischer Politiker und Speichellecker. Es tat mir gut, das zu hören und trotzdem schmerzte es, es von ihm zu hören, von meiner großen Liebe, die er immer noch war, trotz der beiden Intermezzi mit Marco und Alexander. Benschi war meine große Liebe und würde es immer sein.

„Hey, Jonas, ich wollte dich nicht zum Weinen bringen!"

„Was?" Und da bemerkte ich, dass mir schon die ganze Zeit Tränen über meine Wangen liefen. Mit meinem Ärmel wischte ich sie mir ab und räusperte mich.

„Alles gut?", fragte er zärtlich.

„Alles gut, sorry." Ich bemerkte sein leeres Glas. „Sorry, dein Glas ist ja leer." Ich nahm die Flasche und schenkte nach. Mittlerweile hatten Pavel und die anderen beiden abgespritzt und der Film war zu Ende. Benschi war näher an mich herangerückt, fasste mich an meiner rechten Schulter und zog mich zu sich. Ich lehnte mich an ihn an und so verharrten wir stumm für ein paar Minuten. Ich hätte für den Rest meines Lebens so sitzen können, es fühlte sich so wunderbar an.

„Ich hätte nach der Klassenreise nicht den Kontakt zu dir abbrechen sollen", beendete er schließlich das Schweigen. „Wäre ich nur nicht so feig gewesen, hätte ich zu meiner Homosexualität gestanden, alles wäre anders gekommen. Mein Leben ist eine einzige Lüge. Aber es gibt keinen Weg zurück."

Und da fasste ich einen Entschluss. Da ich zu einer Beziehung mit einem anderen Mann nicht fähig war, solange es Benschi gab, wollte ich mich mit weniger zufriedengeben.

„Bleibst du heute Nacht hier? Und jede andere Nacht. Ich will dich nicht wieder verlieren. Wir müssen keine öffentliche Beziehung führen. Ich will nur so viel Zeit mit dir verbringen wie möglich. Im Geheimen, wenn es nicht anders geht. Aber ich kann und will nicht auf dich verzichten."

Ich setzte mich auf und sah ihm in die Augen. Mein Vorschlag schien ihn überrascht zu haben. Er überlegte, wägte ab. Dann lächelte er, näherte sich mit seinem Kopf und küsste mich zärtlich. War das ein Ja?

Stunden später erwachte ich aus einem tiefen und traumlosen Schlaf. Irgendetwas hatte mich plötzlich geweckt. Durch die geschlossenen Vorhänge erkannte ich, dass es draußen noch finster war. Ich setzte mich auf und griff nach meinem Handy. Halb sechs. Dann stockte ich. Moment, ich ging ja nicht allein ins Bett. Ich drehte mich zur Seite, das Bett neben mir war leer.

„Benschi?" Ich schaltete das Licht an und sah, dass seine Kleidung weg war, die er achtlos ein paar Stunden zuvor auf den Boden fallen ließ. Ich stand auf und lief durch die Wohnung. Benschi war weg. Was. Für. Ein. Arsch. Er hatte es wieder gemacht. Wie schon vor einem dreiviertel Jahr in Salzburg. Einfach gegangen. Sich raus gestohlen. Ohne ein Wort. Und das nach unserem Gespräch. Nach dem geilen Sex, den wir hatten. Nackt wie ich war, ging ich in die Küche und schaltete die Kaffeemaschine ein. Hunderttausend Dinge gingen mir durch den Kopf. Trauer, Enttäuschung, Zorn. Ich machte mir einen Espresso und setzte mich an den Küchentisch. Warum? Es war doch alles so schön. So unglaublich schön. Ein Piepser auf dem Handy riss mich aus meinen Gedanken. Eine Nachricht von Benschi. ‚Sorry'. Das war alles. Und was tat ihm leid? Der gestrige Abend? Die Zärtlichkeiten? Das wortlose Verschwinden? Zornig schob ich das Handy von mir. Nie wieder. Nie wieder werde ich einen Gedanken an ihn verschwenden. Scheiß Weihnachten.

Drei sind keiner zu viel

Die nächsten zwei Tage verbrachte ich im Delirium. Zu viel Alkohol, und um schlafen zu können die eine oder andere Schlaftablette. Am Siebenundzwanzigsten war ich wieder halbwegs bei Sinnen. Ich schlief bis Mittag und nach zwei doppelten Espressi war ich fast klar im Kopf. So abgeschossen hatte ich mich noch nie. Das penetrante Klingeln meines Handys holte mich dann völlig zurück ins Hier und Jetzt.

„Was ist los mit dir?“, kreischte meine Mutter ins Telefon.

„Guten Morgen, erst einmal.“

„Bei dir ist es Mittag. Also, was ist los?“

„Alles gut, Mutti.“

„Alles gut? Du hast die letzten Tage nicht auf meine Anrufe reagiert, meine Nachrichten blieben unbeantwortet. Das kenne ich nicht von dir.“

„Ich habe mein Handy verlegt und nicht gefunden. Danke, dass du angerufen hast, sonst würde ich noch ewig danach suchen.“ Würde sie mir diese Lüge glauben? Meiner Mutter war nur schwer etwas vorzumachen.

„Ach so“, sagte sie beruhigt. „Ich dachte schon, es wäre weiß Gott was passiert.“

„Wie geht es euch beiden im Big Apple?“, fragte ich, um schnellstens das Thema zu wechseln.

„Wunderbar. Ein besonderes Erlebnis. Das musst du auch einmal machen.“

Hätte ich schon längst, aber ich wollte dich Weihnachten nicht allein lassen. Du hattest umgekehrt weniger Probleme damit. Das sagte ich ihr nicht, ich wollte sie nicht verletzen.

„Ich denke darüber nach, Mutti“, war alles, was ich darauf erwiderte.

Kurz darauf beendeten wir unser Gespräch. Wie ich Weihnachten verbracht habe, danach fragte sie mich nicht. Besser so, wenn ich ehrlich war. Ich wollte ihr nicht schon wieder eine enttäuschende Benschi-Geschichte erzählen. Ein Blick auf mein Handy zeigte mir sechzehn Anrufe in Abwesenheit an. Fünfzehn von meiner Mutter. Einer von Alexander. Auf der Mobilbox hatte er mir keine Nachricht hinterlassen, aber ein WhatsApp war ich ihm wert. ‚Frohe Weihnachten. Bussi Alexander.‘ Na, immerhin. Ich antwortete ihm unverzüglich und wünschte nachträglich schöne Feiertage. Er hatte an mich gedacht. Wie schön.

Ich legte das Telefon zur Seite und beschloss, erst einmal ausgiebig zu duschen. Ich stank wie Sau. Was hatte ich die letzten zwei Tage getrieben? Meine Erinnerung steckte in einem dichten Nebel.

Eine Stunde später fühlte ich mich wieder wohl in meiner Haut. Top gestylt verließ ich die Wohnung und machte mich auf den Weg zu Lucca. Als ich aus dem Haus trat, war die Überraschung groß. Es hatte geschneit. Ein paar Zentimeter waren zusammengekommen. Und ich hatte nichts davon mitbekommen. Bei Lucca ergatterte ich den letzten freien Tisch. Ich startete mein Mittagsmahl mit einem Glas Prosecco. Das war die Nagelprobe, ob ich wieder fit war. Und er schmeckte, es war also wieder alles in Ordnung mit mir, den Absturz der letzten Tage hatte ich wohlbehalten überstanden. Die Gnocchi in Gorgonzolasauce schmeckten mir vorzüglich. Während ich auf das Dessert wartete, ich entschied mich für Luccas legendäres Tiramisu, schrieb ich Lorenz eine Nachricht und lud ihn und Erik für Silvester ein. Die beiden sollten meine Fledermauskarten bekommen. Unverzüglich kam seine Antwort, er würde es mit Erik besprechen, aber die Aussichten auf ein Wiedersehen stünden gut. Der Gedanke an einen Dreier mit den beiden zauberte mir ein Lächeln ins Gesicht.

„Da scheint einer gut gelaunt zu sein“, riss mich Lucca aus meinen Gedanken, während er die Nachspeise vor mir auf den Tisch stellte.

„Ja in der Tat. Der Eindruck täuscht nicht.“

„Die Feiertage gut überstanden?“

„Ausgezeichnet. Und du?“

„War stressig die letzten Tage. Familienbesuch aus Italien. Aber schön. Ich sehe meine Eltern leider zu selten. Und Maria war auch glücklich, sie wieder einmal zu sehen.“

„Sie versteht sich also gut mit deinen Eltern?“

„Es sind ja auch ihre Eltern.“

„Schwiegereltern“, berichtigte ich ihn.

Verwirrt sah er mich an. „Warum Schwiegereltern? Maria ist meine Schwester.“

Jetzt sah ich ihn verwirrt an. Ich war immer der Meinung, Maria sei seine Frau, weil er immer so liebevoll von ihr sprach. Von einer anderen Frau in seinem Leben wusste ich nichts. Und plötzlich saß er neben mir und legte seine Hand auf meine.

„Jonas, unter uns, wir zwei spielen im selben Team.“

Was? Der schnuckelige Lucca ist schwul? Wie konnte das sein? Er war der Letzte, den ich auf dem Radar hatte. Und Alexander hatte Recht. Er hatte ihn gleich bei seinem ersten Besuch für schwul gehalten. Und dann hörte ich Lucca herzhaft lachen.

„Jetzt solltest du dein Gesicht sehen!"

„Ich bin komplett geflasht. Damit habe ich nicht gerechnet. Naja, vielleicht einmal davon geträumt, als ich dich das erste Mal sah vor ein paar Jahren. Ich hatte oft das Gefühl, du würdest mit mir flirten, habe es aber schnell als Freundlichkeit und Höflichkeit abgetan."

„Dein Gefühl trog dich nicht, Jonas. Ich habe mit dir geflirtet. Aber du hast es nicht gecheckt. Und ich dachte, du hättest kein Interesse."

„O doch, das hatte ich", erwiderte ich.

„Schade. Jetzt ist es zu spät, ich bin glücklich vergeben. Aber ich darf etwas Diskretion erwarten, okay?"

„Natürlich."

„Schön, dann hätten wir das geklärt. Und jetzt lass dir das Tiramisu schmecken."

Er überrumpelte mich mit einem verstohlenen Kuss auf meine Wange, stand auf und kümmerte sich um andere Gäste. Ich war völlig perplex. Mit einem Outing dieser Art hatte ich nicht gerechnet. Ich aß das Dessert, war mit meinen Gedanken aber wo anders. Wie blind war ich gewesen. Wie unsensibel. Ich könnte jetzt mit Lucca zusammen sein. Ich musste dringend meine Antenne neu justieren.

Als er zum Kassieren wieder an meinen Tisch kam, fragte er mich, ob ich Silvester wieder mit meiner Mutter verbringen würde, und ich erzählte ihm von ihrer Reise nach New York.

„Davon träume ich auch", gestand er mir. „Aber das muss noch ein paar Jahre warten, das Geschäft geht vor. Und wie wirst du die Nacht der Nächte verbringen?"

„Noch ist nichts fix."

„Wir haben auf alle Fälle geöffnet. Falls du nicht allein sein willst."

Ich bedankte mich für die indirekt ausgesprochene Einladung, zahlte und verließ das Lokal. Auf dem Weg nach Hause musste ich unbedingt Lebensmittel besorgen. Luccas Geständnis ging mir dabei nicht aus dem Kopf. Warum kam er erst heute mit der Wahrheit heraus? Warum hat er sich mir nicht anvertraut, als er Single war? Idiot. Wir wären doch ein schönes

Pärchen geworden. Ich habe echt kein Glück mit den Männern. Ich glaube ich werde hetero.

Am Abend telefonierte ich mit Lorenz, er hatte sich mit seinem Mann Erik unterhalten und nahm meine Einladung an. Wir vereinbarten, dass sie am einunddreißigsten um die Mittagszeit ankommen und bis zweiten Januar bleiben würden. An diesem Tag war auch die Rückkehr meiner Mutter und Inge in Schwechat geplant und die beiden würden dann mit Lorenz und Erik zurück nach Salzburg fahren.

Die paar Tage bis dahin verbrachte ich mit Schreiben und Sport. Viel Sport. Ich wollte, dass Lorenz und Erik vor Neid erblassen. Ja, ein klein wenig narzisstisch war ich schon veranlagt.
Kurz nach halb zwei stiegen sie aus dem Lift. Wir begrüßten uns herzlich und dabei fiel mir ein, dass ich vergessen hatte Lorenz zu fragen, ob er Erik unsere Begegnung in der Sauna und die gemeinsame Nacht gebeichtet hatte. Nachdem wir ihr Gepäck im Gästezimmer verstaut hatten, führte ich sie durch die Wohnung. Erik war mehr als nur beeindruckt, auch Lorenz kam aus dem Staunen nicht heraus. Okay, er hatte Erik nichts erzählt und ich würde unser Geheimnis nicht verraten. Er spielte den staunenden Besucher vorzüglich. Auf der Terrasse überraschte ich sie mit einer Flasche Prosecco, die wir unter der Wärmelampe bei angenehmem Geplauder über unsere Mütter und hauptsächlich über mein Leben leerten. Von sich erzählten sie so gut wie nichts. Doch so, wie sie miteinander umgingen, konnte ich davon ausgehen, dass die Probleme zwischen den beiden offensichtlich gelöst waren. Und was erwarteten die beiden nun von ihrem Besuch bei mir? Nur Silvester verbringen oder doch den von Erik gewünschten Dreier? Noch jetzt am Nachmittag oder nach der Fledermaus? Eine geile Knallerei nach der Mitternachtsknallerei? Sollte ich es ihnen leicht machen und ihnen gleich an die Wäsche gehen? Erst plaudern und dann ...

„Habt ihr was Besonderes geplant?“

„Außer der Fledermaus nichts. Danke nochmal dafür“, antwortete Erik auf meine Frage.

„Sehr gern. Wenn ihr also nichts anderes vorhabt, könnte ich die Sauna aufheizen und wir gönnen uns ein paar Schwitzeinheiten.“

„Gute Idee“, grinste Lorenz mich an.

Zwanzig Minuten später saßen wir in der Kabine und schwitzten vor uns hin. Und schwiegen. Lorenz Körper kannte ich schon und Erik stand ihm in nichts nach. Nicht so muskulös wie ich, aber sportlich definiert. Bei unserer ersten Begegnung war er mir nicht wirklich sympathisch, aber mittlerweile hatte ich meine Meinung geändert. Er war höflich, charmant und humorvoll. Da saßen wir also und rührten uns nicht. Der Schweiß rann mittlerweile von unseren Körpern. Lust hatte ich auf die beiden. Irgendwer sollte jetzt den Anfang machen, aber Lorenz und Erik rührten sich nicht. Dann ergreife ich eben die Initiative, dachte ich und rückte näher an Erik heran. Und dann ging es sehr schnell, nach ein bisschen küssen und blasen entschieden wir uns für Dusche und Schlafzimmer. Dort ging es nicht weniger schweißtreibend zur Sache. Nach etwa zwei Stunden lagen wir verschwitzt und absolut befriedigt in den Laken. Es war geil gewesen, ich hoffte, die beiden empfanden das auch.

„Wow", fand Lorenz als erster seine Stimme. „Wenn ich gewusst hätte, wie geil das wird, hätte ich mich nicht so lange geziert."

„Dann gehen wir ja spannenden Zeiten entgegen", erwiderte Erik mit einem dreckigen Lächeln. Daraufhin umarmten und küssten sich die beiden zärtlich. Und ich blieb außen vor. Was hatte ich anderes erwartet? Ich würde immer nur das Anhängsel sein. Egal, geil war es trotzdem.

„Also", meldete ich mich zu Wort, obwohl ich nicht wusste, ob sie mir überhaupt zuhören würden. „Die Fledermaus beginnt um sieben und dauert bis halb elf. Wir können vorher zu Abend essen, jedoch mit vollem Magen stundenlang sitzen ist nicht sehr angenehm. Wir könnten uns daher vorher hier bei mir eine Kleinigkeit gönnen, um dem lästigen Magenknurren vorzubeugen, und danach eine Kleinigkeit in der Stadt, um uns dort um Mitternacht ins Getümmel stürzen, oder wir essen vorher in der Stadt eine Kleinigkeit und nehmen nach der Fledermaus hier bei mir noch einen Happen zu uns und begehen den Jahreswechsel auf der Terrasse. Wozu habt ihr Lust?"

Sie beendeten ihre Knutscherei und überlegten.

„Ich würde sagen, vorher eine Kleinigkeit in der Stadt und den Jahreswechsel hier", schlug Lorenz vor. Erik stimmte zu und die Sache war geklärt.

„Na dann werde ich mal einen Tisch reservieren." Ich stand auf und verließ das Schlafzimmer.

Um halb sechs saßen wir bei Lucca, tranken Wein und aßen Pasta. Wir waren bester Laune. Der Sex mit den beiden war unverkrampft, hatte Spaß gemacht, ich hatte meine freundschaftliche Pflicht erfüllt. Und fühlte mich trotzdem einsamer denn je. Lucca hatte keine Zeit für uns, das Lokal war ausgebucht und er hatte eine Menge zu tun. Trotzdem sendete er immer wieder ein charmantes Lächeln in meine Richtung. Auf ein Dessert verzichteten wir und machten uns gegen halb sieben auf den Weg zur Oper. Dort herrschte bereits hektisches Treiben. Nachdem ich ihnen gute Unterhaltung gewünscht hatte, machte ich mich über die Kärntner Straße auf den Weg nach Hause. Tausende Menschen waren unterwegs, tranken, lachten, tanzten, aßen. Der Wiener Silvesterpfad war mittlerweile ein Highlight des Jahres. Kurz überlegte ich, noch auf ein schnelles Glas bei Lucca vorbeizuschauen, entschied mich dann aber doch dagegen.

Daheim angekommen, machte ich erst einmal im Schlafzimmer Ordnung, stellte die leeren Sektgläser in die Spülmaschine und gab die ausgetrunkene Proseccoflasche zum Müll. Danach bereitete ich den Mitternachtssnack vor. Brötchen mit Wurst und Käse und Lachs und Kaviar. Ich belegte ein paar Servierplatten, umhüllte sie mit Frischhaltefolie und gab sie in den Kühlschrank. Fertig. Und jetzt? Was sollte ich mit meiner Zeit anstellen, bis die beiden wieder zurückkehrten? Die Entscheidung wurde mir von meinem läutenden Handy abgenommen.

„Hallo, Alexander!", nahm ich das Gespräch entgegen.

„Hallo, Jonas."

„Freut mich, von dir zu hören", und das war wirklich ehrlich gemeint.

„Nachdem ich Weihnachten nur geschrieben habe, wollte ich mich wenigstens heute persönlich bei dir melden. Ich wünsche dir einen guten Rutsch und alles Gute fürs nächste Jahr."

„Ja danke, das wünsche ich dir auch. Wie geht's dir denn? Alles gut?"

„Alles gut, Jonas, danke. Bei dir hoffentlich auch?", fragte er vorsichtig. „Bist du mir noch sehr böse?"

„Ich war dir nie böse, Alexander."

„Aber ich habe dich verletzt. Ich habe dir Hoffnungen gemacht."

„Ich habe mir Hoffnungen gemacht, aber du hast mir keinen Anlass dazu gegeben. Ich habe zu viel in unsere gemeinsame Zeit hineininterpretiert. Das ist alles."

„Ich bin froh, dass du das so siehst."

„Läuft es gut mit deinem Freund?“ Eigentlich wollte ich das gar nicht wissen. Nur höflich sein.

„Das willst du doch gar nicht wissen, Jonas. Also quäle dich nicht.“

Was für ein kluges Kerlchen. „Mache ich nicht. Ich gönn dir dein Glück.“

„Danke, Jonas, das bedeutet mir viel. Und wie verbringst du die Nacht der Nächte?“

„Lorenz und Erik sind zu Besuch. Die sitzen in der Oper und schauen sich die Fledermaus an. Und du? Große Party?

„Nein. Keine Party. Nur gemütlich zu Hause. Und keine Sorge, dein Elternhaus wird morgen noch stehen.“

„Da wird meine Mutter sich freuen.“

„Dann noch einen schönen Abend und guten Rutsch, Jonas.“

„Vielen Dank. Wünsche ich dir auch. Ciao, Alexander.“

Ich legte das Handy zur Seite und setzte mich an den Küchentisch. Bis die beiden zurückkommen würden, hatte ich genug Zeit, um Bilanz über das vergangene Jahr zu ziehen. Eine regelrechte Achterbahn der Gefühle. Das Wiedersehen mit Benschi, die Kuschelnacht im Sacher und seine Zurückweisung. Die Entfremdung mit Bianca. Das Kennenlernen von Alexander und mein Verliebt sein. Das Intermezzo mit Marco. Und mein jetziges Alleinsein. Und beruflich natürlich die Erscheinung des fünften Teils meiner Miller-Saga, das Outing als Kay West und der große Erfolg von ‚Mary's Christmas‘ in den Kammerspielen. Diesbezüglich konnte ich nicht klagen. Außerdem arbeitete ich an einem schwulen Politkrimi und der Adaptierung meines ersten Schwulenromans für die Bühne. Also eigentlich alles gut, bis auf die privaten Turbulenzen. Und die würde ich im neuen Jahr in den Griff kriegen. Dies sollte mein Neujahrsvorsatz sein. Um kurz vor zehn bekam ich eine Nachricht von Lorenz. Sie hätten in der Pause Bekannte getroffen und würden sich nach der Aufführung mit ihnen in den Silvestertrubel stürzen. Falls ich Lust hätte, sollte ich kurz Bescheid geben. Aha, meine Gäste vergnügten sich lieber mit anderen. Auch okay. Aber ich wollte nicht das fünfte Rad am Wagen sein und lehnte dankend ab. Zum Jahreswechsel also allein. Zum ersten Mal seit acht Jahren. Aber erstmals in meiner neuen Traumwohnung. Und ich würde es genießen. Also öffnete ich zum zweiten Mal an diesem Tag eine Flasche Prosecco, schnappte mir ein Glas und ging nach oben. Nachdem ich die Wärmelampe und den

Whirlpool eingeschaltet hatte, machte ich die Musik an, setzte mich, füllte das Glas und nahm einen großen Schluck. Es war sternenklar und daher relativ kalt, aber die Wärmelampe erfüllte ihren Zweck vorzüglich. Als das Wasser die richtige Temperatur hatte, ging ich hinein, zog mich aus, schnappte den Bademantel und stieg ins Wasser, nachdem ich mir Sekt nachgefüllt und das Glas auf den Poolrand gestellt hatte. Wie herrlich das war! Klirrende Kälte, Sternenhimmel und ich im warmen Blubberwasser. Nach einer guten halben Stunde stieg ich aus dem Whirlpool und kuschelte mich in meinen Bademantel. Rundherum wurde schon geballert, obwohl es noch fast eine Stunde bis Mitternacht war. Lorenz und Erik hatten sich nicht mehr gemeldet auch sonst herrschte Funkstille. Gut so. Mir war nicht nach Unterhaltung. Langsam bekam ich Hunger. Ich ging in mein Ankleidezimmer, auch wenn mich keiner sehen würde, zog ich mich ordentlich an. Jeans, weißes Hemd, Sakko, das war mir der Jahreswechsel wert. Sekt trinkend und Musik hörend verbrachte ich die Zeit bis Mitternacht auf der Terrasse. Um Punkt null Uhr bekam ich eine Nachricht mit guten Neujahrswünschen von meiner Mutter und Inge aus New York und bedankte mich, hoffte aber auch, mich in sechs Stunden revanchieren zu können. Auch Bianca schrieb aus Salzburg und ich antwortete. Ansonsten nichts. Nur die Feuerwerksknallerei war zu hören. Ein Vermögen wurde innerhalb weniger Minuten in die Luft geballert. Ich trank die Flasche leer, machte auf der Terrasse alles dicht und ging nach unten ins Wohnzimmer. Im Fernsehen lief nur Schrott, ausgehen wollte ich nicht und fürs Bett war es zu früh. Also entschied ich mich für einen weiteren Pavel-Porno und einer weiteren Flasche Prosecco. Ich brauchte niemanden, um einen schönen Abend zu haben.

Irgendwann schreckte ich hoch. Pavel hatte ausgefickt. Und ich war eingenickt. Es war bereits halb vier. Lorenz und Erik hatten sich nicht gemeldet, die waren wohl immer noch am Feiern. Ich entschied mich fürs Bett.

Als ich das nächste Mal munter wurde, war es fast sechs. Ich hatte eine Nachricht erhalten. Von Benschi. Um kurz nach fünf.

‚Spät aber doch möchte ich mich für den wunderschönen Weihnachtsabend bedanken. Aber ich konnte nicht bleiben. Du hast mir viel zum Nachdenken gegeben. Ich brauchte Zeit. Musste meine Gedanken ordnen.

Bin gleich auf dem Weg zurück nach Wien. Sehen uns. Happy New Year. Kuss Benschi'.

Da wurde mir gleich warm ums Herz. Er war nicht einfach so gegangen, weil es ihm peinlich war, so wie im Frühjahr in Salzburg. Worüber musste er nachdenken? Und er ist jetzt schon auf dem Weg nach Wien? Fuhr er selbst? Marco konnte doch um diese Zeit noch nicht aus Barcelona zurück sein. Egal, was machte ich mir überhaupt Gedanken. Aber seine Nachricht freute mich natürlich sehr. Warum berührte mich das immer noch dermaßen? Hatte ich mir nicht vorgenommen, von ihm loszukommen, Glück mit einem anderen Mann zu finden? Mit Marco und Alexander hatte ich es versucht und bin grandios gescheitert. Aber Neues Jahr, neues Glück. Ich würde mich nicht dagegen sperren. Sechs Uhr. Zum Aufstehen zu früh. Vor allem für einen Feiertag. Aber ich war munter. Ich stand also auf, schlüpfte in den Morgenmantel und machte mir in der Küche einen Kaffee. Wo sich Lorenz und Erik um diese Zeit noch herumtrieben? Die hatten bestimmt ihren Spaß. Sei es ihnen gegönnt. Sechs Uhr! Mitternacht in New York! Schnell schrieb ich meiner Mutter meine guten Neujahrswünsche und als der zweite Espresso in die Tasse rann, klingelte mein Telefon. Bianca. Ziemlich früh für ein Telefonat. Aber ich nahm es trotzdem entgegen.

„Guten Morgen!“

„Jonas?“ Bianca weinte, das merkte ich sofort.

„Ja. Was ist denn?“

„Es ... es“, mehr brachte sie nicht heraus.

„Bianca? Beruhige dich doch. Was ist passiert?“

„Benschi. Er ... er hatte einen Unfall. Er ....“ Und dann heulte sie wieder los.

Es dauerte ein paar Augenblicke, bis sie sich wieder beruhigte und erzählte, was passiert war. Benschi war mit dem Auto auf die Westautobahn in Richtung Wien aufgefahren. Es herrschte Straßenglätte, ein LKW kam ins Schlittern und rutschte in Benschis Wagen. Er befinde sich im Unfallkrankenhaus. Aber mehr wisse sie nicht. Die Polizei habe sie und Benschis Eltern angerufen und nun warteten sie auf weitere Informationen, aber es sähe nicht gut aus.

„Ich komme mir hier so verloren vor. Benschis Eltern sind irgendwie ... kalt.“ Und dann weinte sie wieder.

„Hör zu, Bianca. Ich nehme den nächsten Zug und komme. Okay. Also bis dann."

„Danke, Jonas. Das vergesse ich dir nie."

Bis dahin war ich relativ gefasst, ich wollte vor Bianca keine Dramaqueen sein. Aber sobald ich das Telefon auf den Tisch legte, liefen mir die Tränen über die Wangen. Hunderttausend Gedanken schossen mir durch den Kopf, doch ich zwang mich zur Beherrschung. Wie in Trance ging ich ins Bad, duschte, putzte mir die Zähne, zog mich an und packte ein paar Sachen in die Sporttasche. Als ich mir die Schuhe anzog, klingelten Lorenz und Erik. Ich schickte ihnen den Lift nach unten und bestellte mir ein Taxi. Als sie aus dem Fahrstuhl traten, war beiden schlechtes Gewissen ins Gesicht geschrieben.

„Jonas, es tut uns leid", lallte Lorenz leicht, „aber..."

„Sorry, dafür hab ich jetzt keine Zeit", unterbrach ich ihn forsch. „Ich muss nach Salzburg. Ihr könnt bleiben, aber vergesst nicht, morgen unsere Mütter vom Flughafen abzuholen."

Sprachlos schauten sie mir zu, als ich ihnen die Nummernkombination für den Lift aufschrieb und erklärte, wie alles funktioniert. „Fühlt euch wie daheim. Und jetzt ciao, ich habe es eilig."

Mit offenem Mund starrten sie mir nach, als ich mit meiner Tasche in den Lift trat und die Tür sich hinter mir schloss.

Das Ende einer Welt

Das Taxi wartete bereits und in zügigem Tempo ging es zum Hauptbahnhof, es war nur wenig Verkehr, die Straßen fast leer. Im Internet war es bereits die Schlagzeile.

‚Bundeskanzler bei Autounfall lebensgefährlich verletzt.'

Alles Mögliche wurde berichtet, Vermutungen, Gerüchte, aber keine Fakten. Ich steckte das Telefon in die Jackentasche und versuchte, mich endlich zu beruhigen. Es gelang mir nur schwer. Als ich endlich im Zug saß, entspannte ich mich zum ersten Mal. In gut zwei Stunden würde ich in Salzburg sein, der Weg zur Klinik war nicht weit, und dann würde ich endlich Bianca umarmen und drücken und trösten können und gemeinsam der Dinge harren, die auf uns zukommen würden.

Ich musste eingenickt sein, denn die Durchsage des Zugführers, die nächste Haltestelle sei Salzburg Hauptbahnhof, schreckte mich hoch. Schwerfällig zog ich mir die Jacke an, schnappte meine Tasche und ging Richtung Tür. Es waren fast keine Menschen im Zug, kein Wunder, es war Neujahr.

Endlich angekommen, ging es mit dem Taxi weiter. Als wir uns dem Eingangsbereich näherten, war die Medienmeute nicht zu übersehen. Als ich ausstieg, setzte ich mir die Kapuze meiner Jacke auf und zog sie mir tief ins Gesicht. Es war nicht einfach, mir einen Weg durch die Meute zu schlagen und am Eingang war ohnehin Schluss. Sicherheitspersonal verweigerte mir erst einmal den Zutritt.

„Entschuldigung, aber das ist ein öffentliches Krankenhaus und hier liegen bestimmt auch andere Patienten, außer dem Bundeskanzler. Also?" Daraufhin wurde ich eingelassen. Schon im Taxi hatte ich Bianca eine Nachricht geschrieben und tatsächlich kam sie mir in der Halle schon entgegen und fiel mir um den Hals.

„Ich bin so froh, dass du hier bist."

„Schon gut. Ich bin dir dankbar, dass du mich informiert hast. Gibt es etwas Neues?"

„Er wird noch operiert."

Dann schlug ich vor, in die Cafeteria zu gehen, irgendwie hatte ich zu wenig Koffein intus. Als wir es uns an einem Tisch gemütlich gemacht hatten und heißer Kaffee vor uns stand, entspannte ich etwas. „Da draußen ist ja die Hölle los."

„Ja. Wie die Schmeißfliegen. Wie ich das hasse, ständig unter Beobachtung zu stehen."

„Willst du mir erzählen, was genau passiert ist?"

Bianca nahm noch einen Schluck und begann schließlich zu erzählen. Den Silvesterabend verbrachten sie jeweils bei ihren Familien, aber gegen Mitternacht trafen sie sich in der Innenstadt, um auf das neue Jahr anzustoßen und das große Feuerwerk zu sehen.

„Dank der Eiseskälte waren wir vermummt und so erkannte uns niemand und wir konnten ohne Bodyguard raus. Aber irgendwie, Benschi war nicht in Feierlaune. Irgendwie betrübt. Nach dem Feuerwerk wollte er heim, obwohl eine geile Band auf dem Mozartplatz spielte. Also ging er. Und ich bin noch geblieben, ich hatte Bekannte von früher getroffen." Sie trank von ihrem Kaffee und schwieg einen Moment. „Bis halb fünf haben wir gefeiert und dann bin ich heim. Was Benschi in der Zwischenzeit gemacht hat, weiß ich nicht. Kurz nach halb sechs rief die Polizei an und informierte mich über den Unfall."

„Dich und nicht seine Eltern?", wunderte ich mich.

„Wir gelten als Paar. Ich verstehe nicht, warum er sich um diese Zeit ins Auto setzt."

„Hatte er getrunken?"

„Als wir uns vor Mitternacht trafen, war er völlig nüchtern und um zwölf hat er ein halbes Glas Sekt getrunken. Was nachher war, weiß ich leider nicht."

Ich musste Bianca von seiner Nachricht erzählen, die er mir um fünf Uhr früh schrieb. Mit großen Augen hörte sie mir zu.

„Er war am Heiligenabend bei dir?"

„Ja."

„Wow. Das wusste ich nicht, er hat kein Wort darüber verloren." Bianca schien wirklich überrascht. „Aber der Abend schien ihm gefallen zu haben."

„Ja. Er war wunderschön."

„Und was hast du ihm zum Nachdenken gegeben? Darf ich das fragen, oder ist es zu privat?"

„Er hat mir vor ein paar Wochen vorgeschlagen, eine geheime Beziehung zu führen. Aber ich lehnte ab. Du weißt, Bianca, dass ich Benschi liebe, aber ich will mich mit dieser Liebe nicht verstecken müssen. Und dann kamen Alexander und Marco, aber trotzdem hing ich an Benschi. Ich konnte ihn nicht loslassen. Und Weihnachten sagte ich ihm, dass ich bereit sei, diese von ihm gewünschte Form der Beziehung zu führen. Lieber ein bisschen Benschi als gar kein Benschi. Aber er ging, als ich noch schlief. Ich war sauer, als ich aufwachte und das Bett neben mir leer war. Er war wieder verschwunden wie im Mai in Salzburg. Und heute früh diese Nachricht. Wollte er zu mir?"

„Ich nehme es an", erwiderte Bianca zärtlich lächelnd. „Danke, dass du es mir erzählt hast. Ihr zwei gehört zusammen, wenn nur die Umstände andere wären, wenn diese scheiß Politik nicht wäre."

„Jetzt muss er erst einmal gesund werden."

„Erst einmal die OP überstehen. Die Ärzte sagten, es sehe nicht gut aus." Wieder kullerten Tränen über ihre Wangen. „Warum ich mich überhaupt so aufführe? Ich bin doch nur die Alibifrau."

„Aber ihr steht euch nahe. Das kann nicht spurlos an dir vorüber gehen", beruhigte ich sie.

„Aber du liebst ihn, Jonas."

„Ja, ich liebe ihn."

Bianca wischte sich die Tränen aus dem Gesicht. „Komm, wir gehen nach oben. Vielleicht gibt es etwas Neues. Und, Jonas, Benschis Eltern sind auch da, also ... naja, du kennst sie ja."

„O ja."

Zu Fuß gingen wir drei Etagen höher. Zwei Sicherheitsleute waren abgestellt, um Unbefugten den Zutritt zu diesem Bereich der Klinik zu verwehren. Doch wir konnten ungehindert durch. Wir betraten einen kleinen Aufenthaltsraum. Darin befanden sich nur Benschis Eltern. Sein Vater war ergraut, immer noch groß, sicher einsachtzig, im Anzug und kaltem Blick. Er ging ungeduldig auf und ab. Benschis Mutter saß auf einem Stuhl, verhärmtes Gesicht, vom Weinen gerötete Augen. Wir gingen auf die beiden zu.

„Herr Gruber", begann Bianca, „ich möchte Ihnen ..."

„Nicht jetzt, Fräulein Wiedmann", unterbrach er sie.

„Aber das ist..."

„Ich weiß, wer das ist. Jonas Mertens, ein früherer Schulkollege von Benjamin."

„Grüß Gott, Herr Gruber. Frau Gruber. Bianca hat mich angerufen. Benschi und ich sind nach wie vor sehr gut befreundet."

„Das kann nicht sein. Benjamin pflegt keine Freundschaften mit Menschen wie Ihnen."

„Menschen wie mir?"

„Konrad!", meldete sich Frau Gruber zu Wort. „Du bist unhöflich."

„Frau Gruber, es tut mir so leid." Das war das Stichwort für sie, erneut loszuweinen.

„Sie gehen jetzt besser", ergriff Benschis Vater wieder das Wort. „Fräulein Wiedmann, es war keine gute Idee, Herrn Mertens hierher zu bringen. Sie sollten ihn begleiten. Wir informieren Sie, sobald es etwas Neues gibt."

„Ich warte, bis die Operation beendet ist."

„Aber er bleibt nicht“, sagte Herr Gruber streng und zeigte mit dem Zeigefinger auf mich. „Er gehört nicht zur Familie.“

„Aber“, begann Bianca eine Erwiderung. Doch mit einer energischen Handbewegung brachte Benschis Vater sie zum Schweigen.

„Schon gut, Herr Gruber. Ich werde gehen. Dennoch ...“. Weiter sprach ich nicht, denn Herr Gruber drehte sich um und wandte sich seiner Frau zu.

„Begleitest du mich noch nach unten, Bianca?“ Sie nickte. „Auf Wiedersehen“, verabschiedete ich mich in Richtung Benschis Eltern, doch sie reagierten nicht. Arm in Arm verließen wir den Raum und gingen zum Lift.

„Was für ein Arsch. Der hat sich nicht geändert in all den Jahren.“

„Wie es Benschi mit seinem Vater aushält, ist mir ein Rätsel.

„Seine Mutter tut mir leid.“

„Apropos. Fährst du jetzt zu deiner Mutter?“, fragte Bianca, als wir im Erdgeschoß aus dem Lift traten.

„Die landet morgen in Schwechat. Nein, ich nehme mir ein Hotelzimmer. Willst du hierbleiben? Du hast doch so gut wie nichts geschlafen?“

„Ich warte hier das Ende der Operation ab und dann fahr ich nach Hause.“

„Halte mich bitte auf dem Laufenden, ja?“

„Sicher. Und danke, dass du hier bist.“

Wir umarmten und drückten uns fest und dann verließ ich das Krankenhaus. Mit dem Taxi fuhr ich zum Hotel Sacher und hatte Glück, durch eine kurzfristige Stornierung ergatterte ich das letzte Zimmer. Zum Jahreswechsel war Salzburg so gut wie ausgebucht. Im Zimmer angekommen, warf ich meine Tasche auf das Bett, trat raus auf den Balkon und zündete mir eine Zigarette an. Es war bitterkalt, die Salzach floss langsam unter mir vorbei und die Altstadt zeigte sich als idyllische Winterkulisse. Und dann hieß es warten.

Lorenz rief an und entschuldigte sich für ihr Verhalten und er würde an mich denken, sie hatten schon von Benschis Unfall gehört.

Ich räumte meine Tasche aus, legte mich aufs Bett und schaltete den Fernseher ein. Auf sämtlichen Sendern wurde über den Unfall berichtet. Das musste ich mir echt nicht geben, ich machte den Fernseher wieder aus, schloss die Augen und dachte an Benschi. An den Heiligabend. Der für mich so wunderschön war.

Das Klingeln meines Handys ließ mich hochfahren. Es war Bianca. Verdammt, ich war eingenickt, kein Wunder, die Nacht war kurz.

„Hi, Bianca."

„Hab ich dich geweckt? Sorry."

„Kein Problem, ich bin nur kurz eingenickt. Gibt es was Neues?"

„Die Operation ist vorbei. Benschi hat zahlreiche Knochenbrüche und Quetschungen. Aber am schlimmsten sind die schweren Kopfverletzungen. Sie haben ihn in künstlichen Tiefschlaf gelegt. Die gute Nachricht ist, dass er nicht mehr in akuter Lebensgefahr schwebt. Aber die Lage ist trotzdem äußerst kritisch. Es ist nicht abzusehen, ob er bleibende Schäden davontragen wird."

Scheiße. Das klang gar nicht gut. Warum musste er sich auch um diese Zeit ins Auto setzen? Bei den Fahrverhältnissen. Was hatte ihn dazu bewogen? Hatte er zu viel Alkohol getrunken?

„Fährst du jetzt zu deinen Eltern, um ein bisschen zu schlafen?"

„Nein. Ich würde jetzt kein Auge zu machen."

„Dann komm doch zu mir ins Sacher und wir essen eine Kleinigkeit. Es ist fast Mittag."

„Ob ich jetzt was essen kann, weiß ich nicht. Aber ich komme gern. Halbe Stunde?"

„Passt. Ich warte im Restaurant auf dich. Bis dann."

„Bis dann. Jonas? Es ist so schön, dass du hier bist. Allein würde ich durchdrehen."

„Und mir würde es in Wien so ergehen", beruhigte ich sie.

Fast zwölf. Sollte ich meine Mutter informieren? Doch in New York war es sechs Uhr früh und daher entschied ich mich dagegen.

Nach einer Dusche und Kleidungswechsel saß ich eine halbe Stunde später im Restaurant und hatte bereits ein kleines Bier vor mir stehen. Etwas außer Atem trat schließlich Bianca an den Tisch. Ich stand auf und begrüßte sie mit Küsschen auf die Wangen. Nachdem sie mir gegenüber Platz genommen und ebenfalls ein kleines Bier bestellt hatte, sahen wir uns in die Augen und schwiegen. Sie sah nicht nur müde, sondern fix und fertig aus.

„Liebe Grüße von Marco. Er hat angerufen, nachdem er in Schwechat gelandet war. Er setzt sich gleich in den Zug und kommt."

Der Ober servierte Biancas Bier und ich bestellte ein Gulasch und Bianca nur einen kleinen Salat. Dann stießen wir an und tranken auf Benschi.

„Wie lange bleibst du?“, fragte Bianca etwas zögerlich.

„Solange du mich brauchst.“

„Das ist lieb. Danke. Aber wenn Marco hier ist, fühle ich mich nicht so allein. Du musst also nicht …“

Sie beendete den Satz nicht. Aber trotzdem versetzte es mir einen leichten Stich. Wenn Marco hier war, wären sie wieder zu dritt, wie in den letzten Monaten. Bianca, Benschi und Marco. Die eingeschworene Truppe, die Benschis großes Geheimnis verband. Und ich wäre außen vor. Schob sie mich wieder zur Seite, weil sie mich nach Marcos Ankunft nicht mehr brauchte? Das würde ich ihr übelnehmen. Ich hatte gehofft, diese so schwierige Situation würde etwas Tauwetter in unsere verkorkste Freundschaft bringen. Ich hatte mich wohl geirrt.

Das Schweigen wurde länger und setzte sich während dem Essen fort. Als die leeren Teller abgetragen wurden, hatte ich Lust auf eine Zigarette. Ich entschuldigte mich bei Bianca und verließ das Restaurant in Richtung Terrasse. Draußen atmete ich erst einmal kräftig durch, der Kloß in meinem Hals musste weg. Kaum hatte ich die Zigarette angezündet, rief meine Mutter an.

„Hallo, mein Junge.“

„Hi, Mutti! Du bist ja früh auf. Oder warst du gar nicht im Bett?“

„Natürlich war ich das. Ich bin keine siebzehn mehr. Ich habe auf CNN gesehen, was bei euch los ist. Wie geht es dir, mein Junge?“

„Mir geht es gut.“ Und dann erzählte ich ihr alles. Und ich ließ nichts aus. Auch nicht die Episode eben beim Mittagessen. „Aber es geht hier nicht um mich.“

„Es tut mir ja alles so entsetzlich leid“, sagte meine Mutter betroffen. „Kommst du morgen mit nach Hause? Ich würde mich freuen.“

„Natürlich. Hier in Salzburg kann ich ohnehin nichts tun. Zu Benschi darf ich nicht und Bianca hat Marco.“

„Richtig so. Ich melde mich, wenn wir in Salzburg sind, und dann kommst du mit heim. Ja?“

„So machen wir das.“

„Also dann, bis morgen. Mach es gut, mein Junge.“

„Du auch, Mutti. Und guten Flug." Das Gespräch tat mir gut. Ich konnte mal alles rauslassen. Nachdem ich fertig geraucht hatte, ging ich hinein und setzte mich wieder an den Tisch.

„Marco hat mir geschrieben. Er kommt gleich in Salzburg an. Er holt mich ab und wir fahren kurz in die Klinik. Ich muss nur …", sagte sie mit ihrer Geldbörse winkend.

„Lass nur, das geht auf mich."

„Aber das kann ich nicht annehmen. Du hast schon genug Umstände wegen mir."

„Alles gut. Grüß Marco von mir."

„Ja, mache ich." Damit stand sie auf und ich hatte das Gefühl, als wollte sie noch etwas sagen. Doch sie unterließ es. „Vielen Dank, Jonas", sagte sie schließlich.

„Gern geschehen."

„Ich melde mich, wenn es etwas Neues von Benschi gibt. Versprochen."

„Dafür wäre ich dir sehr dankbar."

Sie schlüpfte in ihren Mantel, gab mir einen Kuss auf die Wange und war weg. Und ich bestellte mir noch ein kleines Bier.

Als ich ausgetrunken hatte, startete ich einen Spaziergang durch die Altstadt. Obwohl die Sonne schien, war es klirrend kalt. Salzburg war von Touristen überfüllt. Deutsche, Italiener, Franzosen und Asiaten. Nach einer Stunde spürte ich die Kälte und ich hatte Lust auf Kaffee und Kuchen. Also ging ich ins Bazar, meinem Lieblingscafé von früher. Es war brechend voll. Ich ließ meinen Blick durchs Lokal schweifen und entdeckte zu meinem Glück einen freien Tisch. Doch als ich näherkam, entdeckte ich das Reserviert-Schild. Tja, Pech gehabt.

„Nehmen Sie ruhig Platz, Herr Mertens."

Ich drehte mich um und schaute in die lächelnden Augen des Obers.

„Aber …"

„Der Tisch ist reserviert für besondere Gäste. Also für Sie, Herr Mertens."

„Vielen Dank. Das ist sehr freundlich von Ihnen." Er nahm mir meine Jacke ab und ich setzte mich. „Eine Melange bitte."

„Sehr gern, Herr Mertens. Eine Mehlspeise?"

„Unbedingt."

„Dann schick ich Ihnen sofort das Kuchenmädchen."

„Vielen Dank." Der Ober entfernte sich und verstaute meine Jacke an einem sicheren Ort. Als mir ein Stück Nusstorte hingestellt wurde, servierte der Ober auch schon meinen Kaffee. Man erkennt mich also doch. Eigenartiges Gefühl. Aber ich genoss es. Genauso wie Kaffee und Kuchen. Als mein Handy kurz vibrierte, holte ich es aus meiner Hosentasche und warf einen Blick darauf. Eine Nachricht von Marco. Er war im Krankenhaus und hatte von Bianca gehört, dass ich ebenso in Salzburg sei. Ob ich Lust auf ein Treffen hätte. Hatte ich natürlich und bestellte ihn ins Bazar.

Eine Viertelstunde später saß er mit einer Tasse Kaffee vor sich mir gegenüber.

„Schöne Scheiße", brachte er die Situation auf den Punkt, nachdem er mir berichtet hatte, dass es nichts Neues gäbe. „Wenn ich nicht nach Hause geflogen wäre, dann wäre das alles nicht passiert."

„Du kannst doch dir nicht die Schuld geben. Also höre auf damit", beruhigte ich ihn.

„Es fühlt sich nicht gut an, Jonas."

„Das glaube ich dir, Marco. Aber du hast keine Schuld. Es war ein Unfall. Es war finster, es herrschte Glatteis. Und niemand hat Benschi gezwungen, sich um diese Zeit ins Auto zu setzen und nach Wien zu fahren."

„Benschis Vater ist offenbar anderer Meinung. Er hat mir Vorwürfe gemacht. Ich hätte keinen Anspruch auf Urlaub gehabt."

„So ein Arsch. Typisch. Mich hat er vorhin rausgeschmissen. Ist Bianca noch dort?"

„Nein. Sie ist nach Hause, um etwas zu schlafen. Sie war fix und fertig. Und wie geht es dir?"

„Alles gut. Und wie war es in der Heimat?"

„Schön. Und kalorienreich. Ich habe mehr als fünf Kilo zugenommen. Jetzt heißt es fleißig trainieren und fit bleiben."

„Weißt du schon, wem du jetzt zugeteilt wirst? Benschi wird deine Dienste in nächster Zeit wohl nicht brauchen."

„Ja das ist mein Problem. Ich bin nicht im Staatsdienst. Benschi ist mein Arbeitgeber."

„Was?", fragte ich ahnungslos.

„Ich hätte den Job nie bekommen. Aber Benschi hat darauf bestanden, wollte mich unbedingt haben. Und hat mich aus seiner Tasche bezahlt.

Unglaublich, nicht wahr? Trotz seiner politischen Ansichten ist er ein feiner Kerl."

„Das sind nicht seine Ansichten. Nur die seines Vaters. Was hast du jetzt vor? Zurück zum alten Job?"

„Mir bleibt nichts anderes übrig. Mal sehen. Vorübergehend vielleicht. Kommt darauf an, wie es mit Benschi weitergeht."

„Er wird sicher wieder gesund."

„Natürlich. Bestimmt. Aber jetzt muss ich mich erst mal um ein Zimmer kümmern. Ich werde ein paar Tage in Salzburg bleiben."

„Heute Nacht kannst du bei mir schlafen, wenn es dir nichts ausmacht. Ich wohne im Sacher. Und morgen fahre ich mit meiner Mutter nach Hause, dann hast du das Zimmer für dich allein. Was anderes wirst du nicht finden, Salzburg ist ausgebucht."

„Das ist lieb von dir, aber das kann ich mir nicht leisten."

„Marco, du bist mein Gast."

„Das kann ich nicht annehmen", wehrte er ab.

„Ich bestehe darauf, keine Widerrede. Ich habe einiges gut zu machen."

„Hast du nicht. Aber trotzdem danke."

Nachdem wir bezahlt hatten, gingen wir zum Hotel. An der Rezeption klärten wir alles für die nächsten Tage und gingen auf mein Zimmer.

„Wow", sagte Marco begeistert, als ich die Türe hinter uns schloss.

„Mach es dir bequem und fühle dich wie zu Hause", erwiderte ich.

„Massage?"

„Wenn es dir nichts ausmacht?"

„Überhaupt nicht. Schließlich muss ich in Übung bleiben. Wer weiß, was die Zukunft bringt."

Wir zogen uns aus, ich machte es mir auf dem Bett bequem und Marco knetete mich fast eine Stunde lang durch. Wie gut das tat! Danach kuschelten wir uns zusammen, auf Sex verzichteten wir, in Anbetracht der Situation. Wir unterhielten uns anregend über unsere gemeinsame Zeit, über Benschi, Marcos Arbeit bei ihm und generell mehr über Marco, als über mich. Das war mir recht, denn während Marco fast alles über mich zu wissen schien, wusste ich nicht viel über ihn. Dass er mehr als nur Masseur und Escort war, vermutete ich schon von Anfang an, aber bei diesem Gespräch erfuhr ich mehr über ihn. Nach seiner Ausbildung zum Masseur und Physiotherapeut kam er mit Mitte zwanzig nach Österreich und studierte

Betriebswirtschaft und machte eine Fachausbildung zum Buchhalter. Als er das erzählte, musste ich lachen, denn er passte so überhaupt nicht zum Bild eines Buchhalters. Muskulös, gutaussehend, tätowiert und gepierct. Und als ihm eines Tages ein älterer Herr viel Geld für eine gemeinsame Nacht bot, machte er aus diesen Attributen sein Geschäft mit dem Körper. Da er Sex liebte, hatte er damit überhaupt kein Problem. Und schließlich suchte er sich seine Kunden gut aus, machte es nicht mit jedem. Aber nun war er an einem Punkt angelangt, wo er einen Neustart wagen würde.

„Massage und Sex waren eine ausgesprochen gute Verdienstmöglichkeit", meinte er. „Doch dass Sex mit Gefühl sehr viel schöner war, lernte ich erst mit dir."

„Ach, Marco", erwiderte ich mit einem Seufzer. „Ich hoffte so sehr, das mit uns beiden würde klappen. Aber du weißt ja ..."

„Benschi."

„Genau. Er oder keiner."

„Das verstehe ich, Jonas. Und du musst dich nicht rechtfertigen. Das ist Liebe. Und trotzdem bin ich froh, dass ich dich habe."

Marco strahlte mich an und da blieb mir nichts anderes übrig, als ihn zu küssen.

„Froh bin ich auch. Schließlich wirst du dich in Zukunft um meine Finanzen kümmern. Buchhaltung und Steuer und so weiter. Ich hasse das nämlich. Und du scheinst ja Experte zu sein."

„Mache ich gern", ging er auf meinen nicht völlig ernst gemeinten Vorschlag ein. „Dann kann ich schon mal dieses Zimmer hier abarbeiten."

„Das mit dem Zimmer ist eine Einladung. Wenn wir wieder in Wien sind, kannst du dir gern den ganzen Kram mal durchsehen und dann sagst du mir, was du dafür bekommst. Okay?"

„Okay", antwortete er nach einem kurzen Zögern.

Das Abendessen nahmen wir im Zimmer ein und verbrachten den Abend vor dem Fernseher im Bett.

Als wir am nächsten Morgen erwachten, war es halb zehn. Wir ließen uns das Frühstück bringen und begannen den Tag sehr gemächlich. Kurz vor elf rief meine Mutter an, sie waren gelandet und warteten auf ihr Gepäck, dann würden sie sich unverzüglich mit Lorenz und Erik auf den Weg nach Salzburg machen. Zeit für mich, meine Sachen zu packen. Auf dem Balkon rauchte ich eine Zigarette und telefonierte dabei mit Bianca. Von Benschi gab es nichts Neues, aber sie würde mich auf jeden Fall auf dem Laufenden halten. Danach unternahmen Marco und ich bei prachtvollem Wetter einen Spaziergang durch die Altstadt. Marco kannte Salzburg nicht sehr gut und ich spielte gern den Stadtführer. Ich genoss die gemeinsame Zeit mit ihm. Freundschaftlich. Ich hoffte, Marco würde bald einen Kerl kennenlernen, der ihn verdient. Er war so ein wunderbarer Mensch. In der Nähe des Festspielhauses gönnten wir uns ein leckeres Mittagessen, bevor wir zum Hotel zurückkehrten. Als ich meine Tasche aus dem Zimmer holte, erhielt ich von meiner Mutter eine Nachricht, dass sie in wenigen Minuten beim Sacher ankommen würden. Also ging ich mit Marco hinunter, um auf sie zu warten. Einige Augenblicke später hielt Lorenz' Wagen, meine Mutter saß am Beifahrersitz, Inge und Erik waren nicht dabei.

„Hallo, Jonas", begrüßte mich Lorenz, als er aus dem Wagen stieg. Er nahm mir meine Tasche aus der Hand und verstaute sie im Kofferraum. Währenddessen verabschiedete ich mich von Marco.

„Und danke für alles", sagte Marco, während wir uns freundschaftlich umarmten.

„Nicht der Rede wert. Wir hören uns."

„Mach 's gut".

Dann stieg ich in den Wagen und wir fuhren los. „Hallo, Mutti."

„Hallo, mein Junge. Wie geht es dir?"

„Alles gut. Und dir? Jetzt erzähl, wie war es?"

„Das verschieben wir auf später, sonst muss sich der arme Lorenz die ganzen Geschichten schon zum zweiten Mal anhören."

Also verbrachten wir die nächste halbe Stunde während der Autofahrt in Schweigen. Als wir zu Hause in die Einfahrt bogen, erwartete uns schon Alexander. Und neben ihm stand ein anderer Junge. Das musste sein Freund sein. Wir stiegen aus und augenblicklich stürmte Alexander zu meiner Mutter und nahm sie zur Begrüßung fest in den Arm. So hätte ich sie begrüßen müssen. Aber sie stieg ja vor dem Sacher nicht aus dem Wagen.

Gemeinsam mit Lorenz holte ich unser Gepäck aus dem Kofferraum und da brach Lorenz endlich das Schweigen. „Jonas, noch einmal, unser Verhalten an Silvester war völlig inakzeptabel. Es tut uns beiden sehr, sehr leid."

„Lorenz, schön, dass du das sagst. Aber ich bin euch nicht böse. Es ist alles gut. Ihr habt mich gefragt, ob ich mitkomme, aber ich wollte nicht."

„Aber ..."

„Lorenz, lass es bleiben", unterbrach ich ihn. „Es ist wirklich alles gut. Ich bin froh, dass du dich mit Erik versöhnt hast. Und danke fürs Bringen."

„Das ist ja wohl das Mindeste."

Meine Mutter war mittlerweile zu uns getreten. „Willst du noch einen Kaffee, Lorenz?"

„Nein danke, Mathilde, ich mache mich gleich auf den Rückweg."

„Dann vielen Dank fürs Heimfahren."

„Gern geschehen. Tschüss, ihr zwei."

Nachdem Lorenz weg war, trugen Alexander und sein Freund nach einem kurzen Hallo in meine Richtung Muttis Gepäck ins Haus.

„Darf ich dich jetzt auch endlich ordentlich begrüßen?", fragte ich und drückte sie fest an mich, ohne auf eine Antwort zu warten. Als ich mit ihr die Küche betrat, erwartete uns ein schön gedeckter Tisch, Kaffee und Kuchen.

„Den haben wir zwei heute frisch gebacken", erklärte Alexander voll Stolz. Nachdem wir alle saßen und mit Kaffee und Kuchen versorgt waren, begann meine Mutter mit ihrer Erzählung. Bis ins kleinste Detail erfuhren wir alles über ihr New York-Abenteuer mit Inge. Alexander und sein Freund, keine Ahnung, wie er hieß, wir wurden einander nicht vorgestellt, hingen an ihren Lippen. Ich war nicht so recht bei der Sache, ich hatte andere Gedanken im Kopf, aber ich lachte an den richtigen Stellen und stellte die richtigen Fragen, so fiel es nicht auf. Zwei Stunden, eine weitere Tasse Kaffee und ein weiteres Stück Kuchen später, landete der Flieger in Schwechat und die Erzählung war zu Ende.

„Dann räumen wir oben mal das Feld", sagte Alexander und stand zeitgleich mit seinem Freund auf.

„Was soll das heißen?", fragte meine Mutter.

„Wenn Jonas ein paar Tage hierbleibt, will er doch sicher in seinem Zimmer schlafen, oder nicht?"

„Ich bin hier nur zu Besuch", erwiderte ich. „Du wohnst hier. Also schlafe ich im Wohnzimmer auf der Couch."

„Meinst du wirklich?", fragte meine Mutter.

„Ja", antwortete ich.

„Okay. Danke. Dann gehen wir mal nach oben." Damit machten beide kehrt und verließen die Küche.

„Wohnt der auch hier?"

„Meinst du Thomas?"

„Keine Ahnung. Er wurde mir noch nicht vorgestellt."

„Zu deiner Beruhigung, Thomas wohnt hier nicht, verbringt aber sehr viel Zeit hier mit Alexander. Hast du ein Problem damit?"

„Warum sollte ich."

Mehr fiel mir nicht dazu ein. Ich hätte bei Marco in Salzburg bleiben sollen, das wurde mir schmerzhaft bewusst. In meinem Elternhaus war kein Platz für mich. Eine Nacht würde ich bleiben, aber am nächsten Tag die Heimreise antreten. Heim nach Wien. Und meine Ruhe haben.

Und das tat ich dann auch. Benschi lag immer noch im Koma, da konnte ich nichts ausrichten. Und Bianca hatte ja jetzt Marco. Also machte ich es mir in meiner Luxuswohnung bequem, ging zum Essen zu Lucca, schrieb an meinem Roman und dem neuen Theaterstück, trieb ausgiebig Sport und verfolgte mit großem Interesse die österreichische Innenpolitik. Denn da war die Hölle los. Nach Benschis Unfall sollte der bisherige Vizekanzler Regierungschef werden. Doch der war von den Rechten. Und da spielten einige von Benschis Parteikollegen nicht mit. Es gab Krisensitzungen und Gespräche mit dem Bundespräsidenten. Schließlich verzichtete der Vizekanzler und der Finanzminister, ein Parteikollege von Benschi wurde mit den Regierungsgeschäften betraut. Doch das Klima zwischen den beiden Koalitionsparteien war im Keller. Und das schon so kurz nach Wahl und Regierungsbildung.

Zwei Wochen später rief mich Bianca an. Benschi wurde aus dem künstlichen Tiefschlaf geholt. Er war ansprechbar und es ging ihm überraschend gut. Seine Kopfverletzungen verheilten gut, mit Folgeschäden war nicht zu rechnen. Doch er musste noch ein oder zwei Wochen im Krankenhaus bleiben und sich danach auf Reha begeben. Natürlich besuchte ich ihn. Ich hatte das Glück, dass Benschis Vater zu diesem Zeitpunkt nicht im Krankenhaus weilte. Als ich neben seinem Bett saß, nahm er plötzlich meine Hand.

„Ich wollte zu dir", sagte er mit schwacher Stimme.

„Das habe ich mir schon gedacht. Blöder Zeitpunkt, findest du nicht?"

„Absolut. Schön, dass du mich endlich besuchst. Hattest wohl viel zu tun."

Ich wollte Benschi nicht sagen, dass das an seinem Vater lag. Also schwieg ich. Er schloss die Augen und nach wenigen Augenblicken war er wieder eingeschlafen. Ich blieb noch etwa eine Stunde sitzen, machte mich danach wieder auf den Heimweg. Bianca sah ich nicht, meine Mutter auch nicht. Marco war mittlerweile wieder nach Wien zurückgekehrt, die Hotelrechnung war beträchtlich, aber ich bezahlte sie gern. Dafür saß Marco in meinem Arbeitszimmer, als ich zurückkehrte, und widmete sich meinen Geschäftsunterlagen.

„Hi! Wie war es?", fragte er, als ich das Zimmer betrat.

„Wir haben nur kurz gequatscht, dann schlief er wieder ein. Aber es scheint ihm gut zu gehen. Nur noch sehr müde. Wie kommst du voran?"

„Das Chaos ist geordnet. Jetzt schau ich mir mal an, was du in den letzten Jahren so verbrochen hast. Du hast fast keine Ausgaben geltend gemacht."

„Hätte ich das sollen?"

„Das hier ist dein Arbeitsplatz. Und dafür hast du Kosten. Und diese Kosten mindern deinen Gewinn. Also weniger Steuer."

„Das heißt?"

„Wir holen uns Geld zurück. Und nicht zu wenig."

„Wie gut, dass ich dich habe", erwiderte ich und drückte ihm einen fetten Kuss auf die Wange. „Und wie läuft es bei dir?"

„Ich habe ein paar Stammkunden kontaktiert, dass ich wieder für Massagen zur Verfügung stehe. Ohne Sex. Vorerst. Mal sehen, wie es weitergeht. Hängt alles von Benschis Genesung ab."

Nach einer weiteren Woche im Spital trat Benschi die Reha an. In der Nähe von Salzburg. Im Einflussbereich seines Vaters. Und der schottete ihn weiterhin konsequent von allem ab. Bianca durfte natürlich zu ihm. Und sie informierte mich über Benschis Fortschritte. Doch kurz vor Ende der dreiwöchigen Reha stellte sich die Frage, wohin mit Benschi. Seine Eltern wollten, dass er die nächsten Wochen bei ihnen leben sollte. Doch Benschi weigerte sich beharrlich. Bianca bot ihre Hilfe an, doch er lehnte dankend ab, auch wenn ihm klar war, dass er nicht allein in seiner Wohnung sein konnte. Am Tag vor seiner Entlassung rief er mich verzweifelt an und begann mit heftigen Vorwürfen, warum ich ihn so im Stich ließ. Ob er mir so egal sei. Wochenlang hätte ich mich nicht bei ihm blicken lassen. Da reichte es mir und ich erzählte ihm die Wahrheit.

„Am besten fragst du deinen Vater."

„Was hat denn mein Vater damit zu tun?"

„Er hat mich aus dem Krankenhaus geworfen, als du operiert wurdest. So ein Mann wie ich wäre kein Freund für dich. Kein guter Umgang. Hat mir in den letzten Wochen den Zutritt zu dir verweigert, nur das eine Mal hatte ich Glück, als ich bei dir war."

Benschi erwiderte nichts. Schwieg.

„Bist du noch dran?", fragte ich schließlich.

„Das wusste ich nicht. Es tut mir leid."

„Du kannst ja nichts dafür. Aber sag mal, wie geht es denn jetzt weiter?"

„Wenn ich das wüsste."

Da kam mir die Idee. „Du kommst zu mir. Meine Wohnung ist groß, ich arbeite zu Hause, kann mich rund um die Uhr um dich kümmern."

„Aber ..."

„Keine Widerrede. Wir sehen uns dann morgen."

Traute Zweisamkeit

Am Nachmittag des folgenden Tages kam er in Biancas Begleitung an. Wir schafften sein Gepäck aus ihrem VW-Käfer und brachten es nach oben. Das größere Gästezimmer hatte ich bereits vorbereitet. Wir stellten die Koffer hinein und begaben uns in die Küche. Dort setzten wir uns an den Tisch und ich kredenzte Kaffee.

„Dass wir drei noch einmal so entspannt an einem Tisch sitzen würden, hätte ich nicht gedacht", begann Bianca das Gespräch und zupfte dabei nervös eine ihrer widerspenstigen roten Locken aus dem Gesicht.

„Mit Entspannung ist es morgen vorbei", erwiderte ich. „Ab morgen kommt Marco täglich, um mit Benschi zu arbeiten. Physiotherapie und Übungen auf den Fitnessgeräten. Er wird dich schinden. Damit du so bald wie möglich zu den Amtsgeschäften zurückkehren kannst."

„Will ich das überhaupt?" Benschi nahm einen großen Schluck. „Mir fehlt die Politik überhaupt nicht."

„Das wird schon wieder“, entgegnete Bianca aufmunternd. „Politik ist dein Leben, Benschi.“

Bianca und ich wechselten einen vielsagenden Blick.

„Traurig, nicht wahr?“, meinte er deprimiert.

„Unser Traumpaar wieder vereint“, versuchte Bianca die Stimmung zu heben. Aber das gelang ihr nicht. Benschi sinnierte im Stillen vor sich hin, auch mir ging viel durch den Kopf. Ja, Benschi war bei mir. Aber so würde es nicht bleiben. Sobald er ihm besser ging, würde er wieder in sein altes Leben zurückkehren. Nach einer halben Stunde verabschiedete sich Bianca und Benschi ging in sein Zimmer und legte sich aufs Bett.

„Brauchst du irgendetwas?“, fragte ich ihn. Doch er verneinte, wollte nur ein wenig ausruhen. Ich ließ ihn allein, stellte das Kaffeegeschirr in die Spülmaschine und begab mich in mein Arbeitszimmer. Doch schreiben konnte ich nicht. Ich musste mich erst auf die neue Situation einstellen. Jetzt hatte ich das, was ich immer wollte. Benschi bei mir. Wir zwei leben zusammen in einer, meiner, Wohnung. Der Wermutstropfen war nur, dass dies nicht für ewig sein würde. Benschi kehrt in die Politik und in sein altes Leben zurück. Das war mir bewusst. Darum nahm ich mir vor, unser Zusammenleben, jeden Augenblick zu genießen. Ich kochte für uns, gemeinsam mit Marco kümmerte ich mich um seine gesundheitliche Wiederherstellung, abends sahen wir fern, lasen und redeten.

Er hatte tatsächlich damit begonnen, die Miller-Saga zu lesen, er verschlang den ersten Band innerhalb von zwei Tagen. Als er es beendet hatte, legte er das Buch zur Seite und schaute mich zärtlich an.

„Unglaublich. Das ist kein billiger Schund. Keine Schnulze. Es ist eine wunderbar erzählte Geschichte. Dass du so etwas kannst, hätte ich nie gedacht. Großes Kompliment.“

Seine Worte freuten mich sehr. Es tat gut. Tagelang sprachen wir über meine Arbeit als Schriftsteller. Nur die Politik ließen wir außen vor, die war kein Thema. Drei Wochen führten wir ein harmonisches Leben. Ohne Sex, ohne Kuscheln. Und dann kam der Tag, als Herr Gruber plötzlich vor der Tür stand.

„Lass ihn ja nicht herein“, sagte Benschi leicht verärgert, als wir vor dem Monitor standen.

„Er ist dein Vater. Und macht sich bestimmt Sorgen.“

„Das ist mir egal“, erwiderte Benschi darauf. „Und er macht sich keine Sorgen, er will mich nur drängen, mein Amt wieder einzunehmen.“

„Und das willst du nicht?“, fragte ich ihn, während Herr Gruber ein weiteres Mal klingelte.

„Noch nicht.“

„Dann sag ihm das.“ Ich drückte auf den Knopf. „Grüß Gott, Herr Gruber. Ich schicke Ihnen den Lift runter.“

„Ich will ihn nicht sehen“, meinte Benschi verärgert und verschwand in seinem Zimmer.

Wenige Augenblicke später trat Benschis Vater aus dem Aufzug. „Herr Mertens“, grüßte er mit eisiger Miene und noch eisigerer Stimme.

„Herr Gruber!“ erwiderte ich übertrieben höflich. „Sie wollen bestimmt zu Benschi.“

„Zu Ihnen sicher nicht.“

„Habe ich auch nicht erwartet. Kommen Sie mit ins Esszimmer, ich hole gleich Benschi. Ich glaube, er hat sich etwas hingelegt.“ Herr Gruber folgte mir. „Setzen Sie sich doch bitte. Darf ich Ihnen etwas anbieten?“

„Holen Sie nur meinen Sohn. Das genügt vollkommen.“

Ich kam seinem Wunsch, oder besser gesagt Befehl, nach und klopfte an Benschis Tür. Keine Reaktion. Also trat ich ein. Benschi lag auf dem Bett, hatte seine Augen geschlossen und Stöpsel in den Ohren, er hörte mit seinem Smartphone Musik. Also trat ich näher und stupste ihn an. Daraufhin öffnete er die Augen.

„Ist er weg?“

„Er wartet auf dich im Esszimmer“, erwiderte ich, während er sich die Stöpsel aus den Ohren zog.

„Ich will ihn nicht sehen.“

„Komm, Benschi. Bring es hinter dich. Rede mit ihm.“

Benschi schien kurz zu überlegen. „Also gut. Du hast Recht.“

Er schnaufte tief durch, stand auf und verließ langsamen Schrittes das Zimmer. Das Gehen bereitete ihm noch einige Schwierigkeiten, wurde aber von Tag zu Tag besser. Ich begab mich in mein Büro und schaltete den Computer ein. Schon nach fünf Minuten hörte ich Geschrei. Nun, unter Reden verstand ich etwas anderes. Sollte ich eingreifen? Nein, das ging mich nichts an. Obwohl es meine Wohnung war. Nach weiteren zehn Minuten hörte ich eine Türe zuknallen.

„Du hast Verantwortung, also trage sie auch. Und zieh endlich hier aus. Wenn publik wird, dass du bei diesem Homosexuellen wohnst! Nicht auszudenken."

Jetzt wäre eine gute Gelegenheit gewesen, sich vor seinem Vater zu outen. Doch Benschi schwieg. Und von Herrn Gruber war nichts mehr zu hören. Ich wartete noch fünf Minuten und wagte dann, mein Arbeitszimmer zu verlassen. Beide waren weg. Ich warf einen Blick in Benschis Zimmer, aber es war leer. In der Küche fand ich ihn. Er saß am Tisch und gönnte sich Schnaps.

„Keine gute Idee. Du nimmst noch Medikamente." Ich nahm die Flasche und stellte sie zurück in den Schrank. Dann setzte ich mich zu ihm. „So schlimm?"

„Schlimmer."

„Willst du reden?"

„Da gibt es nichts zu reden. Ich muss nachdenken. Und mich entscheiden." Damit stand er auf und verließ die Küche. Benschi würde seinem Vater folgen, das war mir klar. Ich musste mich darauf einstellen, dass das so schöne Zusammenleben mit Benschi früher enden würde als erhofft.

Die nächsten Tage war Benschi ziemlich schweigsam. Und ich beließ es dabei, versuchte nicht, ihn zum Reden zu bringen. Marco hatte wahre Wunder gewirkt. Benschi konnte sich ohne Krücken fortbewegen, die Stufen in den oberen Stock nahm er mittlerweile ohne Probleme. Aber kein Wunder, sie verbrachten viele Stunden im Fitnessraum, bei der Massage und in der Sauna. Ich mischte mich da nicht ein, ließ sie ihr Ding machen. Worüber sie redeten, wusste ich nicht. Ob sie überhaupt über etwas redeten, abgesehen von der Therapie.

Eines Abends, ich lag im Bett und las ein Buch, klopfte es an der Schlafzimmertür.

„Ja?"

Benschi steckte seinen Kopf herein und lächelte mich an. „Ich sah noch Licht. Störe ich?"

„Nein. Was ist los?"

„Hast du kurz Zeit?"

„Klar. Komm herein."

Daraufhin schloss er die Tür und trat näher, nur in Unterhose und T-Shirt bekleidet. Ich klopfte auf die Matratze und forderte ihn auf, sich zu setzen. Zögerlich folgte er meiner Aufforderung.

„Was ist los?"

„Ich werde morgen gehen. Zurück in meine Wohnung. Ich bin fit, es geht mir gut. Ich will dir nicht länger zur Last fallen."

„Du fällst mir nicht zur Last."

„Doch. Und das weißt du. Außerdem muss ich wieder zurück in mein Leben."

Sein Leben. Die Politik. Zusammen mit diesen Rassisten. Dem Wunsch seines Vaters folgen. „Ist das hier kein Leben? Wir zwei, zusammen, hier."

„Die letzten Wochen waren wunderschön. Hart, aber wunderschön. Du weißt gar nicht, wie oft ich daran gedacht hatte, abends an deine Tür zu klopfen, in dein Bett zu schlüpfen und deine Nähe zu genießen. Aber das wäre falsch gewesen."

„Warum? Warum soll das falsch sein? Wir könnten hier zusammenleben. Die gemeinsame Zeit genießen. Glücklich sein.

„Ich weiß, Jonas. Das wäre dein Wunsch. Dein großer Traum. Aber es geht nicht. Ich werde in drei Wochen wieder mein Amt übernehmen. Ich bin Politiker. Die Politik ist mein Leben."

„Du hattest auch mal ein anderes Leben. Du warst Anwalt. Das könntest du wieder sein."

„Es würde etwas fehlen", erwiderte er. „Mein Entschluss steht fest. Ich kehre zurück ins Kanzleramt. Doch zuvor fliege ich mit Marco noch für zehn Tage nach Ägypten. Als Dankeschön, dass er mich wieder so hinbekommen hat. Und natürlich auch als mein Bodyguard. Bianca kommt auch mit. Du weißt warum. Wie ich dir danken soll, für alles, was du für mich getan hast, weiß ich noch nicht. Nur Worte des Dankes wären zu wenig."

„Lass stecken, Benschi. Ich habe es getan, weil ich dich liebe. Und ja, vielleicht, weil ich den Traum hatte, aus uns könnte doch noch ein Paar werden. Aber ich sehe es ein, und ich bin dir auch gar nicht böse, aber wir zwei leben in verschiedenen Welten. Das akzeptiere ich. Ich will nur sagen, die letzten Wochen waren für mich sehr schön. Ich bewundere dich für deine Zielstrebigkeit, für die harte Arbeit, wieder vollständig gesund zu werden."

Und dann holte ich tief Luft. Denn was ich als nächstes sagen wollte, würde mir nur schwer von den Lippen kommen. „Ich werde morgen Vormittag um zehn das Haus verlassen und erst am frühen Nachmittag wieder zurückkommen. Vielleicht könntest du während dieser Zeit gehen, ich hasse Abschiede. Und jetzt gute Nacht. Schlaf gut. Und alles Gute."

Benschi erwiderte nichts. Er blieb ein paar Augenblicke auf dem Bett sitzen, aber erhob sich schließlich und verließ wortlos den Raum. Und dann kamen auch schon die Tränen. Das wäre die letzte Gelegenheit für ein Happy End gewesen. Benschi hatte sie ausgeschlagen und einen endgültigen Schlussstrich unter unsere Geschichte gezogen.

Als ich am nächsten Tag bei Lucca ein spätes Frühstück einnahm, versuchte ich nicht daran zu denken, dass Benschi jetzt seine Sachen packte und meine Wohnung verließ. War ich gestern zu schroff gewesen? Vermutlich schon. Sicher sogar. Aber ich konnte nicht anders. Ich war wirklich nicht böse auf ihn. Nur enttäuscht. Und verärgert über mich selbst, da ich in uns schon wieder ein Traumpaar sah. Aber die letzten Wochen waren trotz aller Widrigkeiten traumhaft schön. Zumindest für mich. Und jetzt war ich wieder allein. Benschi, Bianca und Marco hatten sich wieder, Alexander war glücklich mit seinem Thomas und zwischen meiner Mutter und mir herrschte Funkstille. Eine eigenartige Situation. Aber irgendwie fühlte ich mich wie aus dem Nest geworfen. Sah sie das nicht?

„Was grübelst du denn?", fragte Lucca und setzte sich zu mir.

„Ich weiß auch nicht. Irgendwie läuft es nicht so."

„Wie bei mir."

„Was ist los? Der Laden läuft doch."

„Klar, darüber mache ich mir auch keine Sorgen. Zoff mit dem Lover."

„Du Ärmster. Erwarte diesbezüglich nur keinen Rat von mir."

„Auch Liebeskummer?"

„Und wie."

„Lass uns die Männer vergessen und uns auf einen Haufen schmeißen", sagte er mit einem frechen Grinsen im Gesicht.

„War das jetzt ein Angebot, gar eine Liebeserklärung?", antwortete ich darauf scherzhaft.

„Ich rede doch nur von ein bisschen Spaß."

„Ach, Lucca."

„Also nein. Verstehe. Schade. Aber falls du deine Meinung änderst, du weißt ja, wo ich zu finden bin."

Damit stand er auf und ging, nachdem er mir noch einmal mit seinen blauen Augen zugezwinkert hatte. Falscher Zeitpunkt, lieber Lucca. Auf Frustficken hatte ich jetzt keinen Bock.

Als ich gegen zwei meine Wohnung betrat, war Benschi weg. Nichts ließ mich daran erinnern, dass wir zwei in den letzten Wochen hier gemeinsam gelebt hatten. Aber ein großer Blumenstrauß stand in einer Vase auf dem Küchentisch. Mit einer Karte.

‚Danke für alles. Und es ist noch nicht alles gesagt. Kuss Benschi.'

Was meinte er damit? Es ist noch nicht alles gesagt. In meinen Augen schon. Wie seltsam einsam ich mich plötzlich fühlte. Die letzten Wochen mit Benschi waren wunderschön. Darauf würde ich wieder verzichten müssen. Aber Alleinsein war ich ja gewöhnt. Ich war es mein gesamtes Erwachsenenleben. Und das hatte auch etwas Positives. Nämlich viel Zeit zum Schreiben. Nicht umsonst konnte ich mir dieses luxuriöse Leben leisten. Einsamkeit war eben der Preis dafür. Also tat ich, was ich die letzten Jahrzehnte tat, ich begab mich in mein Arbeitszimmer und schrieb weiter an meinem Roman. Und es gab auch gute Nachrichten. Der Lüttke-Theaterverlag informierte mich, dass einige große Theater mein Weihnachtsstück ab Herbst spielen und auch viele der anderen Theaterstücke im Laufe des Jahres zur Aufführung kommen würden. Mein Auskommen war gesichert, darüber musste ich mir keine Sorgen machen. Mein erster Schwulenroman war neu aufgelegt worden und in drei Tagen würde ich im Löwenherz meine versprochene Lesung abhalten. Ich lebte weiter mein Leben als Schriftsteller, das Liebesleben war vorerst abgehakt.

Geburtstags- und andere Überraschungen

Ende Februar hatte ich Geburtstag. Meinen Fünfundvierzigsten. Nichts Besonderes. Nur der erste ohne Bianca, denn die weilte mit Benschi und Marco in Ägypten. Die ersten Glückwünsche kamen von Alexander, auch Inge und Lorenz meldeten sich. Und tatsächlich hatte meine Mutter ihren Besuch angemeldet. Die Funkstille würde also enden. Kurz vor zwölf holte ich sie vom Hauptbahnhof ab. Sie kam ohne Gepäck.

„Bleibst du nicht?", fragte ich sie, während ich sie auf dem Bahnsteig in den Arm nahm.

„Alles alles Gute zum Geburtstag, mein Junge. Nein, ich bleibe nicht. Nicht dieses Jahr. Nach den letzten Wochen glaube ich nicht, dass du an deinem Geburtstag deine nervende Mutter um dich haben musst."

„Du nervst doch nicht", erwiderte ich etwas fassungslos. Mehr sprachen wir auf dem Weg in meine Wohnung nicht. Aber dort angekommen, nahm sie mich an die Hand und führte mich in die Küche.

„Ich glaube, wir müssen reden", begann sie schließlich das Gespräch, weshalb sie offenbar nach Wien gekommen war. Wir setzten uns gegenüber und sahen uns in die Augen.

„Irgendetwas Unausgesprochenes steht zwischen uns, mein Junge. Dein letzter Besuch bei mir war nicht optimal. Du fühltest dich hinausgedrängt. Nicht mehr daheim bei mir."

Ich wollte sie unterbrechen, doch sie wehrte ab.

„Du warst nach Benjamins Unfall in einer schlechten Verfassung und ich habe dir nicht das Gefühl gegeben, du könntest Halt bei mir bekommen. Das tut mir leid. Das wollte ich nicht. Ich habe ohne dich zu fragen Alexander dein Zimmer gegeben. Und ich habe zugelassen, dass er dort mit seinem neuen Freund sehr viel Zeit verbringt. Und das hat dich verletzt. Und ich habe nichts dagegen getan. Obwohl ich weiß, wie viel dir Alexander immer noch bedeutet. Das hätte ich als deine Mutter nicht zulassen dürfen. Ich bitte dich um Entschuldigung."

Ihr trauriger Blick zerriss mir fast das Herz. „Mutti, du hast nichts falsch gemacht. Ich freue mich, dass sich Alexander wohl bei dir fühlt und es freut mich, dass er mit seinem Thomas glücklich ist. Wirklich. Dass ich da so schnell wieder abgerauscht bin, hatte mit euch gar nichts zu tun", versuchte ich sie zu beruhigen. Auch wenn es nicht der Wahrheit entsprach, denn zu jenem Zeitpunkt war ich schon ein bisschen enttäuscht, fühlte mich fehl am Platz. Aber das musste ich ihr nicht sagen, das war vorbei, das war der damaligen Situation geschuldet und sollte nicht zwischen uns stehen. „Es ist alles gut."

Erst einmal sagte sie nichts, doch dann lächelte sie mich an. „Das freut mich, Jonas. Auch wenn ich vermute, dass du mich jetzt nur etwas beruhigen willst, aber lassen wir es gut sein." Dann zog sie ein Kuvert aus ihrer Handtasche. „Noch einmal Happy Birthday."

„Danke!" Ich nahm das Kuvert, öffnete es und warf einen Blick hinein. „Das ist nicht dein Ernst! Das kann ich nicht annehmen."

„Kannst du." Es war ein Gutschein für ein Flugticket nach New York, für zwei Personen. Ich traute meinen Augen kaum. „Als Wiedergutmachung."

„Wie meinst du das?", fragte ich.

„Wie haben immer Weihnachten zusammen verbracht. Und dann buche ich mit Inge diese Reise. Ohne vorher mit dir darüber zu sprechen. Ich ließ dich allein. Und das war nicht richtig."

„Ich will ehrlich sein, Mutti. Als du mir von dieser Reise erzähltest, war ich sauer. Denn es war immer mein Traum, einmal Weihnachten und Silvester zu verreisen."

„Hast es aber wegen mir nie gemacht. Um mich nicht allein zurückzulassen. Umgekehrt hatte ich keine Bedenken. Es tut mir leid.

„Es ist alles gut. Mach dir bitte keine Gedanken mehr darüber. Okay?"

„Okay."

„Aber jetzt stoßen wir endlich mal an." Ich stand auf, holte eine Flasche Prosecco aus dem Kühlschrank, füllte zwei Gläser und reichte eines meiner Mutter.

„Auf dich, mein Junge. Gesundheit, Glück und Erfolg."

„Danke dir."

Wir tranken die halbe Flasche leer und unterhielten uns über die Geschehnisse der letzten Wochen. Meine Mutter war stolz auf mich, weil ich mich so gut um Benschi gekümmert hatte und bedauerte natürlich, dass aus uns kein Paar wurde. Das Mittagessen nahmen wir bei Lucca ein, der mir gegenüber etwas distanziert wirkte, mit meiner Mutter jedoch äußerst charmant umging. Den Nachmittagskaffee samt Torte gönnten wir uns im Sacher und am später Nachmittag brachte ich meine Mutter zum

Hauptbahnhof, damit sie ihre Heimfahrt antreten konnte. Zu einer Übernachtung ließ sie sich nicht überreden, da blieb sie hart.

Am Abend rief mich Bianca aus Ägypten an, um mir zu gratulieren, von Benschi und Marco kamen WhatsApp-Nachrichten. Ich war also noch nicht vergessen. Ich leerte die Proseccoflasche vom Vormittag und gönnte mir noch zwei Gin-Tonic. Und dann war die Geilheit groß. Ich hatte Glück, Pavel war in der Stadt und ich buchte ihn für ein paar Stunden. Wir begannen im Whirlpool, gingen danach in die Sauna, dann wurde ich massiert und nach einer erfrischenden Dusche hatten wir geilen Sex. Das tat gut. Noch dazu an einem Geburtstag. Denn was hätte ich denn sonst tun sollen?

Wenige Tage später kamen Bianca, Benschi und Marco aus Ägypten zurück und es wurde bekannt, dass Benschi für den Tag danach eine Pressekonferenz ansetzte. Mir war klar, er würde die Wiederaufnahme seiner Amtsgeschäfte ankündigen. Also setzte ich mich an diesem Tag vor den Fernseher, zu einer für mich ungewöhnlichen Zeit, um elf Uhr Mittag. Benschi sah gut aus. Er sah sehr gut aus. Der Urlaub hatte ihm gutgetan. Er war braun gebrannt und wirkte sehr fit. Da hatte Marco viel dazu beigetragen. Keine Spuren mehr von dem schweren Verkehrsunfall, den er vor gut zwei Monaten hatte. Nach der Begrüßung der anwesenden Journalisten, und es waren eine ganze Menge, und der Zuschauer zu Hause, ließ Benschi die letzten Wochen seit dem Unfall Revue passieren. Mich erwähnte er nicht. Er bedankte sich nur bei seiner Familie, guten Freunden und den Ärzten und Pflegekräften im Krankenhaus und der Reha-Klinik. Dann schwieg er ein paar Augenblicke und ließ dann die Bombe platzen. Er hätte nach reiflicher Überlegung beschlossen, nicht mehr ins Bundeskanzleramt zurückzukehren. Und er würde sich vollkommen aus der Politik zurückziehen. Wow. Das war das Letzte, womit ich gerechnet hatte. Benschi ohne Politik? War das möglich? War er endlich bereit, sich vom Gängelband seines Vaters zu lösen? Aber es kam noch besser und ich traute meinen Ohren kaum. Er rechnete mit der Politik seiner Partei ab. Mit ihren Inhalten, mit ihren Werten. Es täte ihm leid, solange maßgeblich an dieser intoleranten, minderheitenfeindlichen Politik mitgewirkt zu haben. Unsere Gespräche waren also doch nicht umsonst. Ich hatte ihn tatsächlich zum Umdenken bewegen können. Und dann kam der absolute Hammer: Benschi erklärte,

Teil einer Minderheit zu sein. Ich hielt den Atem an. Würde er es tun? Würde er sich jetzt tatsächlich outen? Jetzt, vor aller Öffentlichkeit? Spätestens dann würde bei seinem Vater der Herzschlag aussetzen.

„Ich bin schwul. Ich bin verliebt. Und ich möchte jetzt endlich mein Leben leben. Ich danke allen, die mir geholfen haben, diesen Schritt heute zu wagen und ich entschuldige mich aufrichtig bei allen dafür, mein ganzes Leben gelogen zu haben."

Dann verabschiedete er sich und verließ den Raum. Fragen waren nicht zugelassen. Zu sehen waren ungläubig schauende Journalisten, bevor zurück ins Nachrichtenstudio geschaltet wurde. Ich machte den Fernseher aus. Ich war geschockt. Und erfreut, dass Benschi endlich ehrlich zu sich und dem ganzen Land war. Aber dann kam die Ernüchterung. Benschi war verliebt. Was war in Ägypten passiert? Verliebt in Marco? Ich konnte nicht länger darüber nachdenken, denn mein Handy klingelte. Meine Mutter.

„Hallo, Mutti."

„Hast du das gesehen?"

„Habe ich."

„Ja und? Benschi ist verliebt. In dich, mein Junge!" Meine Mutter überschlug sich vor Begeisterung.

„Mutti, Benschi war mit Marco im Urlaub. Ich denke, Marco ist der Glückliche."

„Glaubst du?"

„Ja. Sicher. Ist das nicht komisch? Wir konnten nie zusammen sein, weil die Politik im Weg stand. Jetzt verlässt er sie, outet sich und ich habe trotzdem nichts davon. Das Leben ist ungerechnet."

„Du wirst den Richtigen schon finden. Wenn du Benschi endlich und endgültig vergisst."

„Mal sehen."

„Bestimmt, mein Junge. Jonas, ich muss Schluss machen. Aber wir sehen uns ja bald."

„Selbstverständlich. Ich sag nur siebzig. Ciao, Mutti."

„Ciao, mein Junge."

In wenigen Wochen würde meine Mutter ihren siebzigsten Geburtstag feiern. Bei schönem Wetter natürlich auf der Terrasse. Ich gönnte mir einen Gin-Tonic und setzte mich ins Wohnzimmer. Ich würde mich betrinken, um meinen Frust loszuwerden. Benschi und Marco. Ja, warum nicht.

Sie kannten sich seit Jahren, waren die letzten Monate viel zusammen. Sollte ich den beiden ihr Glück gönnen, mich für sie freuen? Es fiel mir schwer. Aber letztendlich wäre es doch am besten so. Auch für mich. Als ich weiter darüber nachdachte, klingelte es. Ich stand auf und ging zum Lift. Ich konnte meinen Augen kaum trauen, Benschi lächelte aus dem Monitor. Was wollte der denn hier? Ich schickte ihm den Aufzug nach unten und wartete.

„Und? Was sagst du?", legte er etwas zögerlich los, sobald er aus dem Lift trat.

„Was meinst du?"

„Hast du meine Pressekonferenz nicht gesehen?"

„Habe ich. Natürlich. Glückwunsch. Aus mit der Politik. Das kam jetzt plötzlich. Hat dein Vater deinen Auftritt überlebt?"

„Ich hoffe", erwiderte Benschi.

„Du ohne Politik. Das kann ich mir gar nicht vorstellen. Das war doch immer dein Leben."

„Ja, leider. Und dabei blieb so vieles auf der Strecke. Viel Wichtiges."

„Was hat dich zum Umdenken gebracht?"

„Du. Und unsere Gespräche."

„Du bist also verliebt." Ich musste dieses Thema anschneiden. Ich war froh, dass Benschi der Politik den Rücken kehrte. Vor allem der Politik seiner Partei. Aber musste ich mir anhören, wie verliebt er ist, verliebt in Marco. Musste ich? Ja. Damit ich es endlich kapierte und einen dicken fetten Strich unter das Kapitel Jonas und Benschi ziehen konnte. Ich hatte ihn verloren. Endgültig. Die Politik stand immer zwischen Benschi und mir. Und jetzt, wo er sich von der Politik lossagte, hatte ich nichts mehr davon. Aber Benschi und Marco waren ein tolles Paar. Das musste ich anerkennen. So schmerzlich es auch war.

„Ja das freut mich, wirklich. Aber das musst du mir nicht ins Gesicht sagen, ich habe es ja im Fernsehen gehört. Vor der Pressekonferenz wäre es okay gewesen, dann hätte sich der Schock in Grenzen gehalten."

„Wovon sprichst du?", fragte Benschi und zog seine Stirn in Falten. Sprach ich chinesisch?

„Du warst jetzt fast zwei Wochen mit Marco in Ägypten. Da habt ihr euch eben verliebt. Aber muss ich das über das Fernsehen erfahren?"

„Du bist ein Trottel."

„Jetzt werde ich auch noch beleidigt."

„Ich bin doch nicht in Marco verliebt."

„Aha." Es gab einen anderen. Den hatte er ja bisher gut vor mir versteckt. „Wer ist dann der Glückliche?"

Statt einer Antwort machte er einen Schritt auf mich zu, nahm mich in den Arm und küsste mich. „Brauchst du eine Antwort?"

Was? Wie? Ich? Er meinte mich? Mich, Jonas Mertens? Meine Fassungslosigkeit war mir wohl ins Gesicht geschrieben, denn plötzlich fing er an zu lachen.

„Du müsstest jetzt dein Gesicht sehen. Obwohl …", plötzlich stockte er und wirkte nachdenklich. „Willst du mich überhaupt noch?"

„Ja weißt du, Benschi. Es ist so viel passiert in der Zwischenzeit. Es gab so viele Enttäuschungen, so viele Zurückweisungen. Und deshalb … Naja, wie soll ich sagen …"

Nun stand ihm Fassungslosigkeit ins Gesicht geschrieben. Ich konnte mich nicht länger beherrschen und fing an zu lachen, wie er wenige Augenblicke zuvor.

„Jetzt müsstest du dein Gesicht sehen. Trottel. Natürlich will ich dich noch", erlöste ich ihn und nahm in meinerseits fest in den Arm. „Dass es dazu nochmal kommen würde!"

„Ich bin glücklich, Jonas. Das war ich noch nie."

Und das glaubte ich ihm. Mir ging es ähnlich. Jahrelang hatte ich mich nach ihm verzehrt, hatte davon geträumt, mein Leben mit ihm zu teilen. Einige Male wähnte ich mich kurz davor, und dann kam doch alles wieder anders. Aber nun glaubte ich an eine gemeinsame Zukunft mit ihm. Und das bescherte mir ein wundervolles Gefühl.

Fünf Wochen später saß ich neben Benschi im Auto auf dem Weg zur Geburtstagsfeier meiner Mutter. Es war ein strahlend schöner Frühsommertag und so konnte sie ihren Jubeltag im Garten begehen. Über die Gästeliste verriet sie mir nichts. Auch durfte ich bei den Vorbereitungen dazu nicht behilflich sein, sie hätte gemeinsam mit Inge alles im Griff.

„Und du willst nicht bei deinen Eltern vorbeischauen?", fragte ich Benschi.

„Wozu? Es gibt nichts mehr zu sagen. Ich bin nicht mehr ihr Sohn, das haben beide mir mehr als deutlich zu verstehen gegeben."

Nach seinem Outing hatte Benschi das Gespräch mit ihnen gesucht, doch seine Eltern waren unerbittlich. Und unser Land befand sich wieder im Wahlkampf, die Koalition war endgültig zerbrochen. Benschi war mittlerweile bei mir eingezogen, meine Wohnung war ja wirklich groß genug für zwei. Bei mir lief es beruflich exzellent, Benschi war noch in der Selbstfindungsphase. Diese Zeit gönnte ich ihm, er sollte nichts überstürzen. Er bekam zahlreiche Angebote, wieder als Anwalt zu arbeiten, doch er wollte sich noch nicht festlegen. Und so genossen wir unsere gemeinsame Zeit, wir hatten lange genug auf unser gemeinsames Glück gewartet.

Durch einen Unfall auf der Westautobahn kamen wir etwas verspätet zu Hause an. Die Einfahrt war vollgeparkt, doch wir fanden noch Platz. Als wir ausstiegen hörten wir bereits Gelächter, Geplauder, rundum eine glänzende Stimmung. Ich nahm das Geschenk vom Rücksitz und Hand in Hand betraten wir die Terrasse. Nach einem allgemeinen „Hallo“ ließ ich meinen Blick durch die Runde schweifen. Lorenz und Erik, Ursula und ihr Mann von der Theatergruppe, Alexander und sein Thomas und Bianca und ihr neuer Freund Sebastian, lächelten uns freudig entgegen. Tja, Bianca hat ihre Rolle als beste Schwulenfreundin etwas zur Seite gestellt und endlich einen Mann kennengelernt. Vor zwei Wochen hatte sie uns Sebastian vorgestellt. Er war ein ehemaliger Arbeitskollege und wirklich ein lieber Mensch. Sie war glücklich mit ihm und wir freuten uns für sie. Vom Geburtstagskind fehlte jedoch jede Spur.

„Wo ist meine Mutter?“, fragte ich in die Runde und als Antwort zeigten alle in Richtung Küche. Also begab ich mich mit Benschi ins Haus. In der Küche schnitt sie die Torte an und verteilte mit Inges Hilfe die Stücke auf die Dessertteller.

„Darf man stören?“, fragte ich.

„Jonas! Endlich!“ Meine Mutter legte das Messer zur Seite und kam zu mir, damit ich ihr endlich gratulieren konnte. Ich überreichte ihr das Geschenk, nachdem auch Benschi sie drücken und beglückwünschen konnte.

Danach halfen wir ihr und Inge beim Servieren von Kaffee und Kuchen. Als wir alle saßen, parkte ein weiteres Auto in unserer Einfahrt ein. Ein Wagen mit Wiener Kennzeichen. Wer konnte das sein? Als zwei Personen ausstiegen, traute ich meinen Augen kaum. Marco und Lucca. Da war mir etwas entgangen. Als sie Händchen haltend die Terrasse betraten, uns alle begrüßten und meiner Mutter gratulierten, war mein Glück kaum zu fassen. Zwei Menschen, die ich sehr mochte, hatten zueinandergefunden. Und sie gaben ein großartiges Paar ab.

Nach Kaffee und Kuchen wurde der Grill angeheizt. Dafür waren Alexander und Thomas zuständig. Wir anderen saßen gemütlich in der Runde, plauderten und lachten und genossen einen wunderschönen Nachmittag.

Vor einem Jahr noch fühlte ich mich einsam. Das Klassentreffen hatte alles verändert. Hätte ich Biancas Drängen nicht nachgegeben und wäre ich nicht mit ihr zu diesem Treffen gefahren, hätte ich Benschi nicht wieder getroffen. Und seither war so viel passiert. Mein Leben hatte sich verändert, ich hatte plötzlich einen Freundeskreis. Und vor allem hatte ich die Liebe meines Lebens neben mir. Fünfundzwanzig Jahre hatte ich darauf gewartet und jetzt war es Wirklichkeit geworden. Mein Glück war perfekt, es konnte mir nicht besser gehen.

Anita Rehm Rosa Wasser
120 Seiten ISBN print 978-3-86361-975-6

Die heile Welt von Wilhelm Kaiser brach zusammen, als er die homosexuellen Neigungen seiner beiden ältesten Söhne entdeckte. Selbst ein ‚Wunderdoktor' konnte seine Söhne nicht auf den ‚richtigen Weg' bringen. Um sich aus den Fängen ihres despotischen Vaters zu befreien, verfolgten die Brüder unterschiedliche Richtungen. Hauptsache raus aus der verhassten, katholischen Heimatstadt und ihrem erzkonservativen Elternhaus.
Andreas, der Introvertierte, ging eine Scheinehe ein.
Thomas, der Extrovertierte, zog nach Berlin.
In der Anonymität der Großstadt konnte der 20-Jährige endlich seine Homosexualität ausleben, baute sich eine neue Identität auf und nannte sich Tom. Seinen beruflichen Werdegang fand er in der Gastronomie. Er schaffte es in Berlin einer der erfolgreichsten Nachtclubbesitzer zu werden.
Jedoch bestimmten Drogen, Alkohol und Schulden zuletzt sein Leben. Am Ende ließ er sich mit den falschen Personen ein. Mit 59 Jahren wurde er Opfer eines bestialischen Raubmordes. Erst nach Tagen fand man ihn tot in der Badewanne seiner Wohnung.

Yavanna Franck Barkarole Die Grenzen der Freiheit
330 Seiten ISBN 9783863619336 Auch als Ebook

Ein erfolgloser Anwalt, ein hochbegabter Student und ein ehemaliger Stricher. Drei Lebenswege, die das Schicksal unerwartet zusammenführt.
Als Reuther die Pflichtverteidigung für den jungen Hannes Friedrich übernimmt ahnt er nicht, wie sehr dieser anfängliche Routinejob sein Leben verändern wird. Was lediglich als Brotverdienst gedacht war, entwickelt sich im Laufe der Zeit zu einer Obsession, alles über den geheimnisvollen stillen Jungen herauszufinden, um dessen tragisches Schicksal aufklären zu können.
Längst hat Reuther die üblichen Pfade seines Berufsstandes verlassen und ermittelt auf eigene Faust, wobei er ganz unverhofft Unterstützung von dem draufgängerischen Lukas, Hannes' einstiger großen Liebe, erhält. Gemeinsam überschreiten die beiden die Grenzen der Legalität und stoßen bei ihren Recherchen auf einen Abgrund, der tiefer nicht sein könnte. Obdachlosigkeit, Prostitution, Drogen und Gewalt haben Hannes' Leben geprägt und die Zukunft birgt sowohl Ungewissheit als auch Gefahren. Doch es gibt einen Lichtblick, denn nicht alles, was wahr und unverrückbar erscheint, entspricht der Realität.

Ben Ebenho
"Kämpfer für die Gerechtigkeit 1 - Marco, Escort, in Antalya
180 Seiten ISBN 978-3-86361-960-2

Marco, 24, gutaussehend und selbstbewusst schwul, genießt sein Leben auf der Sonnenseite des Lebens – ob im Whirlpool seines Hauses in Irland oder unterwegs als Escort. Als sein Stammkunde Simon, bei einer Menschenrechtsorganisation zuständig für die Region Naher Osten, ihn fragt, ob er ihn nach Antalya begleiten möchte, sagt Marco freudig zu. Während Simon und Marco das Klima, die Landschaft, die kulturhistorischen Sehenswürdigkeiten und ihre Zweisamkeit an der türkischen Riviera genießen, bahnt sich unweit von ihnen eine Tragödie an. Spätestens als ein junger Mann nackt von einer Autobahnbrücke fällt, erkennt Marco, dass in seinem Gastland vieles wohl nicht so ist, wie es auf den ersten Blick scheint, und dass in den konservativen, ländlichen Regionen des Landes Schwulsein offenbar nur dann akzeptiert wird, wenn man es diskret auslebt und nicht darüber spricht.
„Kampf für Gerechtigkeit – Marcos Reise in die Türkei" ist ein erotischer Abenteuerroman, bei dem Menschen- und Minderheitenrechte ein zentrales Thema darstellen